Sehnsucht nach ... Anthroposophie

Holger Niederhausen

Sehnsucht nach ...
Anthroposophie

Das Menschenwesen hat eine tiefe Sehnsucht nach dem Schönen, Wahren und Guten. Diese kann von vielem anderen verschüttet worden sein, aber sie ist da. Und seine andere Sehnsucht ist, auch die eigene Seele zu einer Trägerin dessen zu entwickeln, wonach sich das Menschenwesen so sehnt. Diese zweifache Sehnsucht wollen meine Bücher berühren, wieder bewusst machen, und dazu beitragen, dass sie stark und lebendig werden kann. Was die Seele empfindet und wirklich erstrebt, das ist ihr Wesen. Der Mensch kann ihr Wesen in etwas unendlich Schönes verwandeln, wenn er beginnt, seiner tiefsten Sehnsucht wahrhaftig zu folgen...

1. Auflage September 2015

© Holger Niederhausen · Alle Rechte vorbehalten
Herstellung und Verlag:
BoD – Books on Demand, Norderstedt
ISBN 978-3-7386-4899-7

„Mit einer solchen Weltanschauung kann der Mensch das Leben so ansehen, daß er in diesem Leben wie derjenige steht, der auf einem Schiffe von den im Sturme auf- und abwogenden Wellen geschaukelt wird, aber doch in seinem Innern den Mut findet, auf nichts in der äußeren Welt im gleichen Sinne zu bauen wie auf die Kraft und Wesenheit seines eigenen Innern."

Rudolf Steiner

„Und?", fragte Grunert.

Baumann sah seinen abwartenden Freund nachdenklich an. Dann wiederholte er dessen Frage langsam:

„Was Anthroposophie ist...?"

„Ja", Grunert beugte sich vor. „Wie würdest du jemandem auf diese Frage antworten? Wie würdest du ihm versuchen, die Anthroposophie nahezubringen, ein Verständnis dafür?"

Baumann atmete einmal tief durch und blickte an seinem Freund vorbei auf das Fenster.

Wie oft hatten sie ähnliche Gespräche schon geführt! Hier oben in Karstens kleinem Arbeitszimmer direkt unter dem Dach, Karsten in seinem Sessel sitzend, er selbst auf dem kleinen Sofa; im Hintergrund der große, mit verschiedenen Papieren bedeckte Schreibtisch und dahinter das Fenster. Wie oft hatten sie hier schon gesessen, während es draußen geregnet hatte, während die Sonne geschienen hatte, bei Dunkelheit oder während man, so wie jetzt, mitten im April, draußen die Vögel zwitschern hörte.

Er seufzte.

„Das Problem ist – man *kann* auf eine solche Frage nicht in wenigen Worten antworten, das weißt du doch!"

„Ja, ich weiß", sagte Grunert. „Ich meine auch gar nicht, dass jemand das in ein, zwei Sätzen erklärt haben will. Ich meine keinen Menschen, der sich ohnehin nicht interessiert. Stell dir vor, es würde wirklich jemand länger zuhören."

„Aber *wie* lange?", fragte Baumann.

„Keine Ahnung – so lange, wie du sein Interesse lebendig halten kannst..."

„Ja", erwiderte Baumann langsam, „so lange also..."

Dann seufzte er noch einmal.

„Siehst du, Karsten, das ist gerade das Problem. Wenn man sich selbst der Anthroposophie so tief verbunden fühlt, ist es natürlich bereits schön, zu sehen, dass überhaupt jemand eine solche Frage stellt. Und zugleich weiß man, dass sofort die Uhr zu ticken beginnt... Sobald das Interesse nachlässt, hat man schon verloren..."

Grunert nickte, aber erwiderte energisch:

„Deshalb frage ich ja gerade. Wie kann man zu einer Antwort kommen, bei der das Interesse *nicht* nachlässt ... weil man gerade wirklich ein Erleben für das Wesen der Anthroposophie erwecken kann!?"

„Ich verstehe dich schon, und doch ist unser Bemühen um genau eine *solche* Antwort nur das eine. Ich habe eine solche Antwort schon so oft versucht, mit aller stiller Leidenschaft und Tiefe, die ich in mir finden konnte ... und dann doch den anderen Menschen oft nicht erreicht. Und weißt du, warum? Weil das, was er dann hörte, doch nicht das war, was er suchte. Weil sein Interesse doch anders gelagert war – weil dieses Interesse eben doch nicht ausreichte! Ich wollte es lebendig machen, wecken, erreichen ... aber der Andere wollte es nicht..."

Noch immer saß Grunert vorgebeugt auf dem Sessel. Ruhiger jetzt, aber noch immer mit leisem Drängen sagte er nun:

„Das kenne ich natürlich ebenfalls sehr gut, Michael. Aber das kann doch nicht die letzte Antwort sein! Wenn es stimmt, dass, wie Rudolf Steiner sagte, die Anthroposophie gerade dem tiefsten Interesse des Menschen entgegenkommt, dass sie die lebendige Antwort auf diese tiefste Frage ist, ja, dass sie dem Menschen gerade sein wahres Wesen entgegenträgt – dann *muss* einer richtig gefassten Antwort doch ein lebendig werdendes Interesse entgegenkommen?"

Baumann nickte traurig.

„Ja, das sage ich mir auch immer. Und dennoch ist es nur der eine Teil der Antwort. Selbst Rudolf Steiner hat nicht alle Menschen erreicht. Die meisten blieben uninteressiert – und manche wurden sogar Gegner, haben versucht, die Anthroposophie zu bekämpfen! Und ... selbst Gott, selbst ein Gottes-

wesen, konnte und kann diejenigen Menschen nicht erreichen, die sich nicht erreichen lassen wollen!"
Er sah seinen Freund an.
„Das weißt du doch? Es ist also beides wahr: Die Anthroposophie trägt dem Menschen sein eigenes wahres Wesen entgegen – und sie *wird* abgelehnt und nicht verstanden und gar
nicht aufgenommen..."
Nun nickte auch Grunert.
„Ja, der Mensch entfremdet sich von seinem wahren Wesen
immer weiter. Das, was in gewisser Weise schon Marx gesehen hat, sehr auf die materielle Arbeitswelt bezogen, ist
längst eine viel tiefgreifendere spirituelle Tatsache. Und
trotzdem," – wiederum sah er Baumann an – „wie würdest du
antworten? Jetzt und hier fragt dich jemand – wie würdest du
dann antworten?"
Baumann dachte zurück an vergangene Situationen – an die
verschiedenen Menschen, mit denen er über diese Frage
schon hatte sprechen können.
„Das hängt doch ganz vom Menschen ab. So allgemein kann
man auf eine solche Frage doch gar nicht antworten!"
„Trotzdem", beharrte Grunert, „was wäre dir selbst wichtig?
Was müsste deine Antwort enthalten? Fang doch einfach einmal an..."

Baumann sah wiederum lange aus dem kleinen Fenster, in
dem nichts anderes als ein Stück weißblauer Himmel zu sehen war. Draußen hörte man Kinderstimmen. Grunert wohnte
mit seiner Familie in einem Neubauviertel mit viel Grün und
einem kleinen Spielplatz ganz in der Nähe.
Wiederum blickte er in die Augen seines Freundes. Dann
sagte er:
„Man kann die Anthroposophie nur verstehen, wenn in einem
eine *Suche* erwacht. Man muss noch gar nicht wissen, dass es
im tiefsten Sinne immer die Suche nach dem Wesen des
Menschen ist, die in der Seele erwachen kann – aber erwa-

chen muss sie. Eine Art Sehnsucht muss erwachen. Und wenn sie noch nicht erwacht ist, muss sie zunächst geweckt werden. Anders ist es nicht möglich..."

Er machte eine kleine Pause, um die Gedanken zu ordnen, die kamen.

„Ich würde also versuchen, diese Sehnsucht zu erwecken – und ein Bewusstsein dafür, wo wir Menschen heute wirklich stehen."

„Wo stehen wir denn?", warf Grunert in einer rhetorischen Frage ein. „Wie willst du das machen? Die Menschen wollen doch auch einen Katastrophenprediger überhaupt nicht hören...?"

„Nein, das wollen sie nicht", gab Baumann zu. „Und doch weiß jeder Mensch tief innerlich, wo wir heute stehen. Man will es auch innerlich von sich selbst nicht hören – aber wissen tut man es doch. Man geht nur schweigend, oder vielmehr laut lärmend, darüber hinweg. Wenn man aber nicht zugleich auch seine eigene innerste Sehnsucht übertönen will, wird man dies irgendwann doch zur Kenntnis nehmen müssen: die Tatsache, wo die Menschheit heute steht..."

„Aber dann – wie willst du es machen?"

„Ich würde es aussprechen. Ich würde sagen: Anthroposophie ist nur zu verstehen, wenn man auch verstehen kann, immer mehr mit seinem ganzen Menschen spüren kann, in welcher Zeit wir heute stehen."

„„In welcher Zeit stehen wir denn heute?'"

Grunert spielte das vorgestellte Gegenüber.

„In einer Zeit, die das Menschliche immer mehr verleugnet und verdrängt. Menschen werden wie Nummern behandelt. Auf Ämtern und Behörden werden sie gegängelt, bevormundet, gedemütigt. Die, die keine Arbeit haben, werden zu allem Möglichen gezwungen, aber man fragt nicht, warum Arbeit und Profit nicht gerechter verteilt werden. Man fragt nicht, ob es nicht vielleicht möglich sein könnte, dass Jeder

Arbeit hat, statt dass immer Weniger immer mehr tun, damit immer weniger Andere immer mehr profitieren.

... Man fragt nicht, woher das kommt, dass früher ein Mensch, der einen Herzinfarkt hatte, sechs Wochen im Krankenhaus bleiben konnte, dass auch die Schwester Zeit hatte, einmal an seinem Bett zu sitzen und ihm zuzuhören... Während heute die Fälle nach Programm und Minutenplan abgearbeitet werden und nach vierzehn Tagen ,in gebessertem Zustand' entlassen werden, damit die nächsten Fälle kommen können und der ,Turnover' möglichst rentabel ist. Und die Schwestern haben keine Zeit mehr für den einzelnen Menschen. Nicht, weil sie sie nicht haben könnten – sondern weil es nicht zugelassen wird! Man gibt ihnen diese Zeit nicht mehr!

In der Schule wird immer weniger gefragt, wozu denn eigentlich gelernt wird. Die Antwort ist von vornherein klar: Für das Berufsleben! Für das Abitur und dann für das Berufsleben. Im Studium wird schon lange nicht mehr gefragt. Weißt du noch, dass zu unserer Zeit das Studium gerade noch die Möglichkeit gab, die eigene Persönlichkeit zu entfalten; Fragen zu stellen; eine wirkliche innere Selbstständigkeit zu entwickeln? Dann kamen die großen ,Reformen', dann kamen ,Bachelor' und ,Master' – und es spielte keine Rolle mehr, dass *Menschen* studierten ... junge Menschen, die gerade während dieser kostbaren Studienzeit immer mehr Mensch werden wollten! Jetzt sind sie nur noch ,Humankapital', jetzt ist alles standardisiert, sechs Semester, fertig, raus, arbeiten.

Das sind Beispiele, und es gibt viel mehr Beispiele, unzählige. Doch worauf es ankommt, sind nicht die Beispiele, sondern ist: zu erleben, was da eigentlich geschieht.

An diesem Punkt muss man wirklich verharren und mit aller Kraft versuchen, *empfinden* zu lernen, was hier geschieht! Wenn man dies kann, dann wird sich einem auch eröffnen, was Anthroposophie eigentlich ist. Wenn man es nicht kann, wird man auch sie nicht verstehen. Zuerst muss auf irgendeine Weise ein Empfinden dafür aufkeimen, was eigentlich das *Menschliche* ist – und zwar viel, viel tiefer, als man es als Begriff zunächst hat!"

„Was meinst du?"

Grunert nahm nach wie vor die Rolle des völlig Ahnungslosen ein und ergänzte:

„Natürlich ist nicht alles besonders ‚menschlich' heutzutage, aber so ist unsere Zeit nun mal. Was soll man daran ändern? Früher war auch nicht alles ‚menschlich'. Eigentlich ist doch zum Beispiel die Schule viel besser geworden als früher – auch viel mehr auf das Kind konzentriert. Und das Studium – na ja, wir brauchen wirklich keine jungen Leute, die sechzehn Semester studieren. Statt ‚sich zu finden', verlieren sie sich da ja immer mehr. ‚Selbstfindung', das kann mancher lebenslang betreiben, ohne je einmal für Andere gearbeitet zu haben!"

„Ja, diese Argumente kennt man natürlich", nickte Baumann. „Das sind auch oft sehr richtige Einwände – und doch verdecken sie natürlich sofort wieder den Blick für das, was man eigentlich erleben lassen möchte. Es ist, wie wenn ein Frosch, der gerade gekocht werden soll, sich in dem Topf, in dem er gefangen ist, zurücklehnt und sagt: ‚Wenigstens wird es schön warm...' Es hat immer wieder damit zu tun, dass man die volle, die eigentliche, die größere Wirklichkeit nicht sehen will – oder nicht zu sehen vermag.
Selbstverständlich wird manches besser, wenn es den prügelnden Lehrer, für den die Klasse nur eine Masse dummer Kinder war, nicht mehr gibt. Selbstverständlich möchte man auch die moderne Medizin mit ihren Möglichkeiten nicht mehr missen. Und selbstverständlich hat mancher Langzeit-Student schon immer ein schlechtes Licht auf die Studentenzeit überhaupt geworfen. Aber worauf kommt es denn *eigentlich* an? Darauf, zu sehen, dass alle positiven Entwicklungen begleitet und überlagert werden von einer großen anderen Entwicklung, die dabei ist, sämtliche Errungenschaften in

Nichts aufzulösen, wirklich zunichte zu machen und sich gegen ihren eigentlichen Sinn zu kehren..."

„Das verstehe ich nicht!", mimte Grunert.

„Die Medizin ist heute besser als früher – aber auch unmenschlicher! Die Schule ist heute in manchem besser als früher – aber zugleich droht sie, ganz und gar bloß Mittel zum Zweck zu werden, zu einem unmenschlichen Zweck. Das Studium ist heute viel ‚effektiver' – aber es dient nicht mehr dem Menschlichen, es dient nur noch einem anonymen, großen Zweck, der sich vom Menschen immer weiter entfernt..."

„Ach was!", spielte Grunert weiter ein ganz anderes Gegenüber, „meine Tochter hat Grafik studiert, hat danach eine zweimonatige Europareise gemacht und hat jetzt einen guten Job, mit dem sie zufrieden ist – und sie ist ein freundlicher, glücklicher, ausgeglichener Mensch..."

„Ja", sagte Baumann, „es gibt immer wunderbare Beispiele. Doch die Frage ist: Wachsen solche wunderbaren Menschen *wegen* dieses Systems heran oder trotz dieses Systems? Und wenn man sieht, wie sehr die traurigen, erschreckenden, desillusionierenden Beispiele zunehmen, weiß man die Antwort. Es gibt trotz dieses Systems noch immer die großartigen Ausnahmen. Aber ... das Schlimme ist, man hat in der Regel keinen Vergleich. Man kennt immer nur die Gegenwart. Man kennt zudem immer nur seinen kleinen Umkreis – und man flüchtet sogar vor der Erkenntnis erschreckender Wahrheiten. Es gibt hunderte von Menschen, die einem ganz Anderes erzählen könnten als dieses schöne Beispiel der jungen, glücklichen Grafikerin. Und selbstverständlich sucht jeder Mensch sein Glück, sucht aus allen Umständen immer wieder das Beste zu machen. Aber die Frage ist: Ist man fähig, die größeren Entwicklungen zu sehen, zu erkennen, zu empfinden? Ihrem ganzen Charakter, ihrer ganzen Richtung nach? Ist man fähig, zu fühlen, worauf fast alle Entwicklungen der neueren Zeit nach und nach hinauslaufen?"

„Worauf denn?"

„Auf eine Mechanisierung und Standardisierung – die immer mehr das ganze Leben ergreift. Auf ein Zurückdrängen des Menschlichen, dessen, was den *Menschen* ausmacht und diesem wirklichen Menschen überhaupt erst die allmähliche Entwicklung ermöglichen würde. Der Mensch ist im Begriff, immer weniger *da zu sein* – aber man muss überhaupt erst lernen, zu begreifen und zu erleben, was damit eigentlich alles gesagt werden will!"

Baumann hatte sich längst aufgesetzt und fuhr nun voller Eifer fort:

„Denn, nicht wahr, natürlich fühlt sich jeder Mensch als Mensch – jeder kennt sich ja nur so, wie er nun einmal ist, und wer würde abstreiten, dass er Mensch ist, dass wir alle Menschen sind? Aber wiederum hat man keinen Vergleich! Wiederum weiß man gar nicht, was mit ‚Mensch' in tiefstem Sinne eigentlich *noch* gemeint sein kann! Der Mensch ist in Wirklichkeit viel, viel mehr als das, was er heute verwirklicht ... und als das, was heute durch die immer mehr zur Herrschaft kommenden angedeuteten Tendenzen überhaupt noch *zugelassen* wird!"

„Na ja, du übertreibst wirklich", spielte Grunert seine Rolle weiter. „Natürlich war die Wirklichkeit nie ideal – aber die Menschen mussten nun einmal immer schon sehen, wie sie zurechtkamen. Und dann gab es immer die, die von einer heilen Welt gepredigt haben, von nahenden Katastrophen, von einer völligen Umkehr, von einem ‚Aufwachen' und so weiter. Die gab es und wird es immer geben. Aber trotzdem muss man doch in der Wirklichkeit zurechtkommen und nicht irgendwas herbeiträumen, was eh nie kommt. Da würde man ja nur verzweifeln – und auch noch ganz sinnlos! Also Katastrophenprediger kann wirklich niemand gebrauchen..."

Baumann lächelte.

„Du spielst eine gewisse Rolle wirklich sehr, sehr gut, Karsten. Du drängst mich und das, was ich sagen will, wirklich vollkommen an die Wand.

Aber genau so ist es. Die Menschen fliehen mit aller Gewalt vor der Erkenntnis, dass irgendetwas anders sein könnte, als sie es anschauen – vollkommen anders. Das, wovor die Menschen am meisten Angst haben, ist, dass die Welt ganz anders sein könnte, als sie sie immer gesehen haben. Dass sie *selbst* ganz anders sein könnten – dass sie es aber versäumt haben, danach zu streben; dass sie etwas zutiefst Wesentliches in ihrem Leben versäumt haben könnten. Und ich meine jetzt nicht diese oder jene Handlung, ich meine das Leben selbst, ich meine eine innere Entwicklung, durch die man überhaupt erst innerlich etwas wahrgemacht hätte, was man nun niemals kennenlernen wird...“

„Was meinst du?“
„Wirst du unsicher?“, fragte Baumann lächelnd.
„Keine Ahnung“, spielte Grunert weiter. „Du könntest deine Geheimnistuerei etwas näher erklären.“
„Nun – selbst wenn man sich für die große Entwicklung der Menschheit, für die Frage, wohin die Menschheit treibt oder getrieben wird, nicht interessiert, so bleibt immer noch die Frage des eigenen, individuellen Lebens. Irgendwann begegnet einem auch im eigenen Leben das Leid – geliebte Menschen trifft ein Schicksalsschlag oder sogar der Tod, einen selbst trifft ein Unglück, ein bleibendes Leid. Was auch immer – solches Leid wird kommen, früher oder später. Und dann ist das Leben, wie man es kannte, zu Ende. Bis dahin, bis zu diesem Punkt, kann man auf einer Insel des Glücks, des kleinen, ganz persönlichen Glücks leben, auf einer Insel der Illusion – auf der man an nichts denken muss, auf der man die Welt so sehen kann, wie man will, und genau das geschieht ja. Doch wenn das Leid hereinbricht, ist nichts

mehr so, wie es war. Spätestens dann wird man – oder sollte man – sich fragen, was denn eigentlich der Sinn dieses Lebens ist oder aber war. Spätestens dann sollte die Illusion des angenehmen, sorglosen, in der bloßen Sinneswelt schon befriedigten Lebens Risse bekommen, kräftige Risse..."

„Also doch der Bußprediger", versetzte Grunert.

„Nein", erwiderte Baumann, „der Wirklichkeits-Prediger. Man kann vor der Wirklichkeit so lange weglaufen, bis sie einen einholt. Bis dahin kann man jeden, der einen auf die Tatsache weisen will, dass man es sich in einer bequemen Lebenslüge eingerichtet hat, schlechtmachen. Wenn einen dann aber die unausweichliche Wirklichkeit schließlich doch einholt, wird das nicht mehr gehen. Dann kann man nur noch jammern, wenn man mag – es wird sich aber dafür niemand interessieren, so wie man selbst bis dahin auch an allem Leid vorbeigeschaut hat. Man wird mit seinem Leid allein sein – vielleicht, wenn man Glück hat, umgeben von einigen Lieben, aber helfen werden diese einem auch nicht können. Das Leben ist nur so lange angenehm gewesen, bis einen das Glück verlässt und das Leid kommt... Dann zerplatzen alle Lebenslügen, das Leben, wie man es kannte, ist schlicht und einfach zu Ende."

„Ja, und? Wenn das der Lauf der Dinge ist – warum soll man es nicht bis zu diesem Punkt genießen, so gut es geht?"

„Das kann man tun", erwiderte Baumann. „Nur kommt früher oder später dieser Punkt, wo man vor den Scherben des bisherigen Lebens steht und sich fragen muss: Was war eigentlich der Sinn von allem? Und was bleibt mir noch? Das Warten auf den Tod? Irgendwann, selbst wenn man von größerem Leid verschont bleibt, steht man vor der Tatsache, dass man die Hälfte des Lebens bereits klar überschritten hat; dass einem, wenn alles gut geht, vielleicht noch zwanzig Jahre bleiben, vielleicht noch zehn – dass der Tod einfach unausweichlich näher rückt. Man kann selbstverständlich bis zur letzten Minute davor weglaufen. Doch die mit dem Tod verbundene große Sinn-Frage, die große Frage: Was hast du eigentlich aus deinem Leben gemacht? *Wie* hast du eigentlich gelebt? Und was, was hast du versäumt? – diese Frage stellt sich immer lauter, je näher der Tod kommt. Sie stellt sich immer, in jedem Moment, aber hören tut man sie erst sehr spät, und manchmal scheinbar gar nicht..."

„Aber was will der Moralprediger mir nun eigentlich sagen?", fragte Grunert lauernd.

„Nichts", erwiderte Baumann dem Freund. „Wenn jetzt noch immer nicht einmal eine leise *eigene* Frage auftaucht, muss ein solcher Mensch seinen Weg einfach zunächst weitergehen, wie er ihn gegangen ist. Dann liegt das Fragen vielleicht erst sehr viel später auf seinem Lebens- und Leidensweg. Dann ist sein wahres Wesen noch zu undurchdringlich unter einer dicken Schicht fester Vorstellungen vergraben, und es fehlt noch absolut der Mut, den es bräuchte, um echte Fragen zu haben zu beginnen."

„Welche Fragen will der Herr mir denn nahelegen?"

„Nein, Karsten, beziehungsweise wer du jetzt bist, so funktioniert es nicht. Du spielst wirklich sehr gut die Reaktion des modernen Intellekts. Dies zeigt wunderbar, wie sehr sich der Mensch innerlich über all diese Versuche stellt, ihn auf etwas aufmerksam zu machen. Lächelnd und spottend blickt er darauf herab, und selbst da, wo die unangenehmen Wahrheiten eigentlich schon kaum übersehbar vor einem stehen, wird immer noch spöttisch abgewiegelt und herabgesetzt... Wenn es aber so wichtig ist, seine mühsam aufrechterhaltene Weltanschauung zu wahren, dann mag man seinen Weg weitergehen – bis die Sackgasse auch für einen persönlich kommen wird... Wer noch nicht bereit ist, wirklich ehrlich, absolut ehrlich Fragen zu haben und eine wenn auch späte Suche zu beginnen, der muss die Illusion wirklich bis zum bitteren Ende treiben."

„Tja dann – danke für das nette Gespräch!", kommentierte Grunert.

Baumann lächelte traurig.

„Gerne – mögen Sie sich oft daran erinnern!"

Grunert sah nachdenklich vor sich hin.

„Ist es nicht so?", fragte Baumann ihn.

„Doch", nickte er, „du hast Recht. In einem solchen Fall kann man nichts mehr tun. Du hast alles versucht..."

Dann, nach einer kurzen Pause fragte er:

„Wie ist eine solche Illusion möglich?"

Baumann erwiderte den Blick seines Freundes.

„Du weißt es. Wenn man es diesen Menschen erklären wollte, würden sie einen für verrückt halten. Denn wenn man schon an das wahre Wesen des Menschen nicht glauben kann; wenn man schon nicht glauben kann, dass der Mensch ein geistiges Wesen ist, wird man an andere geistige Wesenheiten erst recht nicht glauben können. Denn dies ist ja erst recht ein Angriff auf den selbstgefälligen Hochmut, mit dem man durchs Leben geht! Innerliches Streben und innere Entwicklung? Wozu!? Der Mensch ein geistiges Wesen? Was soll das denn? Und unser Tun und Lassen beeinflusst von anderen geistigen Wesenheiten? Das sind wirklich verrückte Hirngespinste irgendwelcher Esoteriker, die nichts Besseres zu tun haben, als ihre Träumereien immer weiter zu treiben... Verstehst du? Man immunisiert sich gegen jegliche Erkenntnis in dieser Richtung, indem man diejenigen zu Träumern und Verrückten erklärt, die der eigenen Illusion Risse versetzen könnten... Und selbstverständlich ist in der heutigen Zeit die Möglichkeit, an solche realen Wesen und Mächte zu glauben, gründlich ausgerottet. Der Mensch sieht sich als das einzige, höchste Wesen auf der Welt. Gott ist tot. Und selbst wenn man noch an einen solchen Gott glaubt oder möglicherweise sogar an Engel – im Zeitalter des New Age ist ja alles wieder möglich –, so doch zuallerletzt auch an Wesenheiten, die im *nicht* guten Sinne radikal und immer wieder das menschliche Handeln beeinflussen und bestimmen könnten. Das erscheint in der heutigen Zeit als absolut absurd – und wird also absolut nicht geglaubt."

„Ja", stimmte Grunert zu. „Das haben die Widersachermächte großartig hinbekommen. Sie haben dem Menschen erfolgreich den Glauben an sie und an sich selbst ausgetrieben."

„Und indem der Mensch jegliches spirituelle Wissen und Ahnen über Bord warf, fühlte er sich erst recht als die Krone der Schöpfung – an die er auch nicht mehr glaubte. Der Mensch ist nun das höchste Wesen im All, der *homo intellectus*. Brillant hat er die rein auf die Sinneswelt bezogene, ganz und gar irdisch gewordene Intelligenz auf die Spitze getrieben – und meint, alle früheren Zeitalter hätten noch allen möglichen Unsinn geglaubt, dem er nun endlich entwachsen sei."

Es klopfte.

Herein kam ein hübsches, fast erwachsenes Mädchen, Grunerts Tochter Sylvia. Sie hatte langes, leicht gelocktes braunes Haar und trug große Ohrringe.

„Hallo, Herr Baumann", grüßte sie, dann wandte sie sich an ihren Vater. „Ich soll einkaufen gehen, und du sollst mir Geld geben, hat Mama gesagt."

„Hallo, Sylvia", grüßte Herr Baumann zurück. „Wie geht es dir?"

„Gut."

Grunert holte sein Portemonnaie hervor und gab ihr fünfzig Euro.

„Sag mal, Sylvia, du hast doch irgendwann aufgehört, an Engel oder irgendetwas in dieser Richtung zu glauben, richtig?"

„Ja, warum?"

„Ja – warum?"

„Keine Ahnung, warum sollte ich? Ich sehe sie nicht, ich erlebe sie nicht – für mich sind sie nicht da."

„Und wenn gewisse Wesen geradezu ein Interesse daran haben, dass man nicht an sie glaubt, um ihr Wirken nicht zu bemerken?"

„Finde ich Unsinn. Und selbst wenn es so wäre – sollen sie halt..."

„Und es irritiert dich auch nicht, dass es für uns ganz zweifellos ist?"

„Nö, könnt ihr ja machen. Ich will aber nicht an so was glauben."

„Warum nicht?"

„Ich brauche das nicht. Es stört mich. Wozu soll das gut sein? Wenn das wichtig ist, kann ich mir später immer noch Gedanken darüber machen. Jetzt stört es mich einfach nur. Ich will *selbst* leben und mir nicht immer vorstellen müssen, dass andere Wesen mein Verhalten beeinflussen könnten."

„Aber wenn es –"

„Nein, Papa", unterbrach sie ihren Vater. „Darüber haben wir ja schon öfter gesprochen. Ich will von dir gar nicht überzeugt werden. Ich will jetzt einkaufen. Selbst das will ich eigentlich nicht, aber das muss ich nun mal... Tschüss, Herr Baumann!"

„Auf Wiedersehen, Sylvia."

Schon war sie wieder weg.

Grunert sah zu seinem Freund hinüber.

„Siehst du?"

„Ja, ich sehe."

„Was also soll man hoffen, wenn man selbst bei den eigenen Kindern keine Chance hat?"

„Ja", nickte Baumann, „das ist die Frage... Vielleicht aber fehlt uns dann selbst noch der richtige Ernst."

„Wie meinst du das?", fragte Grunert überrascht.

„Nun", erwiderte sein Freund, „ich glaube nicht, dass man seine Tochter zwischen Tür und Angel mal eben so etwas fragen sollte."

„Das habe ich ja auch nicht getan, um sie zwischen Tür und Angel doch noch zu überzeugen", verteidigte sich Grunert.

„Trotzdem. Es ist keine Frage, die man interessehalber oder um etwas vorzuführen mal eben stellen kann. Auch dafür ist sie viel zu ernst."

„Aber ich habe sie doch ernst gestellt."

„Nun ja", erwiderte Baumann, „wenn du davon sprichst, dass man irgendwann einfach aufhören kann, an Engel ,oder irgendetwas in dieser Richtung' zu glauben..."

„Aber so ist es doch?"

„Trotzdem – du sprichst darüber, als ob es wirklich eine bloße Glaubenssache wäre."

„Für sie ist es das doch.", wandte Grunert ein.

„Ja, aber *du* hast gesprochen. Und wenn *du* sprichst, müsste man bis in die Worte hinein hören, dass es nicht so ist."

„Das mag sein, dass ich es sehr unvollkommen getan habe. Aber heißt das, du meinst, sie würde wieder daran glauben, wenn *du* davon sprichst?"

„Das habe ich nicht gesagt", erwiderte Baumann. „Ich sprach nur von der Frage, wie sehr die Anthroposophie in *uns* lebendig ist..."

„Wenn du aber die Möglichkeit hättest, mit ihr zu sprechen, wie würdest du versuchen, es ihr zu erklären?"

„Ich würde es überhaupt nur versuchen, wenn ich spüre, dass sie in dieser Richtung Fragen hat."

„Hast du bei deinen Kindern auch auf Fragen gewartet?"

„Karsten! Du weißt doch, was ich meine. Erstens ist sie kein Kind mehr, und zweitens ist sie deine Tochter, nicht meine. Ich könnte in dieser Situation also wirklich nur auf Fragen ihrerseits reagieren. Diese müssen nicht einmal ausgesprochen sein, aber fühlen müsste man sie. Dann könnte ich etwas sagen, sonst nicht."

„Also gut, nehmen wir an, sie hätte vielleicht Fragen. Wie würdest du versuchen, es ihr zu erklären?"

„Was erklären?", lächelte Baumann.

„Die Wirklichkeit der Widersacher", erwiderte Grunert, „das habe ich eben doch gesagt."

„Ja, aber nun hast du es hinter einem einfachen ‚es' versteckt. Als wenn es eine rein technische Angelegenheit wäre. So darf man darüber nicht sprechen, Karsten! Bitte sei mir nicht böse, wenn ich darauf immer wieder beharre. Aber dies ist mir so unendlich wichtig. Und nicht nur mir – es *ist* wichtig!"

„Ja, du hast Recht", lenkte Grunert ein. „Ich weiß es ja auch. Nur gelingt es mir wirklich oft noch nicht."

„Wenn wir wirklich hoffen, andere Menschen zu erreichen, wenn diese Hoffnung uns *ernst* ist, dann müssen wir selbst mit der Anthroposophie vollkommen ernst machen – sonst werden wir definitiv niemanden wirklich erreichen können, allenfalls diesen oder jenen einzelnen Menschen, den wir dann aber auch noch durch unsere zu oberflächliche Art in die Irre führen. Der Ernst muss fortwährend die große Frage unserer eigenen Selbsterkenntnis sein!", sagte Baumann ruhig.

„Ja, ich stimme dir natürlich zu, Michael. Aber manchmal ist es wirklich schwer."

„Nun, für deine Tochter ist es sicher mindestens genauso schwer, an etwas zu glauben, an das sie gar nicht glauben will, wie sie sagt."

„Ja, du hast Recht."

„Also gut, wie würde ich versuchen, mit ihr darüber zu sprechen..."

Baumann sah eine Weile nachdenklich vor sich hin. Dann sagte er:

„Man kann nur an einem Punkt ansetzen, wo der Mensch fühlen könnte, dass er mehr ist als ein biologisch-psychisches Wesen. Wie könnte man sich je der Realität anderer, rein geistiger Wesen annähern, wenn man nicht zuerst ein deutlicher werdendes Empfinden davon bekommt, dass der Mensch, dass man selbst auch etwas in sich trägt, was wirklich etwas

Geistiges sein muss – etwas Höheres als das, was die heutige Wissenschaft und Weltanschauung kennt."

„Und...?", fragte Grunert abwartend.

„Hat deine Tochter Ideale? Trägt sie in sich eine Liebe zum Guten?"

Grunert überlegte.

„Ich weiß nicht... Du kennst sie doch auch ein wenig?"

„Ja, ein wenig. Nun, siehst du, *jeder* Mensch hat irgendwo in sich diese Liebe zum Guten. Die Frage ist nur, wie tief ist sie verborgen... Die Frage ist, in welcher Weise muss man sprechen, damit in der Seele diese Liebe berührt wird; damit die Seele diese Liebe wiedererkennt und innerlich darauf antwortet...? Bei den jungen Menschen geht der Sinn und die Seele sehr stark auf die äußere Welt hin, und so kann es sehr schwierig sein, in einem Gespräch das Empfinden auf jenen Teil in der Seele zu lenken, in dem das wahrhaft Gute lebt, die wirkliche, starke Liebe zum Guten. Aber möglich ist es doch!"

Baumann lächelte, dann fuhr er fort:

„Sieh mal, sie kam hier rein und sagte: ‚Ich soll einkaufen, und du sollst mir Geld geben.' Ich sehe darin so viel Gutes, so unendlich viel! Man hat gemerkt, dass sie nicht unbedingt gerne einkaufen geht – aber zugleich hat man gefühlt, dass sie es doch ohne jeden Zweifel tun wird. Hinter dem ‚soll, soll', hinter dieser scheinbaren Abwehr steckt ein unendlicher guter Wille! Es wären so viele andere Reaktionen denkbar! Es wäre denkbar, dass sie schon vor ein, zwei Jahren in völliger Antipathie das Haus verlassen hätte – aber sie ist hier, und sie hat so unendlich viel guten Willen! Ich *sehe* das – es ist unmittelbar sichtbar!"

Grunert schüttelte staunend den Kopf.

„So habe ich es noch nie betrachtet... Aber gut. Und wie willst du nun weiter daran anknüpfen?"

„Nun – wenn sie wirklich Fragen hätte, das bleibt immer die Voraussetzung. Wenn man wirklich eine Sehnsucht nach Antworten in dieser Richtung spüren könnte. Dann würde ich tatsächlich versuchen, ihr *diesen* in ihr selbst lebenden guten Willen bewusst zu machen. Ich würde versuchen, sie erleben zu lassen, wo überall der Mensch guten Willen hat. Ich würde mit ihr sprechen und sie manches fragen und sie darauf hinweisen, wo überall in *ihr* dieser gute Wille lebt. Und dann würde ich versuchen, sie empfinden zu lassen, dass dies absolut nichts ist, was in irgendeiner Weise biologisch oder psychologisch erklärt werden könnte. Dass es etwas ist, was viel ... *heiliger* als all diese Erklärungsansätze ist. Eine viel heiligere, höhere Realität als alles, was irgendwelche Bedingungen haben könnte. Der gute Wille ist etwas absolut Unbedingtes – er ist entweder da oder nicht da. Er ist nur durch sich selbst bedingt. Die Liebe, die wirkliche Liebe, die in dem heiligsten Teil der Seele wohnt, hat keine äußeren Bedingungen, sie hat nicht einmal seelische Bedingungen – sie ist etwas, was aus einem noch höheren Reich kommend in der Seele leben darf, beziehungsweise umgekehrt: die Seele darf dies in sich tragen und hüten. Es ist eine Art Gnade, etwas vom Standpunkt der Seele aus Unvorstellbares. Die Seele kann nur tief dankbar davorstehen, dass sie diesen guten Willen haben darf, dass sie wirklich Liebe in sich tragen darf. Es ist nichts Geringeres als ein Wunder! Aber das muss man wirklich empfinden! Man muss sich daran annähern, dieses Rätsel, dieses Mysterium, dieses Wunder wirklich empfinden zu können, voller Staunen, und immer mehr Dankbarkeit darüber erleben zu können...“

„Nun“, wandte Grunert ein, „ich glaube nicht, dass Sylvia darüber staunen könnte.“

„Sag das nicht“, erwiderte Baumann, „es kommt einzig und allein darauf an, ob man *wirklich* empfinden kann, was mit diesem guten Willen, mit diesem Willen zum Guten, mit dieser wunderbaren Bereitschaft, das Gute zu tun, wirklich gegeben ist. Sobald man es wirklich erlebt, *kann* man nur staunen. Es gibt im Angesicht eines Wunders keine andere Reaktion als ein erschüttertes Staunen – die Frage ist nur, sieht man das Wunder oder sieht man es nicht..."

Grunert nickte langsam.

„Ja, ich verstehe, was du meinst..."

„Es ist also nicht nur ein mehr oder weniger guter Wille – der verschiedenste Gründe haben könnte ... Dankbarkeit für das, was man selbst bekommen hat, Bedürfnis nach Kontakt, nach sozialen Beziehungen, nach Gemeinschaft und all dies. Das liegt natürlich auch alles im Menschen, aber auch dies müsste man alles viel tiefer anschauen. Solange man aber all dies nur oberflächlich ‚registriert' und daraus Erklärungen ‚zusammenzimmert', wird man nie zu einem Verständnis des wahrhaft guten Willens kommen. Dieser lebt in der Seele als ein uneingeschränkt guter Wille, als ein absolut von aller Selbstbezogenheit freier guter Wille, als reine Liebe, bedingungslos und unendlich. *So* kommt sie nie zur Geltung, aber in einem *Teil* der Seele ist sie so vorhanden! Würde sie sich jemals frei entfalten, und sei es für einen einzigen Augenblick – der Mensch würde zutiefst lieben, was auch immer ihm begegnet, und er würde frei sein von allem Selbstbezug. Einzig und allein der gute Wille würde in seiner Seele strömen, sie in diesem Moment ganz und gar erfüllen, und er würde ein *liebendes Wesen* sein..."

Ein kleines Schweigen trat ein, in dem die Worte und ihre Bedeutung nachklangen.

„Und warum geschieht dies nicht?", fragte Grunert.

„Dies würde geschehen, wenn der Mensch für einen Moment seinen Leib loslassen könnte und wenn er auch alle Wirkungen und Einflüsse loslassen könnte, die ihn in seinem Bewusstsein, seinem Denken, Fühlen und Wollen so sehr an sich selbst ketten. Es ist die Grundlage unseres felsenfesten Selbstbewusstseins, wie wir es zunächst nur kennen, aber es ist auch eine Gefangenschaft. Es ist eine Gefangenschaft für jenen reinen, wunderbaren Teil der Seele, der lieben *möchte* – aber nicht kann, weil er gefesselt und gebunden in einem finsteren Verließ liegt. Es wird nicht zugelassen!"

„Wer lässt es nicht zu?"

„Allerstärkste Mächte. Und hier, siehst du, Karsten, hier beginnt die spirituelle Menschenkunde. Wenn man hier mitgehen kann, steht man auf einmal schon mittendrin in der Anthroposophie. Zu erleben, ahnend zu erleben, dass es einen Teil in der Seele gibt, der wahrhaft heilige Liebe ist ... die zur Offenbarung kommen möchte, aber doch niemals erscheinen darf, die aber dennoch eine Realität in der Seele ist, eine gefangene, verborgene, eine gekettete, gedemütigte wesenhafte Realität ... wenn man dies auch nur für einen einzigen Moment ernst nehmen kann und fühlt, was damit eigentlich ausgesprochen ist, dann hat man den Weg einer höheren Wirklichkeitserkenntnis betreten. *Hier* beginnt er. Fühlen muss man, was wirklich im Menschen da ist ... und was da sein möchte, auch nach außen hin, was wirksam werden möchte, was sich offenbaren will, was frei werden will! Fühlen muss man, wie dieses Heilige in der Seele fortwährend in den finstersten Tiefen gefangen liegt, wie es fortwährend verspottet wird, wie es getreten wird, verlacht, verhöhnt wird. Wie es sich allem anderen beugen muss, wie es all dies geschehen lassen muss, weil nur ein Einziges es erlösen könnte..."

„Was?", fragte Grunert.

„Der Wille des Menschen."

Die Worte lagen mit ihrem ganzen Gewicht schwer in der Luft.

Dennoch nahm Grunert wieder den Gegenpart ein:

„Aber die Menschen lieben doch? Sie tun doch vieles aus Liebe? Sie lieben ihre Kinder, ihre Eltern, ihre Freunde, sie mögen ihre Kollegen..."

„Nein, Karsten! Hier sollen wir nicht relativieren. Und all diesen Einwänden müsste ruhig, aber entschieden entgegengetreten werden. Man kann sich natürlich immer weiter selbst belügen wollen – aber die reine, die grenzenlose und unbedingte Liebe ist zu *heilig*, um sie ernsthaft mit irgendetwas vergleichen zu wollen, was jetzt schon Realität ist. Das gewöhnliche Leben ist immer nur Offenbarung einer im Vergleich zu dieser Liebe unendlich schwachen, unendlich bedingten und unendlich mit dem Selbst verknüpften Liebe. Man ist der wahren, heiligen Liebe in der Seele des Menschen gegenüber absolut unehrlich, man verrät und verhöhnt sie hemmungslos ein weiteres Mal, wenn man das, was man im gewöhnlichen Leben ‚Liebe' nennt, mit ihr, mit dieser wahrhaft heiligen ... ‚Essenz' auch nur vergleichen wollte!

O ja, man liebt – aber zugleich erwartet man so stark und unbedingt auch Gegenliebe, zumindest Dankbarkeit. So sehr sehnt man sich nach Erwiderung, nach Geliebt-*Werden*, nach Bestätigung, Anerkennung. So sehr liebt und genießt man auch seine eigene Liebe ... so sehr tut man all dies, dass man gar nicht merkt, wie tief und unauflösbar diese ganze ‚Liebe' mit dem eigenen Selbst verknüpft und verklebt ist. Wenn man auch nur ein bisschen von der absoluten Selbstbezogenheit loskommt, erlebt man dies gleich als ‚Liebe' – aber man hat keine Ahnung davon, was die wirkliche, die absolut reine Liebe sein könnte und wäre!

Eine Liebe, die im nächsten Moment durch irgendein leicht vorstellbares Ereignis verletzt und enttäuscht sein könnte, einfach so gedämpft werden oder sogar verlöschen könnte, *ist* keine Liebe! Sie ist zwar Liebe, aber zutiefst durchdrungen von Gegenkräften, die *nicht* Liebe sind."

„Aber ist das nicht normal?", fragte Grunert.
Baumann lächelte.
„Doch, das ist ‚normal'. Das ist der Mensch! Aber das ist auch das Drama – das von so Vielen ewig unerkannte Drama

des Menschenwesens. ‚Normal' ist das, was man immer wieder wahrnimmt, was man gar nicht anders kennt. Doch was, wenn das Furchtbare ‚normal' wäre? Man würde seine Furchtbarkeit gar nicht erkennen! Und so ist es. Und auch das Erschütternde dieser reinen, heiligen Liebe erkennt man nicht, weil sie niemals in Erscheinung treten darf! Und man erkennt das Erschütternde ihrer Gefangenschaft nicht, weil man ihre Gefangenschaft gar nicht erkennt. Stell dir einmal vor, es gäbe eine unendlich schöne Königin, schön in ihrem Inneren und ihrem Äußeren. Jeder würde sich ihr willig beugen und unter ihrer sanften ‚Herrschaft' jubeln, weil sie nichts als reinstes Glück bedeutet. Aber stell dir vor, diese wunderschöne, in ihrem Herzen reine und heilige Königin wäre in einem niemandem bekannten Kerker gefangen, und niemand wüsste von ihr. Niemand wüsste von ihr! Niemand, außer jene Mächte, die sie gefangen halten..."

„Ja", nickte Grunert nachdenklich. „In diesem Bild wird plötzlich die ganze Tragik erlebbar. Was äußerlich ein kaum erträglicher Gedanke wäre, bleibt ebenso furchtbar, wenn man sich wirklich einmal klarmacht, dass dies im Inneren des Menschen selbst gerade ebendiese Realität *ist*!"

„Ja", erwiderte Baumann. „Und ein Erleben dieser Realität brauchen wir! Wir müssen dahin kommen, diese Realität selbst zu erleben. Dahin müssen die Menschen kommen – und dahin können sie kommen. Und wenn sie dieses Erleben haben ... dann hört Anthroposophie auf, etwas Seltsames zu sein, etwas Fremdes, etwas von außen Kommendes. Dann fängt man *selbst* an, zu verstehen, wie die Zusammenhänge sind; man fängt selbst an zu empfinden. Man fängt selbst an, fähig zu werden, den aufsteigenden Fragen weiter nachzugehen und sie in der Realität zu beantworten. Die Fragen bleiben nicht mehr theoretisch, sie werden eine Wirklichkeit! Sie werden zu etwas real mit dem realen Menschenwesen Verbundenen! Und das schließlich ist Anthroposophie – die Wirklichkeit des Menschen!"

„Und der mit dem Menschen verbundenen Wirklichkeit", ergänzte Grunert.

„Ja – denn sobald du in die wirkliche Realität des Menschenwesens eintauchst, *hast* du sofort auch einen Teil dieser anderen Wirklichkeit. Du kannst gar nicht real in die Wirklichkeit dessen eintauchen, was der Mensch ist, ohne auf diese umfassendere Wirklichkeit zu stoßen. Schon diese heilige Liebe, die wir finden können, wenn wir uns nur tief, tief ernst besinnen, müssen wir als aus einer heiligen Welt kommend empfinden, wenn wir wirklich wahrhaftig sind. Wie soll etwas bloß gewöhnlicher, leicht erklärlicher Teil des Menschen sein, wenn es ohnehin niemals in Erscheinung tritt? Nein, es ist damit ein tiefes Rätsel, ein echtes Mysterium verbunden. Und indem wir dies empfinden lernen, führt der Weg weiter ... weiter zu einem immer weitergehenden Empfindenlernen der vollen Wirklichkeit.

Die nie in Erscheinung tretende, aber im tiefsten Inneren der Seele zu findende reine, heilige Liebe ist ein Mysterium, und das, was sie bindet und kettet und hindert, ist ebenfalls ein Mysterium. Zuerst muss man diese Dinge empfinden lernen – dann kann man nach und nach dazu kommen, zu verstehen, was da eigentlich vorliegt. Erst muss diese Wirklichkeit wirklich wahrgenommen werden – dann beginnt sie nach und nach, sich zu differenzieren, durch ganz allmählich wachsende, deutlicher werdende Begriffe immer mehr *verstanden* zu werden. Das bloße Fühlen und Ahnen wird zu einer immer klareren Erkenntnis..."

„Und zu welcher Erkenntnis kommt man dann?"

„Dies ist ein ganz wesentlicher Punkt, Karsten. So wie das Erahnen und ahnende Finden dieser heiligen reinen Liebe im verborgenen Innersten der Seele auch ein aller-wesentlichster Moment war und ist. Entscheidend ist, dass der Mensch wirklich auch *selbst* zu dieser Erkenntnis kommen muss. Wenn man sie ihm wiederum von außen gibt, kann es leicht sein, dass er abrupt und schlagartig wieder in das gewöhnliche, profane Empfinden zurückfällt. Du weißt, was ich meine. Aber auch die anderen Menschen müssten diesen wesentlichen Punkt wirklich sehr genau verstehen. Denn natürlich liegt die Frage nahe: ‚Und zu welcher Erkenntnis kommt man dann?' Aber die gegebene Erkenntnis und die eigenständig erkannte und errungene Erkenntnis sind eben zwei völlig unterschiedliche Dinge! Dies muss *selbst* wieder eine eigenständige, errungene Erkenntnis werden!

Denn sobald ich eine Erkenntnis gegeben erhalte, hört das eigene Ringen für gewöhnlich sofort auf: Ich ‚habe' sie ja nun. Aber eine gegebene Erkenntnis befriedigt nicht wirklich. Leise fühlt sich die Seele getäuscht oder enttäuscht. Es ist wie mit der Besteigung eines Berggipfels – die doch sogar selbst getan und errungen wird! Wenn man oben ist, kann man sich demzufolge tief erfüllt fühlen, und so soll es auch sein ... oder man kann bereits in dem Moment, in dem man oben angekommen ist, wieder eine seltsame Leere empfinden und sich schon da fragen: ‚Und jetzt?' Wenn ich aber ohne Anstrengung eine Erkenntnis einfach gegeben erhalte, wird diese Leere fast unvermeidlich eintreten – denn es ist nicht *meine* Erkenntnis. Ich werde sie also bleibend als etwas Fremdes, Äußerliches empfinden – es sei denn, ich erringe sie mir nachträglich wirklich auch selbst, als etwas Ur-Eigenes. Doch weil meistens das Streben in diesem Moment völlig aufhört, ist es viel wahrscheinlicher, dass ich sie leise, unbewusst doch irgendwie ablehne. Unbewusst deshalb, weil ich sie zwar zur Kenntnis nehme, vielleicht sogar als abstrakte, theoretische ‚Erkenntnis' mit mir herumtrage, aber insgeheim doch nicht voll und ganz ernst nehme. Dies ist auch unmöglich, denn ich habe sie ja gar nicht selbst errungen. Sie bleibt immer zweifelhaft und immer abstrakt, der volle Ernst meines ganzen Menschenwesens kann sich mit ihr überhaupt nicht verbinden! Dies wird erst möglich werden, wenn ich sie Schritt für Schritt ganz und gar selbst erkenne..."

„Ja, das ist deutlich", bestätigte Grunert. „Und doch sind wir geradezu süchtig nach einfachen Antworten."

„Aber wenn sie gegeben werden", erwiderte Baumann, „sind wir damit dennoch nicht zufrieden. Denn wie leicht kann es sein, dass jemand von der Entdeckung jener heiligen, reinen Liebe tief berührt ist ... und dann, wenn das Gespräch auf jene anderen Kräfte kommt, auf einmal völlig zurückschreckt, völlig ,zumacht', wieder ganz in das gewöhnliche Bewusstsein zurückstürzt und alles für Unsinn, Theorie und fantasierende Esoterik erklärt!"

Grunert nickte.

„Das liegt nahe."

„Ja, es liegt nahe – weil wir dies alles nicht wollen, weil wir dies wirklich fürchten, und mit Recht! Denn dann steht der Mensch auf einmal als ziemlich schwach da ... und auch inmitten einer ungeheuren Aufgabe. Daran könnte man sich gerade unendlich begeistern! Aber so ist der Mensch nun einmal oft nicht. Er will es gerade bequem haben, bequem und fest, sicher, nicht mit allen möglichen Unsicherheiten, Gefahren, Versuchungen. Er will nicht fortwährend auf einem schwankenden Pfad stehen; er will das Gefühl haben, er stünde auf einer breiten, sicheren Straße. Er will selbst das Heiligste bequem haben. Sich vorzustellen, wie im Inneren der Seele vielleicht wirklich das absolut Gute wohnt, das ist schön. Das kann man genießen; man kann sich davon auch ehrlich berühren lassen, sogar ahnen, dass hier wirklich etwas in einem erwachen will... – Aber das reicht dann auch, dabei soll es bleiben. Das, was damit *verbunden* ist, das soll auf einmal nicht mehr wahr sein..."

„Aber wie würdest du nun mit einem Menschen darüber zu sprechen versuchen?", fragte Grunert.

Wieder sah Baumann seinen Freund lächelnd an.

„Das kommt wirklich darauf an! Sieh mal, mit einem jungen Menschen darüber zu sprechen, vielleicht mit Sylvia, wäre etwas völlig anderes als bei einem älteren Menschen. Obwohl junge Menschen sich geradezu ins Leben stürzen und, wie du gesehen hast, zunächst einmal überhaupt nichts für diese Fragen übrig haben, scheinen sie mir doch oft dem Mysterium dieser reinen Liebe viel näher zu stehen als die Erwachsenen, die oft ach so stolz auf ihre errungene Lebenserfahrung sind, welche aber oft wiederum nicht viel anderes ist als begrabene Träume, Ideale, begrabene Liebesfähigkeit... Bei den jungen Menschen wirkt vieles oft so profan, so oberflächlich, so auf den bloßen, unmittelbaren Lebensgenuss ausgehend – aber unter der Oberfläche strömt eine ganz andere, reine Lebendigkeit und diese wiederum liegt auch der heiligen Liebe sehr, sehr nahe. Sie ist von ihr nur durch eine dünne Grenze getrennt. Wenn sie wollte, könnte auch diese heilige Liebe sehr, sehr leicht durchbrechen. Wenn sie gelassen werden würde... Sagen wir, die Mauern des Gefängnisses sind noch nicht sehr dick...“

„Und bei den älteren Menschen?“

„Bei den Erwachsenen, das liegt schon im Wort, hört das Wachstum auf... Langsam bildet sich die ganze Lebensanschauung aus. Der Weg in die Welt, die bloße Sinneswelt, geht immer weiter. Man etabliert sich, äußerlich und auch innerlich. Es ist wie ein Kaffeesatz, der immer weiter zu Boden sinkt. Wenn man keine wirklichen Fragen mehr hat – und das ist der natürliche Lauf der Dinge, wenn man nicht mehr jugendlich ist, sondern ‚erwachsen‘ ist –, hört die Seele auf, wirklich zu leben, voll und ganz zu leben. Es legt sich über sie etwas wie ein Grauschleier, etwas wie Spinnweben, die sie unmerklich hinabziehen, immer weiter hinab, auf einen Grund, an dem es keine Fragen mehr gibt...

Und den festen Boden sucht der Mensch ja! Er ist froh, einen solchen festen Boden zu haben. Er ist stolz, wenn er sich einen festen Boden errungen hat. Er bildet sich ein, von diesem weiter blicken zu können als vorher, sicherer blicken, wissen und meinen zu können als vorher. Das ist auch so. Die

Frage ist nur, inwieweit diese Sicherheit mit Blindheit erkauft ist. Sehr sicher kann der Erwachsene auf den Teil der Welt blicken, den er ernst nimmt – aber erkauft hat er diesen sicheren Teil mit dem ungeheuren Teil der Wirklichkeit, den er nicht mehr erschaut ... und sogar verspottet, wenn ihn jemand beschreiben will...“

„Aber die jungen Menschen wollen doch davon auch schon nichts wissen?“, beharrte Grunert.

„Ja, aber sie sind noch *offen*! Das scheint nicht so, wenn du Sylvia wie vorhin gehört hast – aber dieser Schein trügt. Es ist nicht dasselbe ‚Nein’, wie es dir ein Erwachsener geben würde. Der Erwachsene würde mit einer ungeheuer gesättigten und gesetzten hochmütigen Selbstsicherheit ein felsenfestes ‚Nein’ setzen und mit der absolutesten Sicherheit erklären, was für einen Unsinn du gerade daherredest. Er würde also mit aller Macht seiner jahrzehntelang errungenen Selbstsicherheit und Selbstüberzeugung und Selbstbezogenheit alles zurückweisen, was seinem eigenen geliebten Weltbild, von dem er zutiefst abhängig ist, nicht entspricht und nicht in dieses hineinpasst; was es geradezu rissig machen und spalten und sprengen würde. Mit selbstgefälligem Hochmut wird dies zurückgewiesen – und absolut, wirklich absolut unerkannt steht dahinter aber die Angst, pure Angst. Angst, dass die Wirklichkeit vielleicht anders sein könnte, als ich, das absolute Zentrum des Universums, sie mir mit all meiner zur Verfügung stehenden, alle Anderen selbstverständlich überragenden Weisheit zurechtgezimmert habe. Schauen wir uns diese ‚Erwachsenen’ doch einmal an! Selbst der gewöhnlichste Mensch, der nie eine höhere Bildung durchgemacht hat, der abends nichts weiter tut, als sich vor den Fernseher zu legen, glaubt doch, dass sein Weltbild nun genau das absolut richtige, die Wirklichkeit treffende Weltbild ist, und dass all die klugen Professoren, oder wer auch immer, einfach keine Ahnung haben. Der Erwachsene ist eigentlich immer das absolute Zentrum des Universums.

Echte Fragen haben nur diejenigen Menschen, die auch die Demut kennen, wirkliche Bescheidenheit. Aber selbst hier kann man *glauben*, demütig zu sein, und sogar diese Demut in sein festes Welt- und Selbstbild einbauen, ohne sie wirklich zu haben. Denn selbst wenn man glaubt, Demut zu besitzen, kann diese Demut doch sehr, sehr schnell an eine Grenze kommen, wenn es darum geht, das eigene Welt- und Selbstbild ändern zu müssen. Da kann sich die größte eingebildete Demut in Sekundenschnelle in machtvollen Hochmut verwandeln, der der ganzen Welt entgegenschleudern kann: ‚Wer bist du denn, dass du es wagst, an meinem Weltbild zu kratzen? Ich bin das Zentrum des Universums, und mein Weltbild ist unantastbar, völlig frei von Irrtum. Und schon gar nicht liegt der Irrtum da, wo *du* ihn zu sehen meinst. Wenn einer einen Irrtum erkennt, dann bin ich es selbst, und ich entscheide, wann und wo. Du kannst mir gar nichts sagen – niemand kann das! Ich allein sage, was wahr ist und was nicht.“

Grunert hatte dieser Schilderung grinsend beigewohnt. Nun entdeckte Baumann den Gesichtsausdruck seines Freundes und sagte:
„Du weißt, dass ich bildhaft zu beschreiben versuche, was wirklich vorliegt. Es wäre so unendlich viel für die menschliche Selbsterkenntnis gewonnen, wenn man auch diese Erkenntnis einmal zulassen würde, zumindest ahnend anfangen würde, zu erleben, wie sehr dies alles wirklich einfach eine Realität ist. In gewisser Weise kann man ja sogar selbst darauf wieder stolz sein – dass der Mensch es mit seiner Selbstsicherheit so weit gebracht hat. Aber *erkennen* soll man es – und dann nach und nach auch erkennen, was das wirklich bedeutet, wo man damit selbst steht und was man damit eigentlich aufgibt...“
„Und die jungen Menschen?“, fragte Grunert.

„Bei den jungen Menschen fehlt dieser Hochmut", erwiderte Baumann kurz und entschieden. „Zwar liegt auch ein Hochmut darin, einfach alles zurückzuweisen, was man nicht will, aber es ist noch nicht *dieser* Hochmut, den der Erwachsene hat. Der junge Mensch stellt sich noch nicht bewusst über eine andere Anschauung der Welt – er folgt der seinen und will von der anderen vielleicht überhaupt nichts wissen, aber das ist schon alles. Der Erwachsene stellt sich wirklich über den Anderen, er belächelt, er tut ab, er weist zurück. Aber, wie soll ich es sagen, nicht mit leichter, sanfter, junger Hand, sondern mit einem gesetzten, ,wissenden', selbstüberzeugten Lächeln, einem hässlichen Lächeln, das eigentlich nichts als Spott und Missachtung ist. Auch dies ist meist unbewusst, aber es ist da! Der junge Mensch kann diese Art Hochmut noch gar nicht haben – selbst alles, was äußerlich ähnlich erscheint, ist etwas völlig anderes. Es ist noch eine lebendige Befreiung von allem, was er zunächst nicht sucht. Und das ist der Punkt: Er ist selbst ja noch auf der Suche! Insofern muss er unbewusst zunächst vieles abweisen, was nicht auf seinem direkten Weg liegt. Er tut dies nicht wirklich mit Hochmut, er kann nicht anders. Der Erwachsene *könnte* anders – aber er *will* nicht anders. Der Erwachsene hätte alle Möglichkeiten und die volle innere Freiheit, die der junge Mensch noch nicht hat – aber er macht diese Freiheit nicht zu einer Wirklichkeit. Statt Freiheit verwirklicht er ... Starrsinn! Und damit verbunden ist Hochmut – es geht gar nicht anders. Starrsinn ist eigentlich Hochmut. Und diese Erstarrung wird mit dem Alter immer größer, wenn nichts anderes eintritt. Im jungen Menschen ist das Sinnen und Suchen noch lebendig, und so ist auch jeglicher Hochmut noch schwankend und unsicher, zunächst nur ,probiert' und auch ein Schutz. Und daneben gibt es noch dieses ganze Lebendige, dieses Suchen, dieses Offene. Das ganze Wesen des jungen Menschen ist noch ... offen. Es ist noch nicht festgelegt, es ist noch in Bewegung."
Baumann sah seinen Freund an. Dann fügte er hinzu:

„Der junge Mensch hat den wirklichen, den erstarrten Hochmut noch gar nicht nötig. Er ist lebendig auf der Suche, und er hat es nicht nötig, etwas so abzuweisen, wie man etwas nur abweisen muss, wenn man in der Gefahr steht, dasjenige zu verlieren, an was man sich jahrelang als Einziges geklammert hat. Mit leichter Hand, sagte ich, weist der junge Mensch ab, was Andere denken. Es ist, wie wenn er sagen würde: ‚Denke du das, ich denke etwas anderes und ich suche überhaupt noch meinen eigenen Weg. Vielleicht werde ich eines Tages ja zu dir zurückkommen, jetzt aber führt mein Weg in die Weite, in eine andere Richtung ... glaube ich.‘ Verstehst du? Auch wenn es sich oft nicht so anhört, ist ein junger Mensch unglaublich tolerant, ja es ist eigentlich reine Liebe, mit der er durch die Welt geht. Der junge Mensch *liebt die Welt* – und selbst alles, was er abweist, fällt nicht völlig heraus aus seiner Liebe zur Welt. Er kann darüber lächeln, er kann sich darüber vielleicht sogar lustig machen, aber er tut es mit einer nur der Jugend eigenen ... Anmut. Man weiß, dass dies nicht das letzte Urteil ist, was das Leben selbst spricht, was er selbst fällen wird; es ist ein vorläufiges Urteil, und man kann nicht anders, als es der Jugend zuzugestehen und den jungen Menschen völlig frei zu lassen. Er ist in Bewegung, er ist lebendig, er ist innerlich auf der Suche...“

Grunert grinste wieder.
„Du kannst diese Dinge wirklich wunderbar beschreiben. Ja, man kann den großen Unterschied wirklich empfinden, wenn du es so deutlich beschreibst!“
Baumann schwieg.
„Aber wie nun weiter?“, fragte Grunert. „Nehmen wir also an, du könntest dich an einen jungen Menschen wenden...“
„Gut“, sagte Baumann. „Die Voraussetzung war wie gesagt überhaupt eine Art Frage bei dem jungen Menschen. Er müsste in irgendeiner Weise nach dem auf der Suche sein, worüber wir jetzt sprechen wollen. Das heißt, in ihm müsste

eine Sehnsucht leben, etwas über das Wesen des Menschen zu erfahren – nicht nur über die Welt, sondern auch über sich selbst ... und über den Menschen überhaupt."

Grunert nickte. Baumann fuhr fort:

„Das Zweite war, dass zuerst dasjenige Empfinden da sein muss, in dem dieses Mysterium des reinen guten Willens in der Seele zumindest geahnt wird – als eine tief verborgene Möglichkeit, aber als eine reale Möglichkeit; als etwas, das man *auch* in sich fühlen kann. Und nun würde ich versuchen, an diesem Punkt möglichst lange zu verweilen..."

„Das tun wir jetzt aber schon ziemlich lange", warf Grunert ein.

„Nein, Karsten, nimm es bitte wirklich ernst. Denn dies *ist* der alles entscheidende Punkt. *Alles* wird davon abhängen, wie intensiv diese Realität wirklich empfunden werden kann – und wie tief die Empfindung und die Erkenntnis dieser Realität wirklich in die Seele einsinken kann. Auch diese Erkenntnis muss wiederum ein Eigentum der Seele werden können, sonst nützt es gar nichts – sonst ist sie in einem Moment wieder verflogen. Es muss aber eine Erkenntnis werden, die den ganzen Menschen in eine Verwandlung bringen kann! Die Erkenntnis jener heiligen Essenz in der Seele muss *dieselbe* Realität bekommen wie dieses wunderbare, verborgene Mysterium selbst. Sie darf in keinster Weise bloß abstrakt bleiben, sie muss real werden! Eine Verwandlung der Seele muss eintreten dadurch, dass der Mensch dieses Mysterium der Seele bewusst zu ahnen beginnt.

Tritt diese Verwandlung *nicht* ein, ist es fast schlimmer, als wenn er von dieser heiligen Essenz nie etwas geahnt hätte. Denn es ist eine Tragik, wenn die unendlich schöne, sanfte Königin – um wiederum zu diesem Bild zurückzukehren – unerkannt in ihrem Gefängnis ausharren muss, gedemütigt von ihren Peinigern, die alles daran setzen, dass sie niemals freikommt und dass man von ihr auch niemals etwas wissen wird ... doch eine noch unendlich viel größere Tragik ist es, *wenn* man von ihr erfährt, und wenn dies nicht ein alles von Grund auf verwandelndes Geschehen wird. Denn dies würde bedeuten, dass die Existenz und die grauenhafte Gefangenschaft dieser wunderbaren Königin zu etwas Bekanntem wird, zu etwas Gewöhnlichem, etwas Gewohntem, gegen das man aber nichts unternimmt. Das Fürchterlichste, was einen zutiefst erschüttern kann – diese Gefangenschaft –, und das Beseligendste, was es gibt – die bloße Existenz dieser wunderbaren Königin –, dies beides sinkt herab zu einer bekannten, gewohnten Tatsache! Die Königin existiert, ihre Gefangenschaft existiert – aber alles bleibt beim Alten. Sowohl die Realität dieser wunderbaren Königin als auch ihre Gefangenschaft ... wird einfach hingenommen!

Alles entscheidet sich also an dem Punkt, wo diese Existenz erkannt wird. Hier entscheidet sich, ob der Mensch seine *Jugend* behält – oder ob er in die Erstarrung verfällt. Und bei dem Erwachsenen entscheidet sich hier, ob er in der Erstarrung verbleibt, oder ob er die Jugend wiederzugewinnen vermag! Ein einziger Moment entscheidet über das ganze Leben ... über das Leben jener Königin und über das Leben der Seele, des ganzen Menschen...

Deswegen ist nichts so wesentlich, wie das Verharren an diesem Punkt – unbedingt verharren, eintauchen, in die Tiefe gehen und zu einem wirklichen *Fühlen* kommen! Gegenüber dieser heiligen Essenz in der Seele muss es zu einer innersten Erschütterung kommen, zu einer staunenden, tiefen Hingabe an das Wunder, das man hier schauen darf. *Dieses* Erleben muss mit aller Macht gesucht werden – denn hier liegt eine Erlösung ... oder sie wird sich nicht ereignen."

Ein Schweigen erfüllte den Raum.
Erst nach einer Weile sprach Baumann weiter.
„Das Erlösende ist immer die Liebe selbst, nur sie kann erlösen. Doch sie kann es auch nur, wenn man sich ihr hingibt. Wenn die Seele, wenn der Mensch staunend davor steht,

dieses Mysterium in seiner Seele zu entdecken, dann kann eine absolut wunderbare Verwandlung eintreten. Staunen und Hingabe ... sie lösen die Fesseln der Königin, und befreit tritt sie hervor und kann ihr leuchtend erlösendes Wirken beginnen...‟

Grunert nickte stumm.

„Es *ist* die eigene Sehnsucht der Seele, die gefangene Königin zu entdecken und zu befreien – aber die Seele selbst muss dies erst in wirklicher Tiefe erleben. Nur dann wird sie ihre eigene Sehnsucht immer weniger verraten...

Denn ein großer Teil der Seele will dies gerade nicht – ein großer Teil der Seele will die Gefangenschaft der Königin, will ihr Vergessen, will überhaupt nicht ihre Befreiung. Große Teile der Seele *sind* in letzter Hinsicht gerade ihre Gefangenschaft und ihre Peiniger. Nur ein kleiner Teil der Seele kann zunächst zu ihrem Befreier werden, sich ihre Befreiung wünschen...

Aber was passiert nun, wenn sich die Seele in dieses Erleben des guten Willens versenkt, in diese Ahnung des wirklich reinen, großen Willens zum Guten, der wirklichen, unbegrenzten Liebe? Es ist zunächst nur der beste Teil der Seele, der dies tun kann. Aber indem er dies tut, *verbindet* er sich mit dieser Essenz, durchdringt er sich mit der Sehnsucht nach dieser Essenz, wird er unmerklich eins mit ihr, immer mehr. Und dies bedeutet bereits die beginnende Befreiung dieser Essenz – oder die Vergrößerung ihrer sanften Herrschaft in der Seele... Sobald sich ein Teil der Seele dieser Essenz zuwendet, kann die Durchdringung, die Ausbreitung, die Befreiung beginnen. Und dann beginnt diese wunderbare Entwicklung, die man im Ganzen die ‚Verwandlung der Seele' nennen kann: Ein immer größerer Teil der Seele lernt, auch etwas Anderes wollen zu können, als er bisher immer nur gewollt hat. Ein immer größerer Teil der Seele lernt, das Gute wirklich zu wollen, viel tiefer zu wollen, als jemals zuvor; viel öfter zu wollen; viel reiner zu wollen...‟

Baumann blickte seinen Freund eine Weile schweigend an. Dann sagte er:

„Aber das alles ist nur möglich, wenn die Verwandlung in diesem entscheidenden Augenblick schon beginnt und stark genug ist, um nicht sofort wieder verschüttet zu werden: In diesem Augenblick, wo man das heilige Innerste der eigenen Seele entdeckt. Dieser eine Augenblick muss so lang und so tief wie möglich gemacht werden...“

„Ja...“, sagte Grunert und drängte nun nicht mehr auf Fortsetzung.

Doch Baumann sprach jetzt von sich aus weiter:

„Dann ... wenn man wirklich das Heilige dieses verborgen in der Seele lebenden guten Willens entdeckt und empfindet, wird in diesem Empfinden auch unmittelbar eine Ahnung liegen, dass dies wirklich über das Persönliche hinausgeht. Dass der Seele diese heilige Essenz geschenkt ist, aber dass sie sie eigentlich gar nicht sich selbst verdanken kann... Selbst wenn man gar nicht weiter darüber nachdenkt, wird man doch empfinden, dass hier wirklich etwas Heiliges gefunden wird – etwas, was mit einer göttlichen Welt zu tun hat; selbst wenn man all diese Begriffe und Gedanken gar nicht hat, vielleicht zunächst gar nicht haben kann oder auch gar nicht haben will! Das Mysterium wird man dennoch empfinden. Denn nicht nur ich habe eine solche heilige Essenz, die ich in meiner Seele ahnen kann, sondern der Andere ja auch! In jeder Seele lebt so etwas Heiliges, das kann man sich doch auch bewusst machen. Und dann ist die Frage: Wo kommt dies eigentlich her? Wieso hat der Mensch so etwas? Wieso trägt er etwas Heiliges in sich – noch dazu so verborgen, so vollkommen verborgen und eingeschlossen, nie wirklich sich offenbarend? Nun – es reicht zunächst, dass ein Mensch wirklich die volle Heiligkeit dieses Teiles der Seele, dieser innersten Essenz der Seele empfinden kann. Feste Begriffe können dieses Empfinden auch wiederum lähmen. Nur fühlen braucht man diese Heiligkeit zunächst, intensiv fühlen. Im Fühlen selbst liegt ebenfalls verborgen schon ein lebendiges Begreifen, ein heiliges Begreifen..."

„Und dann...?", wagte Grunert nun doch zu fragen.
„Dann würde die Seele von selbst in eine Entwicklung kommen, die sie fast selbstständig zu weiteren Erkenntnissen führen würde. Denn wenn sich in dem innigen Fühlen dieser heiligen Essenz der Seele eine wirkliche *Liebe* zu dieser Essenz entzündet, dann ist diese Essenz befreit, die Zeit ihres Wirkens ist angebrochen... Wenn die Seele beginnt, Liebe zu dieser Essenz zu haben, bedeutet dies nichts anderes, als dass diese Essenz selbst begonnen hat, in der Seele ein Feuer zu entzünden. Es ist nicht trennbar: Die Liebe der Seele zu dieser Essenz und die Liebe, mit der diese Essenz die Seele ansteckt. Denn diese Essenz ist ja *selbst* die Liebe! Es geschieht nichts anderes, als dass sich diese Liebe in der Seele vertieft und ausbreitet...

Wenn aber die Seele begonnen hat, ihre heiligste Essenz zu lieben, wird sie zugleich auch beginnen, sie zu hüten und hüten zu wollen. Und was geschieht dann? Immer bewusster wird ihr, welche Kräfte der Seele es sind, die sich *gegen* diese Essenz stellen. Die etwas völlig anderes wollen. Die überhaupt nicht wollen, dass diese Essenz als sanfte Königin in der Seele zu herrschen beginnt.

Der Mensch entdeckt, dass er die heilige Essenz in sich herrschen lassen kann, und dass er dann, wenn er dies tut, wirklich die Liebe zum Guten in sich erlebt und stark macht. Und zugleich wird ihm auch immer bewusster, wie sehr in ihm auch andere Kräfte wirken, die ihn *selbst* Mittelpunkt bleiben lassen wollen – aber nicht Mittelpunkt ausströmender Güte, sondern Mittelpunkt, auf den *hin* alles sich ausrichten soll!

Die Liebe ist diejenige Kraft, die die ganze Bewegung der Seele völlig umkehrt. Die Seele wird ausströmend und gebend – und sie will absolut nichts anderes. Aber die gewöhnliche Richtung ist gerade umgekehrt: Die Seele fühlt sich im Zentrum, sie erwartet, dass sich alles um sie dreht, und wenn sie von sich etwas gibt, ist das ein Zugeständnis, das auch sie selbst sehr genießt. Nicht Strömen ist die Hauptrichtung, sondern Erwartung, ein Bekommenwollen in zahllosen Nuancen. Die Liebe ist ein *Geben* in zahllosen Nuancen... Und die Rechte weiß nicht, was die Linke tut, es geschieht vollkommen selbstlos, in einem wirklichen Überfließen..."

Grunert nickte.

„Und doch sind wir alle davon so weit entfernt!"

„Ja", erwiderte Baumann. „Wäre es nicht so, dann wäre nicht nur ein innerster Teil unserer Seele heilig, sondern wir selbst wären es. – Aber nun empfindet der Mensch auf einmal die Heiligkeit eines Teiles dieser Seele und wendet sich, wenn er davon wirklich berührt wird, diesem Mysterium in erwachender Liebe und Hingabe zu. Und aus dieser Liebe entspringt dann ein wachsendes Bewusstsein für die anderen Kräfte der Seele. Die Seele identifiziert sich nicht mehr mit ihrem ganzen bisherigen Sein, der Mensch nicht mehr mit seiner ganzen bisher bekannten Seele, sondern es tritt eine Spaltung auf. Ein Teil des Menschen beginnt, das Gute zu lieben, immer mehr – nicht nur das ‚gewöhnliche' Gute, sondern das durch und durch Gute, das rückhaltlos und völlig selbstlos Gute –, und ein anderer Teil beginnt, sich dagegen zu wehren..."

„Und nun ist es so wichtig, dass wir dank Rudolf Steiner zwischen Ich und Seele unterscheiden können", warf Grunert ein.

„Ja", sagte Baumann. „Eine in sich widersprüchliche Seele, die darüber hinaus auch noch entscheidet, in welche Richtung sie gehen will, wäre etwas sehr Seltsames, eigentlich eine Unmöglichkeit. Man käme fortwährend in Verwirrung und in Widersprüche. Aber die Seele ist nun der ‚Erdenleib' und das ‚Organ' des Ich, des eigentlichen Menschenwesens. Aber dazu kommt nun noch die Unterscheidung zwischen höherem oder eigentlichem Ich und niederem oder gewöhnlichem Ich. Das gewöhnliche Ich-Bewusstsein ist noch keineswegs das wirkliche Ich, sondern vielmehr zunächst ganz und gar ein Resultat der seelischen Empfindungen. Es definiert sich nun einmal durch das Leibempfinden und die seelischen Regungen, die zunächst da sind.

Aber nun wird jene heilige Essenz in der Seele entdeckt – und hier beginnt eigentlich das Bewusstwerden und die Regsamkeit des eigentlichen Ich – sie beginnt! Es ist ein allererster Beginn. Und doch auch nicht weniger, es ist eine wirkliche Geburt. Die Geburt des höheren Ich hier auf Erden, im Erdenleben.

So, wie die heilige Essenz des wahrhaft guten Willens etwas Höheres ist, was gleichsam aus höheren Welten kommend in der Seele Wohnung genommen hat – und dort gefangen gehalten wird –, so ist auch jenes Bewusstsein, das diese Essenz entdeckt und empfinden kann, der Beginn der Regsamkeit von etwas Höherem. Hier erst erwacht der Mensch zu seinem eigentlichen Wesen! – Und hier beginnt dann auch sofort etwas Neues. Ein neuer Wille erwacht. Dieser neue Wille will diese heilige Essenz hüten und beschützen. Er will mit ihr eins werden, sich mit ihrer Liebe durchdringen. Auch dies ist ein höherer Wille, ein neuer Wille – der Wille eines neuen Menschen, der wir aber gerade wahrhaft sind! Ein neuer Mensch wird geboren, wir selbst sind es. Aber bisher waren wir ein ganz anderer ... einer, der gewöhnlich vor sich hin gelebt hat, der das wahrhaft, durch und durch Gute nicht kannte, der sich all dessen nicht bewusst war. Nun erwacht ein neues Bewusstsein. Nun erwacht in neuer Weise der ganze Mensch. Das höhere Ich ist es, das jetzt erst regsam wird, nachdem es bis dahin eigentlich gleichsam geschlafen hat, völlig untergetaucht in die gewöhnlichen, bis dahin einzig realen Seelenregungen..."

„Und jetzt...?", fragte Grunert, noch immer abwartend.

Baumann lächelte.

„Nun ... wenn man so weit ist, dann hat man wirklich begonnen, etwas kennenzulernen, fühlen und ahnen zu lernen, was ganz und gar neu ist – was allem Bekannten wirklich gründlich widerspricht. Und wenn man es nicht so empfindet, dann hat man es noch nicht wirklich. Was man jetzt nämlich kennenlernt, ist das wahrhaft Übersinnliche. Alles, wirklich alles, worüber wir bis jetzt gesprochen haben, kann man nicht sehen! Die sinnlichen Augen sehen dies nicht. Man kann *Äußerungen* der Liebe sehen, aber das ist nichts anderes, als wenn man einen Frosch im Wasser sieht. Die eigentliche Liebe kann man nur übersinnlich sehen – es sind nicht die sinnlichen Augen, die sie sehen können. Es ist die Seele, die sie empfinden und erleben kann, und es ist der Geist, der unterscheiden und erkennen kann, *was* hier eigentlich vorliegt...“

Baumann sah seinen Freund an.

„Man lebt also wirklich und aktiv in etwas Übersinnlichem. Je inniger man sich in dieses Heiligtum der Seele versenken und sich mit diesem realen Willen zum Guten durchdringen kann, desto stärker lebt man in etwas *rein Übersinnlichem*. Und dies fühlt man auch, selbst wenn einem nicht ganz und gar klar wird, was dies eigentlich ist. Dass es ein vollkommen anderes Element ist als das gewöhnliche Empfinden, das wird nach und nach immer deutlicher erlebt. Allein schon die heilige Liebe selbst hebt einen gleichsam und auch wirklich empor. Aber darüber hinaus erfordert es eine völlig neue Aktivität und eine völlig neue Intensität innerer Aktivität, dieses Heiligtum wirklich zu empfinden, wirklich eine Liebe zu dieser Essenz zu fassen; sich wirklich damit zu durchdringen; diese Durchdringung zu halten, zu hüten, zu bewahren, weiter zu vertiefen... Das alles ist eine innere Aktivität, die man zuvor noch nie wirklich – und erst recht nicht bewusst – entfaltet hat! Es ist der Beginn eines Lebens in einem rein übersinnlichen Element...“

„Du hast wirklich eine Begabung", sagte Grunert.

„Wieso?", fragte Baumann.

„Nun, ich wollte ja schon vor einer halben Stunde auf dasjenige hinaus, wovon du jetzt noch immer nicht wirklich gesprochen hast."

„Ja, ich weiß."

„Aber bei dir wird man wirklich langsam dorthin geführt – du lässt einfach nichts aus. Wie machst du das?"

„Man muss es tief genug erleben, Karsten. Ich mache es garantiert auch nicht vollkommen. Vielleicht versäume ich ebenso noch unendlich viel. Aber je tiefer man all dies erlebt, je tiefer man sich damit durchdringt, desto weniger abstrakt bleibt es, das weißt du. Je mehr man innerlich damit lebt, *darinnen* lebt, auch wenn man spricht, desto deutlicher empfindet man, wo man verweilen muss, was man nicht auslassen darf, was man noch einmal anders formulieren muss, ausführlicher, lebendiger. Immer mehr *fühlt* man, wie es sein muss. Du weißt ja, der ganze Mensch will durchdrungen werden, nicht nur der Kopf, nicht nur das oberflächliche Fühlen – sondern das volle Fühlen, der volle Wille, schließlich sogar der Leib, bis in die Knochen, irgendwann einmal, nach vielen Leben... Und doch geht dies ganz gewiss schon leise parallel, wenn man es nur tief genug versucht."

„Du beschämst mich wirklich manchmal", sagte Grunert.

„Nein", sagte Baumann, „lass das nicht zu. Ich selbst weiß am besten, wie sehr auch ich selbst noch völlig am Anfang stehe. Es ist eigentlich alles noch überhaupt nichts. Und wenn du dennoch schon etwas empfindest, was du noch nicht hast, dann lass es einfach nur ein Ansporn für dich sein. Wenn wir wirklich beginnen, eine Liebe zur inneren Entwicklung zu fassen, dann werden wir sehr schnell vorwärtskommen. Wir müssen nur den Ernst wirklich groß genug machen. Wir müssen mit dem Willen dazu wirklich ernst machen! Alles andere wird dann kommen."

„Aber wie machst du das – diesen Ernst groß genug zu machen? Was meditierst du? Oder wie kommst du dazu? Ich merke, dass mir dieser *volle* Ernst, den ich spüre, wenn du davon sprichst, doch immer wieder entgleitet. Ich beschäftige mich seit vielen Jahren mit der Anthroposophie, ich merke, dass ‚beschäftigen' eigentlich das falsche Wort ist, dass sie mir sehr, sehr viel bedeutet, dass mein ganzes Leben ohne sie völlig anders verlaufen wäre, mein ganzes Innenleben auch – und trotzdem kommt es mir so vor, als würde sie nur ‚neben meinem Leben herlaufen' ... etwas, wovon Rudolf Steiner ja betont hat, dass es nicht sein dürfte...“

Baumann nickte.
„Glaube nur nicht, dass es bei mir überhaupt nicht so wäre. Wer auch immer tief mit der Anthroposophie in Berührung gekommen ist, wird wohl stets spüren, wie es gemeint ist, mit dieser Anthroposophie vollkommen ernst zu machen. Es ist letztlich eine Frage von Alles oder Nichts. Und das ist im Grunde die gleiche Frage wie mit der Liebe. Man kann nicht ‚ein bisschen' lieben – entweder man liebt ganz und gar, mit all seinem Wesen, und zwar ohne jede Eigenbezogenheit, oder man verleugnet das Wesen der Liebe noch immer. So ist es auch mit der Anthroposophie...
Es geht um das volle Wesen des Menschen. Aber so lange man dieses noch nicht verwirklicht hat, verleugnet man es noch immer. Man kann dies gar nicht verhindern. Man kann nur immer wieder den Ruf empfinden, die Unvollkommenheit empfinden, das eigene Leiden darunter. Das ist das Einzige, was einem weiterhilft. Vollkommenheit ist für uns überhaupt nicht erreichbar, aber wir können uns bemühen, unser Streben immer tiefer zu machen. Das sollte unser Hauptstreben sein... *Das* gerade ist der Ernst der wachsen will, und der immer weiter wachsen kann, der einfach nie groß genug ist, um nicht noch größer werden zu können...“
Grunert nickte schweigend.

„Aber du hast gefragt, was ich meditiere. Nun, ein ganz wichtiger Teil besteht in genau dem, worüber ich bis jetzt gesprochen habe. In nichts anderem. In einer tiefen Besinnung auf die Tatsache, dass ich die Lebensmitte längst überschritten habe und worauf ich mein Sinnen und mein Streben eigentlich richten möchte. In einer tiefen Besinnung auf dieses Wunder in der Seele, das man den heiligen Willen zum Guten nennen kann. In einem tiefen Eintauchen in die Sehnsucht danach, sich mit dieser heiligen Essenz zu durchdringen – und in das Streben nach dieser Durchdringung selbst...

In einem Eintauchen in die Stimmung der Ehrfurcht und der Demut. In einem Verharren in solchen Stimmungen. In einem bewussten Bemerken, wie in diesem Zustand der Seele allmählich immer mehr alles abfällt, gleichsam aufgelöst wird, was mit der Selbstbezogenheit, mit dem Hochmut, mit dem gewöhnlichen Urteilen, überhaupt mit allem Gewöhnlichen zu tun hat...

Das alles sind sehr wesentliche Inhalte der Besinnung und Meditation. Und doch steht man damit noch immer ganz am Anfang. Aber man darf sie einfach nicht auslassen. Sie müssen gerade diesen Anfang bilden, wenn der Ernst überhaupt wachsen und sich allmählich auf die ganze Seele ausdehnen soll – so empfinde ich es zumindest... Und im Hintergrund steht natürlich fortwährend das Bewusstsein dessen, was die große Aufgabe überhaupt ist. Das Wissen, *weshalb* man mit alledem noch immer am Anfang steht. Das Wissen, was Anthroposophie eigentlich ist – und welcher Weg es ist, sie immer mehr zu einer Realität auch im eigenen Wesen werden lassen zu können. Kleine Schritte tut man, und unendlich viel liegt noch vor einem."

Grunert hatte sehr nachdenklich zugehört. Seine Frage nach dem, was nun noch immer nicht ausgesprochen war, wollte er jetzt nicht noch einmal wiederholen.

„Wie spät ist es eigentlich?", fragte Baumann. „Wollten wir nicht um sechs Uhr mit deiner Familie essen?"

„Doch", sagte Grunert und schaute auf seine Armbanduhr.

„O ja, es ist fünf vor sechs. Lass uns hinuntergehen. Ich freue mich übrigens, dass wir das endlich einmal miteinander verbinden!"

„Ja, Karsten, ich mich auch."

*

Im Wohnzimmer trafen sie mit Grunerts Frau Leonie und seinen beiden Kindern zusammen. Außer seiner siebzehnjährigen Tochter hatte Grunert auch noch einen zwölfjährigen Sohn, Marcel. – Es gab eine Brotmahlzeit mit vielfältigen Aufschnitten und einem leckeren Salat.

Während des Essens knüpfte Baumann ein Gespräch an:

„Und, Marcel, wie geht's dir in der Schule?"

„Joa..., ganz gut", erwiderte der Junge etwas lustlos.

„Hast du Lieblingsfächer?"

„Fächer? Die meisten fragen, was das Lieblings*fach* ist. Aber Fächer? Keine Ahnung. Sport finde ich ganz gut. ... Mathe ist auch ganz okay..."

„Und die anderen Fächer?"

„Nix... Nix Besonderes."

Baumann hielt sein Interesse und den Gesprächsfaden am Fließen.

„Hmm... Was ist mit den Lehrern dieser Fächer? Was würdest du dir von den Lehrern wünschen – oder bei ihnen ändern, wenn du könntest?"

„Mehr Pausen!", grinste der Junge.

„Das war ja klar!", warf Sylvia ein.

„Und du?", gab Marcel zurück. „Wünscht du dir etwa nicht mehr Pausen? Dann könntest du mehr mit Philipp zusammen sein..."

„Ach, hör auf!", sagte seine Schwester wütend.

48

„Also, Marcel, außer mehr Pausen", kehrte Baumann zu dem ersten Thema zurück, „was würdest du dir an den Lehrern selbst anders wünschen? In Bezug auf den Unterricht vielleicht, das, was ihr durchnehmt; wie ihr es durchnehmt..."

„Keine Ahnung, ist schon alles okay..."

„Ja? Und warum hast du die anderen Fächer dann nicht so gern?"

„Na ja, es interessiert mich halt alles nicht so besonders."

„Was meinst du mit ‚alles'? Tiere? Natur? Andere Länder? Andere Sprachen? Englisch? Werken? Arbeiten mit Holz, Stein, Ton? Was interessiert dich daran nicht? Oder was vielleicht doch?"

„Keine Ahnung. In Werken schnitzen wir gerade ein Salatbesteck – das macht mir eigentlich Spaß."

„Und warum?"

„Weiß nicht. Es ist schön, das selber zu machen. Der Lehrer hat vorher einige fertige gezeigt. Die waren echt schön! So glatt und rund, und auch das Holz. So will ich es auch hinkriegen..."

„Na, das ist doch prima!", sagte Baumann. „Das wirst du ganz sicher. Und ich hoffe, ich kann es später einmal anschauen!"

„Klar!", grinste der Junge.

„Was ist los, Sylvia?", wandte Grunert sich nun an seine Tochter. „Irgendetwas ist doch? Ist was mit Philipp?"

Das Mädchen atmete einmal scharf aus. Man sah, dass sie überlegte, ob sie jetzt etwas sagen sollte. Dann überwand sie sich und sagte:

„Ich wollte mit ihm heute ins Kino gehen. Ich habe ihm eine SMS geschickt und ihn gefragt – und er hat geantwortet, dass er heute keine Zeit habe."

„Und dann...?", fragte Grunert vorsichtig.

„Nichts und dann! Noch in der Schule hatte er heute Nachmittag nichts vor – und jetzt hat er auf einmal keine Zeit! Und er sagt noch nicht einmal, warum nicht!"

„Hast du ihn nicht gefragt?"

„Du verstehst das einfach nicht!", sagte sie verzweifelt.

„Dir hat deine Frage sehr viel bedeutet, nicht wahr?", wandte Baumann sich nun an das Mädchen.

Sie sah einmal kurz zur Seite, wie um sich auch diesmal wieder zu entscheiden, ob sie darauf antworten könne. Dann sah sie auf das vor ihr liegende Brettchen mit der angefangenen Brotscheibe und sagte leise:

„Ja..."

Eine kleine Stille breitete sich aus. In diese hinein fragte Baumann behutsam:

„Hast du das öfter – dass du von einer Antwort oder Reaktion von Philipp so enttäuscht oder ... verletzt bist?"

Man sah, dass das Mädchen durch diese Frage an einem wesentlichen Punkt berührt worden war. Mit einem schnellen Blick überflog sie unsicher die ganze kleine Runde. Dann schien sie zum dritten Mal eine Entscheidung zu treffen – und sagte schließlich, diesmal offen zu Baumann hinüberblickend, wiederum:

„Ja..."

Baumann sah unmittelbar, dass das Mädchen nun Hilfe erhoffte. Sie hatte ihr Inneres nicht geöffnet, damit die Runde eine bloße Mitteilung empfing, auch nicht, um einen schnellen, billigen Rat zu bekommen – sie hoffte nun wirklich auf einen *echten* Rat, alles in ihren Augen sprach dies aus.

Baumann erwiderte verständnisvoll ihren Blick. Dann fragte er vorsichtig:

„Und ... hast du mit ihm schon einmal ... darüber gesprochen?"

„Nein!", erwiderte das Mädchen. „Wie soll ich das denn machen? Das muss man doch spüren!"

„Dass einem eine Frage so viel bedeutet...?", ergänzte Baumann.

„Ja!"

Baumann nickte langsam.

„Trotzdem spüren Jungs das nicht immer", warf Grunert nun ein.

„Na toll!", erwiderte das Mädchen enttäuscht.

„Du spürst auch nicht immer alles!", kommentierte Marcel jetzt.

„Halt du dich da mal raus!", reagierte sie heftig.

„Marcel...", sagte Baumann ruhig. „Wir wollten deiner Schwester gerade mit einer Sache helfen, die nicht so einfach ist. Wenn du sie gern hast, dann höre einmal für eine kurze Weile nur zu. Man kann durch eine schnelle Bemerkung, selbst wenn sie generell richtig sein mag, alles ganz schnell viel schlimmer machen, obwohl man das vielleicht gar nicht wollte..."

Der Junge schwieg.

Das Mädchen warf Baumann einen dankbaren Blick zu, aber man spürte, dass ihr die ganze Situation längst viel zu unangenehm war.

Baumann ließ sich nicht beirren.

„Ja", nahm er den Faden wieder auf. „Jungs spüren das nicht immer. Aber ein Mädchen will trotzdem immer, *dass* sie es spüren, nicht wahr?"

Wieder nickte Grunerts Tochter.

„Ja, ich meine, das ist doch selbstverständlich! Wie kann man nur so gefühllos sein?"

„Nun...", erwiderte Baumann. „Ich kenne Philipp natürlich nicht. Aber die ganze Sache kann sehr, sehr verschieden liegen. Vielleicht fasst er solche Momente einfach völlig falsch auf. Eine SMS zum Beispiel ist nicht mal eine direkte Begegnung. Man weiß nicht, was der Andere fühlt, wenn er die Nachricht schreibt..."

„Es ist nicht nur mit SMS so!", warf Sylvia ein.

„Ich verstehe", sagte Baumann. „Trotzdem müsste man ihn jetzt hier eigentlich dabeihaben, um auch ihn anhören zu können – sonst kann man nicht wissen, was er selbst empfindet und was nicht. *Zeigst* du ihm denn deine Gefühle? Oder zeigst du ihm nur deine Enttäuschung, wenn er sie nicht erkennt? Oder zeigst du ihm vielleicht sogar auch diese nicht...?"

„Was?", fragte sie verwirrt. „Was heißt das? Wie meinen Sie das genau?"

Grunert mischte sich ein.

„Nun ja, du zeigst es ihm manchmal ziemlich deutlich, wenn du verletzt bist. Manchmal willst du doch gar nichts mehr von ihm hören, dann lässt du ihn anrufen und SMS schicken und gehst nicht ran und liest sie nicht..."

„Ja, aber nicht mal *das* versteht er!", erwiderte sie heftig.

„Sylvia...", sagte Baumann ruhig, und sie wandte ihren Blick wieder ihm zu, „Wenn man jemanden liebt und von jemandem geliebt und verstanden werden will, ist es nicht immer einfach. – Man wünscht sich, dass er einen ganz und gar versteht, wie man ist. Man wünscht sich, dass er ganz und gar fühlt, wieviel es einem bedeutet, wenn man ihn fragt, ob er mit einem einen Film sehen möchte...

Aber es gibt dann viele Gründe, warum dies nicht immer gelingt. Es kann sein, dass man dem Anderen nicht wirklich deutlich gezeigt hat, wieviel es einem bedeuten würde... Es kann sein, dass man es falsch formuliert hat... Es kann sein, dass der Andere auch sehr, sehr gerne mit einem gegangen wäre, aber wirklich keine Zeit hat. Es kann sein, dass es ihm sehr leid tut, es ihm nur einfach nicht gelingt, *dies* auszudrücken... Es kann sein, dass ein Junge seine Gefühle, die er auch hat, einfach viel schwerer zeigen kann. Es kann aber auch sein, dass ein Mädchen wirklich viel empfindsamer ist als ein Junge, das ist nicht selten... – Doch egal, welche von diesen vielen und vielleicht noch anderen Möglichkeiten alle

mitgespielt haben und mitspielen – wenn man einen Menschen wirklich liebt, kann man nur eines immer wieder versuchen: ihm seine Liebe immer wieder zu zeigen. Ihm aber auch seine Sehnsucht und sein Bedürfnis, seine unerfüllte Erwartung ... auch dies immer wieder wagen, auszudrücken..."
In den Augen des Mädchens leuchtete ein ahnendes Verstehen auf. Baumann fuhr fort:
„Es ist sehr schwer, dies auszusprechen – denn man hofft doch immer auf die volle Liebe und auch das volle Verständnis des Anderen, und wenn man nicht unmittelbar, auch ohne Worte, verstanden wird, tut dies weh... Und doch kann gerade dieses sehr verletzliche *Zugeben* der eigenen Hoffnung und Sehnsucht im Anderen etwas berühren, wodurch er in seinem Herzen von da an viel aufmerksamer wird, wodurch sein Bemühen, das Gefühl des Anderen wirklich empfinden zu können, von da an viel inniger wird... Verstehst du, Sylvia? Seine wahren Gefühle zu zeigen, kann nie falsch sein! Man soll nicht immer warten, bis sie wieder und wieder enttäuscht werden, weil der Andere sie nicht gut genug sieht. Man soll nicht erst die Enttäuschung und Verletzung zeigen. Man soll mit reinem Herzen seine wahren Gefühle, seine wahre Sehnsucht ausdrücken – mit reinem, verletzlichem Herzen ... und mit dem Vertrauen, dass gerade dies den Anderen im Innersten berühren wird..."
Sie erwiderte nichts, aber Baumann sah, dass sie sehr tief verstanden hatte, was er hatte sagen wollen – und dass es etwas gewesen war, was sie gesucht hatte.
Das Gespräch wandte sich anderen Themen zu und bezog nun alle mit ein. Sylvia scherzte sogar wieder mit Marcel...

*

Als Baumann seinem Freund wieder nach oben ins Arbeitszimmer folgen wollte, passte seine Tochter ihn ab.

„Herr Baumann", sagte sie schnell, „ich wollte Ihnen noch sagen ... vielen Dank..."

Baumann sah in den Augen des Mädchens viel mehr, als sie jetzt aussprechen konnte. Es war ihr eine wirkliche Hilfe gewesen, vielleicht der Beginn von etwas ganz Neuem...

„Gerne", erwiderte er. „Und wenn du willst, sag mir irgendwann einmal, wie es gegangen ist."

„Ja!", sagte sie und verschwand wieder.

Tief berührt durch diese kurze Begegnung folgte Baumann seinem Freund...

Als sie sich in dem kleinen Arbeitszimmer wieder allein gegenübersaßen, sagte Grunert:

„Ich habe das ja am Rande noch mitbekommen... Michael, man kann wirklich neidisch auf dich werden."

„Aber warum, Karsten?"

„Nun ja, das weißt du doch sicher sehr gut. Stell dir vor, du hast eine Tochter, siebzehn Jahre, du hoffst, dass sie dir vertraut, das tut sie auch. Aber dann hat sie eine solche Sorge, die ihr auf der Seele liegt – und wem hört sie zu? Wem gelingt es, das Entscheidende auszudrücken, wirklich wunderbar auszudrücken? Und wem schenkt sie dann noch schnell ihren Dank? Ich wünschte, mir wäre dies alles gelungen, Michael! Aber das ist es nicht... Ich muss es dir gönnen, und gönne es dir natürlich auch. Aber es ist manchmal schon verdammt schwer!"

Baumann sah seinen Freund ernst und etwas traurig an.

„Ich verstehe das sehr gut, natürlich, Karsten. Ich wünsche dir auch, dass dir all dies ebenso gut gelingen mag – oder noch besser! Aber natürlich ist das Vertrauen gegenüber einem Freund der Familie manchmal viel unbelasteter und viel spontaner da ... das kannst du doch auch verstehen? Und selbst wenn es dir nicht immer so gut gelingt, es kommt doch vor allem darauf an, dass ihr durch *irgendjemanden* geholfen wurde? Es muss uns doch immer gleichmütiger lassen, durch wen etwas geschieht – wenn es nur geschieht?"

„Ja, natürlich – du hast ja Recht, und natürlich weiß ich dies alles. Es ist nur nicht einfach, und das weißt du doch auch." Grunert lachte leicht bitter.

„Tja, da haben wir dann unsere Widersachermächte – sie machen sich von selbst bemerkbar ... wie bestellt!"

Baumann lächelte, sagte aber nichts dazu, sondern sah seinen Freund abwartend an.

Nach einer kurzen Weile fuhr Grunert daher fort:

„Also – die Widersachermächte. Wir beide wissen um ihre Realität, aber die anderen Menschen würden uns wie gesagt für verrückt halten, wenn man davon anfängt. Wie würdest du versuchen, einem jungen Menschen diese nahezubringen?"

„Sag du doch erst einmal etwas", schlug Baumann vor. „Woher weißt *du* inzwischen, außer durch Rudolf Steiner, dass es nicht einfach nur gewöhnliche Eifersucht ist, was du empfunden hast? Ist das nicht normal? Ist das nicht menschlich, liegt es nicht in der Natur des Menschen?"

„Ah, ein guter Schachzug!", kommentierte Grunert. „Jetzt lässt du mich reden, sozusagen ganz und gar praxisbezogener Anschauungsunterricht..."

„Nein", widersprach Baumann dem Freund, „bitte sag das nicht, nicht einmal ironisch. Du weißt doch, der volle Ernst... So würde ich es nie gemeint haben! Ich meinte nur, ich habe bis jetzt schon so viel gesagt, und wir ringen um diese Fragen doch gemeinsam. Es ist doch *gut*, wenn du jetzt auch einmal etwas sagen darfst, den Impuls fasst, die Frage so gut wie möglich weiterzuverfolgen... Und mir zugleich die Möglichkeit schenkst, auch einmal dir zuzuhören..."

„Ja", sagte Grunert, „tut mir leid. Ich bin schon wieder beschämt."

„Nein", sagte Baumann, „nichts davon! Beginne einfach!"

„Gut, also... ‚Gewöhnliche Eifersucht' – aus unserer Sicht gibt es das gar nicht. Das alles sind Erklärungen der Psychologen, die für die Phänomene natürlich Begriffe gefunden haben; doch mehr, als das reale Phänomen zu beschreiben, können sie überhaupt nicht. Hat je ein Psychologe eine Quelle der Eifersucht gefunden? Nein, sie ist ein menschliches Faktum, aber wo sie herkommt, bleibt eine völlig unbeantwortete Frage. Sie ist natürlich eines der vielen Phänomene der Selbstbezogenheit – aber diese bleibt das eigentliche Rätsel, über das man viel sagen und schreiben kann, ohne dass man jedoch seinen Kern zu erfassen vermag. Man nimmt es letztlich als menschliche Konstante – und hört irgendwann auf zu fragen.

Aber gerade nach dem, was du vorhin so wunderbar entwickelt hast – wenn man also wirklich das Heilige als etwas *auch* in der Seele Existierendes erlebt –, stellt sich doch eine große Frage: Man hat hier auf der einen Seite diesen heiligen Willen zum Guten, und auf der anderen Seite hat man den gewöhnlichen Menschen, mit Eifersucht, mit Selbstbezogenheit, mit Ärger, mit Wut, mit Hass, mit Antipathie, mit Hochmut, mit Starrsinn – mit allem, was *nicht* Liebe und nicht guter Wille ist. Wie geht das zusammen? Wie kann der Mensch ein Wesen sein, in dem das eine und das andere lebt? Wenn das Heilige in der Seele aus einer heiligen Sphäre kommt ... woher kommt dann das andere?"

Baumann nickte und lächelte dem Freund weiter abwartend zu. Grunert fuhr fort:

„Mit einem wirklichen Erleben der Liebe zum Guten haben wir das rein Irdische schon verlassen. Eigentlich verlassen wir es überhaupt schon mit den feineren seelischen Regungen, mit Sehnsucht, mit Verletzlichkeit, mit Hoffnung... Das ist ein Übergang zu dem Reich der Selbstlosigkeit, der zunehmenden Selbstlosigkeit. Sehnsucht und Hoffnung sind bereits nicht mehr irdisch zu erklären – man findet sie weder beim Stein, noch bei der Pflanze, noch beim Tier. Selbst das Leben, das Wachstum, die Empfindung ist nicht bloß irdisch zu erklären – doch was wir beim Menschen finden, geht noch weit, weit darüber hinaus.

Durch all dies, was wir beim Menschen finden können an edlen Empfindungen der Seele, und durch die innere Aktivität, die wir entfalten, wenn wir uns in diese wirklich aktiv vertiefen, kann sehr deutlich eine Ahnung davon aufsteigen, was es heißt, dass der Mensch in Wahrheit ein seelisch-geistiges Wesen ist. Der Mensch kann *erleben*, was er seinem wahren Wesen nach ist!

Dann aber taucht immer mehr die Frage auf, wie dies dann kommt, dass er zugleich auch dasjenige ist oder an sich trägt, was er *nicht* seinem wahren Wesen nach ist. Immer stärker erlebt die Seele, dass all das, was der Liebe widerspricht und ihr entgegengerichtet ist, dass Wut und Hass, Ärger und Eifersucht *nicht* ihr wahres Wesen sind. Und immer stärker wird die Frage: Woher kommt dies seinem Wesen nach, wie ist dies möglich?"

Baumann lächelte und fragte:

„Und woher weiß der Mensch, was sein wahres Wesen ist? Woher weiß er es, wenn er diese Liebe entdeckt?"

„Nun – weil sein ganzes Wesen, wenn er dieses Heiligtum in der Seele zu ahnen beginnt, begeistert jubelt: Ja, das ist es! Dies und nichts anderes will ich suchen, will ich erstreben... Und gegenüber allem anderen sagt der Mensch sich immer mehr: Nein, dies bin ich nicht, dies will ich überwinden."

Baumann erwiderte:

„Vielleicht will der Mensch ja auch gerade sein wahres Wesen überwinden, um etwas völlig Anderes zu werden?"

„Nein", widersprach Grunert. „Sein wahres Wesen, wenn es wirklich das wahre Wesen ist, *kann* man gar nicht überwinden. Man kann es immer nur finden... Wiederfinden! Überwinden kann man nur das, was einen davon entfernt hat, was sich darübergelagert hat. Das Gefängnis..."

Baumann nickte zustimmend.

Grunert fuhr fort:

„Und doch finden wir hier die Unterscheidung zwischen höherem und niederem Ich. Das wahre Wesen ist das höhere Ich, das erst wieder erwachen, mit dem ‚Erdenmenschen' in Übereinstimmung kommen muss. Das niedere Ich ist alles, was wir zunächst sind, was aber teilweise diesem höheren Ich noch ganz entgegensteht, was gerade zu dem Gefängnis gehört. Wir müssen also sagen: Unser wahres Wesen sind wir zunächst fast überhaupt nicht mehr – sondern wir sind zunächst sehr, sehr viel, was diesem gerade widerspricht! Wir sind unser eigenes Gefängnis!"

Grunerts Worte erfüllten dicht die kurze Stille.

„Wenn also diese Erkenntnis immer sicherer wird, dass wir unser wahres Wesen nur in einem innersten Heiligtum finden, dann ist die Frage irgendwann übergroß da: Wie kam es dazu? Und dann sind wir beim Wirken der Widersachermächte!"

Baumann nickte.

„Jetzt sprichst du wieder weiter", sagte Grunert.

„Wieso?"

„Ich kann nicht mehr."

„Doch natürlich kannst du!"

„Aber ich will wirklich hören, wie *du* es versuchen würdest zu erklären. Du weißt, gegenüber einem jungen Menschen. Ich weiß, dass es mir nicht gut genug gelingt. Ich will es von dir hören."

„Bei mir kann es auch immer wieder nur ein Versuch sein, und du weißt, wie oft Versuche misslingen..."

„Trotzdem", bat Grunert.

„Also gut", erwiderte Baumann. „Es gehört hier natürlich das ganze umfassende Geschehen um den Fall der Menschheit aus dem rein Geistigen in das Irdische hinzu – was man den ‚Sündenfall' nennt. Aber damit kann man kaum anfangen.

Ich würde also wirklich versuchen, ganz bei dem Erleben zu bleiben. Ich würde versuchen, diesen jungen Menschen wirklich im Erleben zu halten; ihm zu helfen, nicht daraus herauszufallen."

„Und wie?", fragte Grunert.

„Nun, das Heilige, wenn dies wirklich Erlebnis wird... Wenn man sich zum Beispiel auch vorstellen könnte, einen anderen Menschen wirklich von ganzem Herzen zu lieben, ohne jede Bedingung – und dann dies vielleicht sogar noch weiter ausgedehnt, auf die Welt, auf mehr als einen Menschen... Wenn man deutlich dieses Erlebnis hat, was du vorhin erwähntest – dieses große, jubelnde Ja! der Seele und des Ich ... dann ist das nächste Erlebnis, dass man dieses Heiligtum unbedingt schützen und hüten möchte. Das bedeutet aber, dass man sich selbst, das eigene Ich, diesem Heiligtum so nahe wie möglich bringt; dass man sich damit so eng wie möglich identifiziert. Es bedeutet, dass man selbst beginnt, die anderen Teile der Seele von sich zu trennen, sich nicht mehr damit zu identifizieren, sondern sie überwinden zu wollen – um immer mehr dem heiligen Teil das Leben zu ermöglichen.

Die gewöhnliche Psychologie würde jetzt sagen: Da verleugnet man gerade wesentliche Anteile seines Ich oder seiner Psyche, dabei käme es gerade darauf an, sie zu ‚integrieren'. Doch das ist Unsinn. Wir sind hier auf einer völlig anderen Realitätsebene. Es geht nicht um eine Abspaltung und Verleugnung von Persönlichkeitselementen, die man sehr wohl hat und auch weiter hat und überhaupt nicht überwindet, sondern nur abspaltet, so dass sie immer unerkannter Teil von einem bleiben, bis man schließlich vielleicht sogar schizophren wird – sondern es geht um eine *wirkliche* Überwindung! Jede Psychologie, die von ‚Integrieren' spricht, hält es für unmöglich, dass etwas völlig verwandelt und überwunden werden kann. Sie leugnet damit die wesentlichste spirituelle Realität überhaupt: die Realität der Wandlung!"

Baumann sah seinen Freund an.

„Aber gut – das war nur eine Zwischenbemerkung für uns. Das würde ich einem jungen Menschen höchstwahrscheinlich nicht sagen, es sei denn, er hat großes psychologisches Vorwissen. Sonst würde ich unmittelbar bei dem Erlebnis bleiben, dass nun also der reine Teil der Seele und des Menschen, der man im Innersten ist und der diese tiefe Sehnsucht nach jener heiligen Essenz zu empfinden beginnt, sich von dem Anderen immer mehr abzuwenden beginnt. Mag dieses Andere ihn weiterhin noch so oft überfallen – als Ärger, Wut, Hass, Antipathie –, er wird sich damit nicht mehr bleibend identifizieren, und seine Sehnsucht, all diese Seelenregungen zu überwinden, wird immer stärker werden.

Wenn dieses Erlebnis immer deutlicher wird: ,Dies bin nicht ich!', dann entsteht die Frage: Wer oder was ist es dann? Natürlich wird man in dem entsprechenden Moment vom Ärger übermannt – natürlich schleicht sich die Antipathie zunächst fast unvermeidlich hoch, und natürlich kann man dann nicht anders, als zu sagen: ,Ich fühle Ärger, ich fühle Antipathie', aber man *will* dies nicht. Man erlebt, dass man sich noch nicht immer dagegen wehren kann, dass es einen erfasst, aber man spürt: Etwas, was *nicht ich* ist, erfasst mich. Erst nachträglich erlebe ich es als eins mit meinem Ich. Aber es kommt von außerhalb, und ich will eigentlich gar nicht, dass es kommt. Es ist etwas, was ursprünglich nicht ich ist. Woher also kommt es!?"

Grunert erhob einen Einwand:
„Aber diese heilige Liebe bin doch zunächst auch nicht ich – noch viel weniger! Ich sehne mich nur danach, sie verwirklichen zu können. Ich sehne mich danach, sie zu werden; ich sehne mich danach, dass sie von außerhalb in mich hineinkommt. Gilt dies also nicht viel mehr auch von der Liebe, während all das Andere zunächst sehr wohl doch ich bin...?"
Baumann nickte.

„Ja, hier sind wir wieder bei dem niederen und dem höheren Ich. Um die Schwierigkeit, die Erlebnisse hier genau auseinanderzuhalten, kommen wir nicht herum. Das gewöhnliche Bewusstsein kann zunächst nicht anders, als ‚ich‘ zu dem zu sagen, was die gewöhnlichen Empfindungen sind. Und das gewöhnliche Bewusstsein identifiziert sich in der Tat vollkommen willensstark auch mit negativen Empfindungen. Wenn ich ärgerlich bin, fühle ich mich ganz und gar ‚drin‘ in meinem Ärger, empfinde ihn auch als voll berechtigt und so weiter... Das Ich ist der Mittelpunkt, und alle Gefühle sind ‚seine‘, mit vollem Recht.

Doch mit der Entdeckung des heiligen, guten Willens setzt eine Umkehr ein. Nun *kann* sich das Ich nicht mehr ganz mit den negativen Gefühlen identifizieren. Das konnte es auch schon vorher nicht. Denn dieses Heilige war ja schon immer eine Realität in der Seele. Spätestens *nach* den negativen Gefühlen setzte doch immer eine Art Reue ein – wenn man die Stimme des Guten nicht völlig ausgelöscht hat. Doch nun, wo dieses heilige Gute völlig bewusst zu werden beginnt, beginnt auch die Trennung des eigentlichen Ich von den negativen Empfindungen, immer stärker hervorzutreten. Denn dieses eigentliche Ich wird immer wacher! Dieses war es, was das jubelnde Ja! rief, dieses ist es, was die Kraft entfaltet, sich gegen die aufsteigenden negativen Empfindungen zur Wehr zu setzen. Dieses ist es, was sagen kann: Das bin nicht ich – und ich werde mich immer stärker dagegen wehren können. Immer stärker werde ich mich mit dem Willen zum Guten durchdringen können und dadurch schließlich jeden Teil der Seele verwandeln, bis kein Teil übrigbleibt, der mir auf diesem Weg nicht folgen will; bis jeder Teil meiner Seele jene heilige Essenz aufnehmen will...“

Baumann lächelte seinen Freund an.

„Und jetzt – jetzt, wo der Mensch zumindest ahnen kann, dass es einen Zustand geben kann, wo er seinem wahren Wesen nach sich wirklich entschlossen gegen alles stellen kann, was in der Seele aufsteigen mag –, jetzt ist der Moment da, wo er auch begreifen kann, dass dann all dies, was da aufsteigt, eine völlig andere Ursache haben muss. Dass dies wirklich und absolut nicht zu *ihm* gehört..."

„Ja!", sagte Grunert. „Wunderbar!"

„Und jetzt", ergänzte Baumann, „ist es auch nicht mehr schlimm, wenn man es dann mit wirklichen fremden Mächten zu tun bekäme – denn ob man mutig für die heilige Essenz des reinen Willens zum Guten eintritt und gegen Ärger, Hass und Antipathien kämpft, oder ob man gegen Widersacher kämpft, die all dies in der Seele hervorrufen wollen, macht dann keinen Unterschied mehr. Im Gegenteil! Wer so mutig ist, sich gegen alles zu wenden, was er bisher scheinbar gewesen war, der wird erst recht den Mut finden, sich gegen Mächte zu wenden, die vielleicht sogar über dem Menschen stehen!"

„Großartig!", sagte Grunert. „Warum kann man das nicht jedem Menschen so nahebringen?"

„Weil", lächelte sein Freund, „nicht jeder Mensch so tiefgehende Fragen hat, dass man daran anknüpfen könnte. Überleg doch einmal, wie tief Lebensfragen sein müssen, damit man, so wie wir jetzt, stundenlang darüber sprechen könnte – genau *darüber*! Und überlege einmal, wie lange wir nun schon mit der Anthroposophie verbunden sind und immer weiter gestrebt haben..."

„Ja, dennoch würde man sich wünschen, dass man immer wieder so sprechen könnte!"

„Ja", bestätigte Baumann. „Das würde man sich wünschen. Und selbstverständlich warten wir auch fortwährend auf eine Gelegenheit. Aber wir müssen fortwährend auf das Leben selbst warten, das diese Fragen aufwirft..."

„Aber nun nimm an, dass der junge Menschen Interesse gefasst hat und mehr hören will. Was würdest du weiter sagen?"

Baumann nickte.

„Nun würde man wirklich von göttlichen Welten sprechen können. Wenn man das Heilige der Liebe und des reinen guten Willens nach diesem langen Weg wirklich anerkennen und erkennen kann, dann entsteht in der Seele von selbst eine wirkliche Demut. Der Hochmut ist das Erste, was wirklich schwinden kann, selbst wenn einen Ärger und Antipathie in geschwächter Form noch immer wieder einmal übermannen können. Wer aber die Liebe wahrhaftig liebt und ehrt, der lernt die wirkliche Demut kennen. Er weiß und fühlt mit vollem Ernst, dass er der Liebe nur würdig ist; dass er nur dann ein würdiger Träger der Liebe werden kann, wenn er diese wirkliche Demut kennt. Die wahre Ehrfurcht vor der sanften Herrschaft der Liebe besänftigt auch allen Hochmut. Wenn man es ernst mit seiner Ehrfurcht und Sehnsucht meint, wird dieser Hochmut nach und nach vollkommen verschwinden – auch wenn es noch lange brauchen mag, ihn wirklich in allen Verästelungen der Seele zu finden und zu verwandeln.

Wenn aber die Demut, die Ehrfurcht vor dem Heiligen der Liebe, erwacht ist, dann wird man auch vor der Realität göttlicher Welten eine Ehrfurcht haben können. Man wird längst empfinden, dass es viel mehr, auch viel Heiligeres geben kann, als man bisher für möglich gehalten hatte. Und wenn man auch bisher schon religiös gewesen ist, wird man auch diese Empfindungen noch viel weiter vertiefen und auch auf bisher ganz Unbekanntes erweitern können.“

Grunert nickte und wartete. Baumann machte eine längere Pause, bevor er fortfuhr.

„Ich würde dann eine Empfindung dafür zu wecken versuchen, dass diese ungeheure Verführung des wahren Menschenwesens, dieses ungeheure Gefängnis, das sich um den heiligen guten Willen gelegt hat, bis er fast ganz und gar verschollen und vergessen worden ist, nur dadurch möglich geworden ist, dass seit undenklichen Zeiten andere, unheilige

Mächte dieser heiligen Essenz und jenen Mächten, denen sie zu verdanken ist, *entgegengearbeitet* haben. Dass also der Mensch, wie wir ihn heute kennen, das ‚Ergebnis' eines sehr, sehr langen Wirkens göttlicher Wesenheiten ist, wobei die einen die Hüter des Guten im Innersten des Menschen sind, die Anderen jedoch all das bewirkt haben, was den Menschen heute vom Guten trennt – bis hin zu seiner heutigen Leiblichkeit, insofern sie zu der ungeheuer starken Selbstbezogenheit führt, mit der die Liebe zu kämpfen hat.

An diesem Punkt wird man es für möglich halten können, dass der Mensch von der göttlichen Welt ursprünglich ganz anders gedacht worden war, dass also der derart starke Selbstbezug irgendwann, irgendwie in den Menschen hineingekommen sein muss. Und man wird verstehen, dass dies größte Auswirkungen auf alles gehabt haben muss.

Das Einzelne hängt dann stark vom Interesse des jungen Menschen ab – du weißt, dass man über das, was der ‚Sündenfall' genannt wird, also das erste Eingreifen der Widersachermächte und alle Folgen dessen, sehr, sehr lange sprechen könnte. Aber man kann es auch darauf konzentrieren, dass dieses Wirken bis heute allgegenwärtig ist, dass nach wie vor jede Regung, die aus Leib und Seele aufsteigt und *nicht* der Liebe dient und entspricht – also eigentlich jede, denn die Liebe steigt nicht aus Leib und Seele auf, sondern geht aus dem heiligsten Empfinden des Menschenwesens hervor, wenn das Ich sich dieser heiligen Essenz zuwendet –, dass also jede andere Regung durch Widersachermächte an die Seele heran- und in die Seele hineingetragen wird. Widersachermächte der göttlichen Welten und Widersachermächte der Liebe.

Der Mensch, der beginnt, dieser heiligen Liebe, diesem heiligen Willen zum Guten folgen zu wollen, muss den Kampf mit den Widersachermächten aufnehmen..."

„Was sind das für Mächte? Der junge Mensch wird doch nun diese Frage haben?", sagte Grunert.

„Ja", erwiderte Baumann. „Nun kann man das Empfinden für die Polarität dieser Widersachermächte erwecken und immer mehr vertiefen. Ihr Wirken geht ja viel weiter als bis zu den eindeutig negativen Empfindungen, es ist viel, viel umfassender. Immer aber ist die eine Macht sozusagen kalt und verhärtend und die andere Macht ein gewisses Gegenteil dessen. Man kann jetzt durchaus die Namen zu Hilfe nehmen, die auch Rudolf Steiner selbst zu Hilfe genommen hat: ‚Luzifer', der schon immer das Ur-Wesen des Hochmutes war, und ‚Ahriman', der schon in der urpersischen Religion die Gegenmacht zu der göttlichen Macht des Lichtes und des Guten war. Es muss deutlich sein, dass dies Namen sind, dass es auch andere Namen sein könnten – dass hinter den Namen aber real wirkende Mächte stehen.

Luzifer erweckt unter anderem den Hochmut, insofern dieser hitzig und wirklich hochmütig ist – Ahriman erweckt den Hass und auch alles, was kalt und berechnend ist. Luzifer erweckt den mehr gefühlshaften Selbstbezug, Ahriman erweckt das willenshafte, kalte Eigendenken. Luzifer erweckt das Mittelpunkt-Erlebnis, Ahriman das wirkliche kalte Sich-Abschließen. Aber dann geht dies alles noch viel weiter: Luzifer inspiriert die Kunst, die Wissenschaft, den realitätsfernen, bloß träumerischen Idealismus, Ahriman führt zum Erleben einer bloß sinnlichen Welt, aus der der Materialismus hervorwächst. Und bis ins Kleinste: Luzifer führt zu Verschwendungssucht, Ahriman zu Geiz; Luzifer zu Übermut und Waghalsigkeit, Ahriman zu Angst und Verzagtheit. Überall hat man die Polarität – sogar im Leiblichen: Luzifer bewirkt Entzündungen, Ahriman Verhärtungen, Tumore...
Und natürlich hat jede dieser beiden Mächte auch ein Gebiet, auf dem sie berechtigt wirkt. Denn das nächste große Geheimnis ist, dass der Mensch niemals zu der Freiheit gefunden hätte, wenn er all dies, diese Selbstbezogenheit und Entfremdung von jener heiligen Essenz und überhaupt von der ganzen göttlichen Welt nicht durchgemacht hätte.

Er *musste* also irgendwann in einer bloß noch sinnlich scheinenden Welt und in einem wirklich stofflich-materiellen Leib aufwachen, um so zunächst ein freies Wesen zu werden – und dann aus dieser Freiheit heraus das Heiligtum der Liebe zu entdecken, aus wirklich ureigener Kraft..."

„Aber schwindet durch all dieses Wissen nicht doch wieder die starke Liebe zu dem heiligen guten Willen?"
Baumann erwiderte Grunerts Blick, dann schüttelte er den Kopf.
„Nein, nicht *dadurch*. Doch die Gefahr ist fortwährend da – ob mit oder ohne Wissen. Hat der Mensch diesen heiligen Willen zum Guten einmal entdeckt, ist er von da an voll für seine eigene heilige Liebe zu diesem guten Willen verantwortlich. Niemand kann ihm dies abnehmen. Das, was er hier in einem glücklichsten Moment seines Lebens erkannt hat, dem treu zu bleiben, wird eine Lebensaufgabe sein. Der gute Wille selbst ist so heilig, dass man in seinem Angesicht fast nur versagen kann. Man *kann* niemals dauerhaft so heilig empfinden, dass man ihm immer, in jedem Moment, würdig bleibt – in letzter Hinsicht nicht einmal einen einzigen Moment lang. Und doch kann man danach streben – und dies hat man sich schließlich in einem einzigen, ewigen, heiligen Moment selbst geschworen: dass man von nun an diesen heiligen Willen zum Guten als das Ziel und die wahre Erfüllung seines eigentlichen Ichs betrachten wird.
Diesem Schwur treu zu bleiben und immer wieder würdig zu werden, ist von nun an eine Lebensaufgabe!
Stell dir einen Ritter vor, der seiner unendlich edlen und schönen Königin treu ergeben ist. Bei allem, was er tut, stellt er sich vor, wie es wäre, wenn sie seine Tat mit ansehen würde, jede einzelne kleine Tat. Nichts will er tun, was vor ihren Augen nicht voll bestehen könnte – nichts, was nicht möglichst genauso edel ist, wie sie es ist... Und ist er einmal unachtsam, empfindet er sich bereits als nicht mehr würdig,

in ihrem Dienst zu stehen, und verdoppelt sein Bemühen, es wieder zu werden...

Mit einer solchen Vorstellung ist es recht leicht, zu einem energischen inneren Willenseinsatz und zu einer wirklich fortwährenden Geistesgegenwart zu kommen. Aber nun haben wir es nicht mit einer irdisch-himmlischen Königin zu tun, sondern mit einer *rein* himmlischen – und gegenüber der Liebe scheint dies auf einmal viel, viel schwieriger zu sein. Denn die Liebe schenkt einem nicht einen holden Blick, der den Ritter bis ins Innerste durchziehen kann, was natürlich noch in das Gebiet der Erotik hineinspielt.

Für das rein geistige Wesen der Liebe muss man wirklich *vollkommen* selbstlos werden können, um in seinem Dienst wirken zu können. Man hat wirklich nichts Irdisches mehr, um sich daran festhalten zu können. Nur der rein geistige, der rein höhere Wille kann einem helfen, das innige Band zu dieser heiligen Essenz zu halten, das man in dem Moment empfand, wo man diesem Heiligen ewige Treue geschworen hat. Jeder Verlust von Geistesgegenwart kann einen wieder aus dieser selbst gewollten heiligen Verpflichtung hinaustreiben, und immer wieder von neuem muss man streben, die wirkliche Liebe zum Guten wiederzufinden, wieder zu fassen, wieder in sich zu entzünden.

Der Wille zum Guten ist in keinem Moment etwas Bequemes, was einfach da ist. Für lange, lange Zeit muss er in jedem Moment wieder erobert werden, wenn er da sein soll. Sonst ist man wiederum der alte Mensch... Der Mensch in den Händen der Widersacher... Sie sind es, die die Geistesgegenwart fortwährend bekämpfen und vernichten wollen. Sie sind es, gegen die man immer und immer wieder einen Sieg erringen muss...

Wenn wir dann also von ihnen selbst sprechen, von den Widersachern und von ihrem vielfältigen, differenzierten Wirken, so kann auch dieses Wissen unsere Liebe zum Guten nur dann schwächen, wenn wir dies *zulassen*. Wir müssen so viel

Geistesgegenwart und so viel Liebe zum Guten besitzen, dass wir es nicht zulassen! Und wenn wir merken, dass unsere Aufmerksamkeit, unsere Kraft, unsere Liebe zum Guten nachlässt, müssen wir aufhören, zu sprechen oder zuzuhören, und uns zurückziehen – in die Meditation, in die Erneuerung unserer Liebe zum Guten, in die Erneuerung ihres wirklichen Erlebens."

Grunert nickte.

„Ja, du hast völlig Recht."

„Wenn wir aber die heilige Begeisterung bewahren, dann wird auch jedes Wissen vom Wirken der Widersacher nur eine neue Hilfe sein, den Weg des Guten immer entschiedener zu beschreiten. Denn wenn wir immer tiefer erleben können, wie alles Wirken der Widersacher darauf zielt, uns aus dem wahren Gleichgewicht zu bringen, und wie das wahrhaft Gute gerade dieses Gleichgewicht *ist*, dann kann dies doch mit tiefer Begeisterung und Freude erfüllen? Denn je mehr wir die Widersacher erkennen, desto klarer offenbart sich uns auch das Wesen des Guten...

Aber natürlich können wir dieses Wesen des Guten auch ganz unmittelbar erleben."

„Ja", sagte Grunert. „Wenn wir dies nicht könnten, bliebe es doch noch immer abstrakt."

Baumann nickte.

„Das könnte es sehr schnell wieder werden. – Doch das Erleben des heiligen Geheimnisses des guten Willens ist ein ganz und gar reales Erleben. Dies kann auch dadurch nicht aufgelöst werden, dass man erkennt, dass die Widersacher die Seele fortwährend nach zwei Seiten von der Essenz der Liebe abbringen wollen und auch immer wieder wirklich abbringen. Die Realität der Liebe, die man als heilig erlebt, wird dadurch nicht verringert.

Abstrakt werden kann dies nur, wenn man das ganze Geschehen zu etwas Abstraktem macht; wenn es aus dem realen

Erleben herausfällt und nur noch im Kopf gedacht und vorgestellt wird.

Dennoch wissen wir, dass nicht nur die Gegenwirkungen mit realen Wesenheiten und Mächten verbunden sind, sondern dass auch die heilige Essenz der Liebe und des guten Willens selbst mit einem allerhöchsten Wesen zu tun hat..."

Beide Freunde schwiegen einen Moment. Dann fuhr Baumann fort:

„Und wenn man alle Hindernisse überwunden hat, die sich mit Seinem Namen verbunden haben – und die natürlich ebenfalls alle auf die Widersacher zurückgehen –, wird man in dem bewussten Streben nach einer Beziehung zu diesem Wesen sicher nicht weniger Hilfe erfahren, als wenn man es mit einer ‚Königin' zu tun hätte – und zugleich wird man noch viel stärker zu einer wahren Selbstlosigkeit finden können, als mit der bloßen Besinnung auf die heilige Essenz der Liebe allein..."

„Warum das?", fragte Grunert.

„Weil der Hochmut nun einmal doch eine sehr starke Wirkung der Widersachermächte ist. Ich sagte, dass er sich völlig auflöst, wenn man die echte Ehrfurcht und Demut im Angesicht der heiligen Liebe kennenlernt. Aber in der heutigen Zeit besteht trotz allem die große Gefahr, dass diese Ehrfurcht und Demut gar nicht echt sind, die man zunächst entwickeln kann. Die Gefahr besteht, dass selbst sie von leisem Hochmut und Stolz durchdrungen bleiben. Dass man sich also dieser heiligen, selbstlosen Liebe zuwendet, aber dass man dies leise durchdrungen von Stolz tut – und damit auch diese vermeintlich gefundene heilige Liebe vergiftet, die man in Wirklichkeit noch gar nicht gefunden hat, weil sich sofort alles in eine Illusion verkehrt.

Dann empfindet man sich auf einmal als ein wunderbarer, selbstloser Träger der göttlichen Liebe, durchzogen von einem leisen Gefühl von Stolz und ‚Wohlwollen gegen alle

Wesen' – man schwelgt so richtig in seiner eigenen Voll-kommenheit, in seinem eigenen, wunderbaren ‚Trägersein' der göttlichen Liebe, und in Wirklichkeit hat man zwar viel-leicht viel Wohlwollen, aber ebensosehr überwiegt die alles durchdringende Selbstliebe, die man absolut nicht bemerkt, weil man fortwährend damit beschäftigt ist, sie zu genießen...

Du merkst, ich rede von der größer werdenden Strömung des New Age im weitesten Sinne. Ich bestreite gar nicht, dass solche Menschen sich innerlich entwickelt haben und wirk-lich viel Wohlwollen und Liebe ausstrahlen – aber wenn sie irgendwann einmal vor der Aufgabe stehen, auch ihre subtile Selbstbezogenheit und diesen feineren Hochmut, der sich so wunderbar als Demut tarnen kann, noch zu überwinden, wer-den sie es noch sehr, sehr schwer damit haben.

Vor diesem Hochmut kann jenes Wesen schützen, dem man sich zuwendet, wenn man weiß, dass man diese heilige Liebe nie ‚mal eben so' verwirklichen kann, dass jeder leichte New-Age-Weg eine halbe Illusion ist, die einen mit dem anderen Bein in einen nur um so subtileren Hochmut führt. Jenes We-sen aber kann uns davor bewahren, weil wir absolut wissen, dass wir jegliche Möglichkeit, wahrhaft die heilige Liebe in uns tragen zu können, nur Ihm verdanken – und weil unter Seinem Blick wirklich jeglicher Hochmut schwinden muss...“

„Wir sprechen von dem Christus-Wesen“, sagte Grunert nun. „Wie war es nur möglich, dass in Seinem Namen so viel ge-schehen ist, was ganz und gar gegen Sein Wesen gerichtet ist?“

„Ja“, sagte Baumann traurig, „es ist so viel geschehen, dass es heute kaum noch Menschen gibt, die diesen Namen mit dem wahren Wesen jenes Wesens verbinden können. Es ist genauso gefangen und gedemütigt wie die Liebe selbst – die es ja *ist*. Unerkannt und unverstanden ist es – und doch an die volle Öffentlichkeit gezerrt, als Illusion und Karikatur, als

Dogma und Lüge. Niemand kennt das Wesen der Liebe in seiner Wahrheit, niemand kennt Christus...

Ja, warum ist so unendlich viel in Seinem Namen geschehen, was alles nur dazu diente, Seinen Namen unmöglich zu machen, für alle Zeiten eine Mauer zwischen die Herzen der Menschen und diesen Namen beziehungsweise das wahre Wesen, dem dieser Name gehört, zu treiben? Weil von Anfang an die Widersacher ihr allerstärkstes Wirken gegen diesen Namen und dieses Wesen richteten. Weil es ihnen von Anfang an gelang, mit ihrem Wirken in die Kirche, in das Christentum einzudringen. Weil es ihnen gelang, alles Wirken mit dem Impuls von Macht und Gewalt, von Dogma und Furcht, von Gehorsam und Egoismus zu durchtränken.

Christus konnte die Macht der Widersacher ganz und gar von sich weisen. Die Kirche ist ihnen nahezu von Anfang an erlegen gewesen... Und so ist die Geschichte des Christentums eine Geschichte von Wahrheit und Lüge, von Gut und Böse geworden, in der all dies fast untrennbar miteinander verflochten ist. Wer das wahre Wesen der Liebe wiederfinden will, darf nicht in die Geschichte des Christentums schauen – er muss zuerst im Allerinnersten der Seele auf die Suche gehen und sich zugleich von der unendlichen Hilfe Rudolf Steiners leiten lassen. Er hat Tore des Verständnisses geöffnet, die seit der Zeitenwende verschlossen geblieben waren. Rudolf Steiner war der wahre Christophorus! Von ihm können wir lernen, ebenfalls solche zu werden. Von ihm können wir ein allerreinstes Streben lernen...“

„Mit wem könntest du in dieser Weise sprechen?“, fragte Grunert.

„Nur mit Menschen, die innerlich zutiefst bereit sind, eine Demut aufzubringen – und einen reinen Mut für eine spirituelle Entwicklung, die sich absolut nicht scheut, sich belehren zu lassen. Bei jungen Menschen kann ich mir diesen Mut und auch diese wirkliche Bescheidenheit sehr gut vorstellen, wenn das gemeinsame Gespräch tief genug vorgedrungen ist. Es gibt viele junge Menschen, die das Christus-Wesen wirklich suchen, auch wenn sie es nicht wissen. Es gibt viele junge Menschen, die eine sehr starke Sehnsucht nach dem Guten, eine sehr starke Liebe zum Guten in sich tragen – und die sofort ein Verständnis für das Christus-Wesen haben könnten, wenn die Hindernisse nicht so übergroß wären.

Viele junge Menschen hätten auch überhaupt kein Problem damit, einen wahrhaftigen Menschheitslehrer wie Rudolf Steiner anzuerkennen und im besten Sinne zu verehren. – Du weißt, dass Steiner selbst überhaupt nicht verehrt werden wollte, aber dass er zugleich die Verehrung von *allem* Verehrungswürdigen als die Grundbedingung jeder inneren Entwicklung bezeichnete. Er hat in allem etwas finden können, was diese Empfindung erwecken konnte – wie also könnte man ihm selbst gegenüber eine solche Empfindung nicht haben? Wenn überhaupt, dann einem solchen Menschen gegenüber! Dass er selbst nicht verehrt werden wollte, macht es um so sicherer! Und wie kann man jemanden nicht im besten Sinne verehren, dem man so viel verdankt!?

Erwachsene haben es damit viel, viel schwerer. Bei ihnen ist oft alle Verehrungskraft schon verdorrt und erstorben. Sie dulden oft nichts und niemanden über sich – sie ertragen es einfach nicht! Und das gilt nicht nur für Menschen. Kein Mensch darf weiter sein als sie selbst, sie erklären das einfach für unmöglich. ‚Jeder Mensch hat Fehler' – das ist dann die ewig wiederkehrende Litanei, der trotzige Schutzwall derer, die es einfach nicht aushalten, dass jemand weiter sein könnte als sie selbst. Aber das gilt dann sogar für ein Gotteswesen. Selbst Christus will man sich dann nicht beugen – nicht in wirklicher Demut, denn diese kennt man ja gar nicht. Man will sich vielleicht sehr wohl als fromm und gläubig empfinden – aber was dazu gehört und was nicht, das will man schön selbst bestimmen... Man hält sich dann wohl sogar für den frommsten und gläubigsten Menschen – aber das Urteil des Christus selbst in dieser Frage interessiert einen gar nicht... Man denkt nicht einmal an die *Möglichkeit*, an sich zu zweifeln...

Wenn ich also sage, Rudolf Steiner war der wahre Christophorus, so würde sich unter den meisten Menschen, die sich als Christen bezeichnen, sogleich ein heulendes Wutgeschrei erheben – denn es kann nicht sein, was nicht sein darf. Der Hochmut ist so groß, dass man sich, ohne mit der Wimper zu zucken, über Rudolf Steiner stellt – noch dazu, ohne ihn wirklich zu kennen! Es reichen einige scheinbare ‚Wissens-Fetzen' vom Hörensagen – das reicht für ein Urteil! Vollkommen unwichtig ist dann das Christus-Wort ‚Urteilet nicht...' Es wird geurteilt, hart und härter. Und völlig unwesentlich ist auch die Frage, wie Christus selbst darüber geurteilt hätte. Es könnte heute Christus selbst übersinnlich da sein und sagen: ‚Ja, dieser war mein treuester Diener. Ihn sollt ihr hören, er spricht die Wahrheit über Mich...' – es würde die Menschen gar nicht interessieren! Hochmut, die Seelen sind getränkt von Hochmut. Rudolf Steiner war derjenige, der die Realität der Widersacher offenbarte – doch davon will man ja gerade nichts wissen. Lieber erliegt man ihrer Wirkung weiterhin und hält sich dennoch für einen Christen. Was hat dieses Wort noch für eine Bedeutung? Es bedeutet nichts mehr!"

Baumann schwieg lange und sein Freund wartete.
Schließlich sagte Baumann:
„Lass uns diese tief ernsten Gedanken einmal lange in der Seele behalten und hier für heute unser Gespräch beenden, Karsten. Es ist schon spät geworden..."
„Ja, Michael. Ich danke dir für dieses ganze Gespräch. Ich danke dir auch für das, was du heute Abend für Sylvia getan hast..."
Baumann sah den Freund an.

„Ja, Karsten, ich weiß. Und ich danke dir für das Gespräch ganz ebenso!"
Sie schüttelten einander lange die Hand. Dann machte Baumann sich auf den Heimweg.

Als Baumann seinen Freund zwei Wochen später wieder besuchte, schaffte er es erst zum Abendessen.

Zunächst erzählte Grunerts Frau Leonie ausführlich von einer interessanten Ausstellung, die sie kürzlich allein besucht hatte. Dann kam jener Augenblick, wo Baumann Gelegenheit hatte, ihre Tochter zu fragen, wie es ihr inzwischen ergangen war.

„Und du, Sylvia – wie geht es dir nun mit deinem Freund, mit Philipp?"

Er dachte sich schon, dass es ganz gut gegangen sein müsse, denn das Mädchen hatte eine sehr fröhliche, ausgeglichene Stimmung.

Nun sah sie auf, etwas überrascht, angesprochen zu werden, doch dann sagte sie ganz offen, während Grunert und seine Frau sich und Baumann einen kurzen, wissenden Blick zuwarfen:

„Ich ... weiß nicht, was ich sagen soll – es ist auf einmal alles so wunderschön... Ich habe mit ihm gesprochen und ihm ... na ja, wie Sie es gesagt haben... Und auf einmal war er völlig verändert..."

Sie lächelte voller Glück und fand keine Worte zum Weitersprechen.

„He, du wirst rot!", triumphierte Marcel.

„Marcel, lass sie!", sagte Grunert.

„Das freut mich wirklich für dich, Sylvia", sagte Baumann.

„Siehst du? Behalte den Mut dafür..."

„Ja...", erwiderte das Mädchen. „Vielen Dank nochmal..."

Baumann lächelte ihr zu. Dann ließ er sie in ihrem Glück in Ruhe und wandte sich Marcel zu.

„Und du? Was macht dein Salatbesteck?"

„Ach", sagte der Junge leichthin. „Das geht voran. Rund ist es aber noch lange nicht."

Baumann lachte.

„Das macht ja nichts. Um so länger hast du noch Freude daran, es rund zu bekommen, oder nicht?"

„Ja, wahrscheinlich."

„Und?", fragte Baumann nun halb scherzhaft und halb ernst, „machen dir mittlerweile noch andere Fächer ebenfalls Freude?"

„Nö – wieso denn plötzlich? Alles wie immer."

„Na gut."

„Wieso muss bei Ihnen denn alles immer Freude machen oder interessant sein?"

„Oh", Baumann lachte, von der Frage etwas überrascht, aber auch erfreut. „Es muss ja nicht! Aber es ist doch schöner dann, oder nicht?"

„Ja, aber wenn's nicht so *ist*?"

„Dann kann man nichts machen!"

Der Junge schaute schweigend.

„Aber", ergänzte Baumann, „ein bisschen kann man sehr wohl dafür machen, dass es vielleicht doch so wird."

„Was wird?", fragte der Junge.

„Dass etwas interessant wird oder doch Freude macht."

„Wie denn?"

„Nun, man kann für alles Interesse *entwickeln*, wenn man es wirklich will. Nicht weil man soll, sondern weil man es will. Wenn ich etwas uninteressant finde, kann das entweder so bleiben, oder ich kann beschließen, es interessant zu finden – zack, auf einmal ist es interessant!"

Der Junge musste lachen.

Dann sagte er:

„Das geht doch gar nicht!"

„Wieso nicht? So was ist verboten!", sagte Baumann scherzhaft. „Einfach zu sagen: ,Das geht doch gar nicht'. *Das* geht nicht! Erstmal ausprobieren!"

Dann wurde er wieder ernst.

„Aber ich merke schon – das kommt dir wirklich wie Zauberei vor, wie etwas, was es in Wirklichkeit gar nicht gibt. So habe ich es auch ein bisschen formuliert, nicht wahr? Aber das gibt es wirklich, Marcel – frag deinen Vater! Oder deine Mutter! Vielleicht kennt sogar deine Schwester diese Zauberei schon!"

Er blinzelte dem Mädchen zu. Sie lächelte.

„Geht das?", fragte Marcel.

„Ich weiß nicht...", erwiderte Sylvia.

„Sie kann es noch nicht so gut", erklärte Baumann. „Bei ihr geht es vielleicht noch etwas langsam. Andere können das schneller. Zack! Auf einmal ist das Interesse da."

Der Junge lachte noch einmal.

„Das stimmt nicht. Sie machen Spaß."

„Nein, ich sage es spaßig, aber es stimmt trotzdem. Das kann man lernen. Vielleicht nicht in der Schule, weil man das richtig gut erst lernen kann, wenn man erwachsen ist. Aber trotzdem kann man auch als Kind schon ein bisschen entscheiden, ob man etwas interessant *findet* oder aber nicht. Glaubst du nicht, dass das auch ein bisschen an einem selbst und dem eigenen Bemühen liegt – ob man an einer Sache allmählich Spaß entwickelt oder nicht?"

„Doch, ja, kann schon sein."

„Dann gib nicht zu schnell auf dabei! Es kann dir zwar jetzt egal sein, ob dir die verschiedenen Fächer Spaß machen oder nicht. Aber es ist schon für das ganze Leben etwas sehr Wichtiges, ob man es gelernt hat, auf einmal Interesse an einer Sache haben zu können oder nicht... An vielen verschiedenen Sachen! An jeder Sache, die man möchte! Zack – schon ist es da!"

Zum dritten Mal lachte der Junge... Selbst seine große Schwester musste diesmal mitlachen, selbst die Mutter...

*

77

Nach dem Essen, als Leonie den Tisch abzuräumen begann und Grunert und Baumann im Begriff waren, sich in das kleine Arbeitszimmer zurückzuziehen, fragte Sylvia schnell: „Wer war denn eigentlich dieser Rudolf Steiner – über den reden Sie mit Papa doch immer? Ich meine, wie war er? Was war das für ein Mensch?"

Zum zweiten Mal war Baumann überrascht – nun viel tiefer als bei der Frage des Jungen.

„Wie kommst du zu dieser Frage, Sylvia?", fragte Baumann berührt und erfreut. „Du stellst sie doch sicher nicht ganz ohne Grund?"

„Weiß nicht", sagte sie, ein wenig verlegen, „ich will es wirklich einmal wissen. Außerdem bin ich auch so unglaublich froh wegen Philipp..."

„Hm – glaubst du, indirekt hat vielleicht auch Rudolf Steiner geholfen? Unsere Beschäftigung mit ihm? Oder willst du uns mit dieser Frage einfach auch eine Freude machen?"

„Weiß ich auch nicht", lachte das Mädchen offen. „Vielleicht beides."

„Na, dann komm doch ein wenig mit hinauf – oder Karsten?"

„Natürlich, sehr gerne!", nickte Grunert.

Oben in dem Arbeitszimmer setzte Baumann sich diesmal an das Ende des Sofas, damit Sylvia sich an das andere Ende setzen konnte, während Grunert wieder in seinem gewohnten Sessel Platz nahm.

„Also...", begann Baumann. „Du hast ja mich gefragt, also fange ich einfach einmal an..."

Die Blicke der beiden anderen waren gespannt auf ihn gerichtet.

„Ja – wie soll man anfangen? Der junge Rudolf Steiner war sehr kämpferisch. Furchtlos forderte er alle Welt heraus, die auf feste Vorstellungen und Traditionen gebaut war, und versuchte zu zeigen, wie dies alles auf dem Weg in die Zukunft ohne Bedeutung sein würde, wie es darauf ankäme, etwas ganz Neues zu finden. Ein unmittelbares Stehen in der Wirklichkeit – und ein ganz eigenes Finden der tiefsten Realität des Menschlichen. Dies alles geht aber über die gewöhnlich erlebte Realität weit hinaus. Rudolf Steiner wollte in den Menschen ein Erleben der *eigentlichen* Realität wecken. Und dieses Erleben hat damit zu tun, dass nicht mehr bloß das sinnlich Sichtbare und Fassbare erlebt wird – sondern in gleicher Stärke auch alles, was über dieses hinausgeht, beginnend bei den Gedanken, aber auch bei allem anderen Seelischen, den Gefühlen, den Willensimpulsen...“

Baumann sah, dass das Mädchen mit seinen Versuchen, etwas Wesentliches zum Ausdruck zu bringen, etwas überfordert war. Er ging zum Konkreten über.

„Auch für dich ist es doch wesentlich, was du empfindest, was du denkst, nicht wahr?“

Sie nickte.

„Und diese Wichtigkeit erlebt man um so mehr, je mehr ein Mensch oder auch ein Gedanke einem bedeutet. Und doch nimmt man dies alles als selbstverständlich hin. Es gehört zum eigenen Innenleben, man kennt es gar nicht anders. Man denkt nun einmal, man fühlt nun einmal, und das alles ist durchaus wichtig – aber zugleich auch total selbstverständlich.

Doch Rudolf Steiner wies darauf hin, dass man mit einer ganz anderen Aufmerksamkeit all dies begleiten könnte. Dass all dies einem doch sehr weitgehend entgeht, gerade weil es so selbstverständlich geschieht. Man kann aber das Denken und auch das Fühlen mit einer starken Aufmerksamkeit und Bewusstheit durchdringen, sozusagen mit starkem Willen, mit großer Klarheit – dann aber verändert sich das ganze Erleben völlig, immer mehr. Das, was zuvor so selbstverständlich war, wird auf einmal eine ganz eigene Welt, eine ungeheuer große Welt. Immer mehr erlebt der Mensch, das nicht nur die Außenwelt ‚Welt‘ ist, sondern dass das, was das Denken und Fühlen ist, was von Menschen gedacht und gefühlt wird, etwas unendlich Wesentliches ist, eine ganze Welt ist, die nicht weniger real ist als die äußere Sinneswelt. Das, was vom Menschen ausgeht, ist unendlich viel wesentlicher und realer als das, was wir äußerlich vorfinden. Ganz auf das reale innere Erleben und Tun der Seele und des menschlichen Geistes richtete Rudolf Steiner den Blick – versuchte er, den Blick der Menschen zu richten."

Baumann sah, dass das Mädchen nun zu verstehen begann, wovon er sprach. Er ergänzte:

„Du darfst natürlich nicht denken, dass er *nur* das tat. Er arbeitete unter anderem auch als Redakteur, schrieb Theaterkritiken, unterrichtete an einer Arbeiterbildungsschule und so weiter. Leidenschaftlich kritisierte er Theaterstücke, in denen jeglicher Geist fehlte. Leidenschaftlich versuchte er den Menschen verständlich zu machen, was in anderen Stücken erlebt werden konnte, die von den ganzen bekannten Kritikern in Grund und Boden kritisiert wurden. So stand er oft quer zu allen Richtungen, schwamm gegen den Strom, saß zwischen allen Stühlen – und versuchte immer wieder, die Menschen aufzuwecken für das, was für ihn ein so klares, starkes Erleben war: das Menschliche, das im Menschen sich Ereignende, das vom Menschen Ausgehende.

Und warum war ihm dies so wichtig? Weil er sah, dass die Menschen für dies immer mehr das Bewusstsein verlieren würden, dass sie immer mehr und mehr und mehr sich an die Außenwelt verlieren würden. Dass sie ihr Inneres zwar noch erleben würden – dass sie aber der Autorität und auch der Attraktivität der Sinneswelt immer mehr ihr ganzes Leben überlassen würden. Er sah, wie *schwach* der Mensch wurde, der das Leben nicht wirklich von innen nach außen führte, der das Menschliche nicht mit voller Stärke wahrnahm und auch verwirklichte – sondern der es gleichsam nur wie eine Zutat zum Weltganzen empfand...."

Baumann wusste natürlich sehr gut, dass er sich hiermit an den Grenzen des Verständnisses eines so jungen Mädchens bewegte – und er sah es auch. Lächelnd fragte er:
„Was konntest du von dem allen nun eigentlich verstehen? Wie hast du das, was ich eben sagte, verstanden? Es ist so unendlich schwierig, es überhaupt zum Ausdruck zu bringen...“
Sylvia sagte:
„Also ihm waren Gedanken und Gefühle wichtig, und er wollte, dass die Menschen das stärker erleben. Das ungefähr habe ich verstanden.“
Das war noch nicht sehr viel.
„Und noch etwas?“, fragte Baumann. Er war sich sicher, dass das nicht wirklich alles sein konnte. Aber so vieles blieb nun einmal immer wieder im Unbewussten, auch beim Verstehen.
„Na ja, dass ihm dies *sehr* wichtig war.“
„Aber warum?“
„Das verstehe ich ja eben noch nicht so ganz.“
„Und wenn du nicht nur nach dem gehst, was du verstehst, sondern auch auf das schaust, was du vielleicht gefühlt hast, was du nur im Gefühl vielleicht ‚verstanden‘ hast? Was war es, was ich versucht habe auszudrücken?“
„Ich weiß nicht“, antwortete das Mädchen. „Irgendetwas daran ist wirklich wichtig, jedenfalls hat es sich so angehört. Es ging um den Menschen. Und es ging darum, dass es auf etwas sehr Wichtiges ankommt – auf das, was Sie beschrieben haben.“
„Ja!“, sagte Baumann mit Freude. „Und was ist das? Worauf kommt es an?“
„Dass man mehr darauf achtet, was man denkt und fühlt. Dass einem das deutlicher wird.“

„Ja, Sylvia, das versuchte ich auszudrücken. Dass einem das deutlicher wird – und dass man daran, gerade an diesem, was im Menschen eine Realität wird und ist, das Denken, das

Fühlen und auch das Wollen, dass man also an all diesem ein immer tieferes Erleben hat. An dem, was Außenwelt ist, was dieses Sofa hier ist, diese Wände, das Fenster dort, an dem haben wir alle ein deutliches Erleben. Das scheint uns oft die ganze Wirklichkeit zu sein. Doch an dem, was im *Menschen* eine Wirklichkeit ist, haben wir kein deutliches Erleben. In dieses Erleben – in das Erleben des Denkens, des Fühlens, des Wollens – kann man aber so tief und stark eintauchen, dass dies eine ungeheure Wirklichkeit wird! Noch wirklicher als das Sofa, die Wände, das Fenster. Die eigentliche Wirklichkeit, das kann das menschliche Erleben werden.

Der Mensch entdeckt damit eine Welt, die er immer schon gekannt hat, an der er aber immer fast vollständig vorübergegangen ist. Man kennt diese Welt erst wirklich, wenn man voll in sie eintaucht, wenn man sie in voller Stärke und voller Klarheit zu erleben beginnt. Es ist wie eine Neugeburt – man wird wirklich noch einmal geboren, und nun ist man erst wirklich auf der Welt. Denn nun steht die wahrhaft menschliche Welt erst wirklich vor einem!"

Er lächelte und sah das Mädchen an.

„Man kann darüber viele, viele Worte machen. Doch verstehen wird man all dies erst wirklich, wenn man es selbst zu erleben beginnt. Versuche einmal irgendwann, fünf Minuten lang, deine Gefühle für Philipp wirklich intensiv zu empfinden, unter Ausschluss aller anderer Eindrücke, also mit geschlossenen Augen, mit einem Vergessen dessen, was die Ohren hören, der Tastsinn spürt... Dann lebst du zum ersten Mal wirklich tief und intensiv in deinem Fühlen! Und dann verstehst du sicher auch besser, von welch einer ‚Welt‘ ich spreche.

Aber das ist dann nur *ein* Beispiel. Man kann dies auf alles ausdehnen. Was fühlt man, wenn man an einer Blume vorbeigeht und sie betrachtet? Was *könnte* man fühlen, wenn man dies intensiv tut, sehr intensiv? Was könnte man fühlen, wenn man sein Fühlen überhaupt stärker macht und auch stärker erlebt? Und sein Denken? Jeden einzelnen Gedanken?

Das alles geht in eine bestimmte Richtung. Wir könnten diese sicher mit der Zeit immer deutlicher empfinden, aber jetzt kann ich natürlich nicht stundenlang darüber sprechen, denn das würdest du wahrscheinlich gar nicht wollen. Es reicht, wenn du erst einmal erlebst, dass darüber noch sehr, sehr viel zu sagen wäre. Und dann geht es schließlich auch um die Frage, in welch einer Welt der Mensch lebt – und mit ihm eigentlich noch andere Wesen leben, wie zum Beispiel jene Wesen, die man ‚Engel' nennen könnte. Aber auch diese Frage bekommt eigentlich überhaupt erst Sinn, wenn der Mensch anfängt, seine eigene ‚innere' Welt als solche, als eine ungeheuer große, weite, reale Wirklichkeit zu erleben."

Baumann machte eine kurze Pause und sah, dass das Mädchen die Frage des Engels diesmal nicht einfach abtat, sondern dass sie hinnahm, was er sagte.

„Aber ich will dir nun noch in anderer Weise schildern, was für ein Mensch Rudolf Steiner war. Jetzt vielleicht für dich etwas konkreter... Rudolf Steiner war ein Mensch, der *zuhören* konnte wie kein Anderer! Obwohl er in seinem Leben über sechstausend Vorträge hielt, sozusagen zwanzig Jahre lang jeden Abend einen neuen Vortrag, nur etwas mehr verteilt, aber gegen Ende seines Lebens sogar manchmal zwei, drei Vorträge pro Tag – trotz all dem war das Zuhören etwas, wozu er fähig war wie kein Zweiter. Wenn man zu ihm kam mit etwas, was einem auf dem Herzen lag, mit einer Frage, mit einer Sorge ... dann fühlte man sich von ihm ganz und gar aufgenommen, wie in einer umhüllenden Sphäre von Aufmerksamkeit, von Verständnis.

Rudolf Steiner war ein Meister der Freiheit! Niemals fühlte man sich von ihm bevormundet, immer aber ging man, wenn man einen solchen brauchte, mit wunderbar hilfreichem Rat von ihm fort. Rudolf Steiner als Mensch – etwas Unbeschreibliches. Wenn er einen anschaute, fühlte man sich *gesehen*, wirklich gesehen, vielleicht zum ersten Mal... Nun, dies sind Versuche, auszudrücken, was für ein Mensch er war..."

„Dann war er ja wirklich ein sehr besonderer Mensch", sagte Sylvia. „Dann hätte ich ihn gern einmal kennengelernt."
Baumann lächelte.
„Aber", fragte das Mädchen nun, „warum waren dann so viele gegen ihn? Das habe ich doch auch mitgekriegt, dass das so war – oder noch immer ist?"
„Ja", erwiderte Baumann, „dafür gibt es viele, viele Gründe – Gründe, die alle keine sind, aber für die Menschen dann schon, sie *machen* sie zu Gründen...
Der vielleicht wichtigste Grund ist, dass man es nicht ertragen kann, dass ein Mensch einem in allem Menschlichen so unendlich weit voraus ist. Und wenn dieser Mensch dann die Menschen noch darauf hinweist, was geschehen müsse, damit das Menschliche erwachen könne – dann ist es für Viele erst recht unerträglich.
Die Menschen wollen aus ihrem Schlaf gar nicht erwachen. Sie wollen es sich in ihrem So-Sein einfach sehr bequem machen. Alles, was mit Veränderung, und zwar mit innerer Veränderung zu tun hat, ist für unzählige Menschen ein Gräuel! Und sagen lassen wollen sie es sich erst recht nicht – aber selber tun, tun sie es auch nicht. Kurz gesagt: Rudolf Steiner hatte deshalb so viele Gegner, weil der stärkste Trieb im Menschen derjenige zu sein scheint, so bleiben zu wollen, wie man ist.
Rudolf Steiner war ein Rufer und ein Helfer in Bezug auf die innere Entwicklung – aber das wollen die meisten Menschen gar nicht! Er hat offenbart, wo überall äußere Macht, äußere Norm, veräußerlichte Routine, Konvention und Unwahrhaftigkeit am Werk ist – aber es gibt so viele Menschen, die all dies aufrecht erhalten wollen, die sich auf die eine oder an-

dere Weise daran klammern und für die Rudolf Steiner früher oder später ein Ärgernis wird.

Und er wies darauf hin, dass die wahre Menschlichkeit erst da gefunden wird, wo man das immer mehr zunehmende Sich-Klammern an die äußere Wirklichkeit und an die bloßen Genüsse der äußeren Sinneswelt überwindet und dieser Außenwelt etwas völlig anderes an die Seite stellen kann. Die wahre Menschlichkeit ist erst da zu finden, wo das Innere des Menschen ganz ins Zentrum rückt. Das ist eine wahrhaftige Neugeburt, wie ich sagte. Aber diese Neugeburt ist nur möglich, wenn auch etwas aufgegeben wird, wenn auch etwas sterben kann... Dazu sind sehr, sehr viele Menschen nicht bereit.

Und wegen all dieser Tatsachen hat Rudolf Steiner so viele Gegner, bis heute. Die Menschen ertragen keinen, der ihnen weit voraus ist, sie ertragen keine innerliche Veränderung, sie bringen den Willen dafür gar nicht auf, und sie ertragen keinen Rufer, keinen Propheten – eigentlich ertragen sie überhaupt nichts. Sie wollen sich nicht bewegen. Das ist ihr größter Wille: der Unwille."

Sylvia lächelte.

„Na ja, ich ertrage auch nicht immer, dass man mir etwas sagt."

Baumann antwortete ihr lächelnd:

„Ja, das ist dein gutes Recht. Du wirst erwachsen und suchst deinen Weg in die Selbstständigkeit. Du brauchst inneren Raum, um deinen eigenen Weg zu finden.

Das Problem ist, dass die meisten Menschen zeitlebens auf dieser Stufe stehenbleiben. Sie verwechseln das Erwachsensein mit ‚selbst wissen' – und so werden sie ‚Besserwisser'. Jeder Erwachsene ist heute ein Besserwisser! Jeder meint, alles am besten zu wissen. So ist unsere Zeit nun einmal! Der Hochmut im Denken hat einen absoluten Höhepunkt erreicht. Die Bescheidenheit existiert fast überhaupt nicht mehr. Und dann sagt man: Wir brauchen keinen Besserwisser, der uns sagt, was wir zu tun haben! Verstehst du, was da passiert? Die Besserwisser beurteilen denjenigen als Besserwisser, der von allen am wenigsten ein Besserwisser war! Und warum? Weil Rudolf Steiner es *wirklich* besser wusste als sie alle. Und weil er wirklich niemandem etwas aufdrängen wollte, sondern nur den Mut und die ungeheure Aufgabe hatte, zu schildern, was Tatsachen sind. Er gerade war es, der für alle Menschen einen unendlich wertvollen neuen Raum aufstoßen, neue Wege ebnen wollte – und wie hat man es ihm gedankt? Indem man ihn als ‚Besserwisser' ansah und mit all seinem kindischen Unwillen im Nichtstun steckenblieb! Das ist die Menschheit, das ist das Gegnertum gegen Rudolf Steiner..."

„Ich verstehe...", sagte das Mädchen. „Wenn ich mir das vorstelle, finde ich das ziemlich schlimm. Wie kommt das?"

Baumann erwiderte:

„Nun, das ist wieder eine längere Geschichte. Damit wären wir mittendrin in der Frage, warum der Mensch eigentlich so ist, wie er ist – und wie es anders werden könnte..."

„Moment!"

Das Handy des Mädchens hatte zu klingeln begonnen.

Als sie es in der Hand hatte, sprang sie auf:

„Das ist Philipp! Ein andermal!"

Sie rannte zur Tür. Dort drehte sie sich noch einmal um:

„Entschuldigung! Und – vielen Dank!"

*

Die beiden Männer sahen sich an.

Grunert fragte: „Du nimmst ihr das doch hoffentlich nicht übel?"

Baumann lachte.

„Nein, überhaupt nicht. Das ist doch nur zu gut zu verstehen. Ich fürchtete eher, du würdest es ihr vielleicht übel nehmen."

„Warum?"

„Nun, weil dein Freund sich so viel Mühe gibt – und deine Tochter dann einfach aufspringt, sobald nur das Handy klingelt und der Freund dran ist..."

„Ach so!", lachte nun auch Grunert. „Nun, wir wissen offenbar beide, dass Philipp für Sylvia im Moment viel wichtiger ist als Rudolf Steiner."

„Ja", sagte Baumann. „Das ist ganz normal. Ich finde es schon absolut großartig, wie sehr sie eben zugehört hat. Ich hatte wirklich den Eindruck, dass sie versteht, was ich versucht habe zu sagen. Wenn das so ist, dann ist heute in ihr ein wirkliches Interesse geboren worden..."

„Ja", erwiderte Grunert. „Ich bin gespannt."

Als Baumann das nächste Mal wieder zum Abendessen zu Gast war, verlief das gemeinsame Gespräch bei Tisch ohne größere Besonderheiten. Danach, als die beiden Freunde sich wieder anschickten, sich in ihr Zimmerchen zurückzuziehen, fragte Sylvia:

„Ich würde Ihnen gerne eine Frage stellen."

„Ja, gerne", sagte Baumann abwartend.

„Es dauert vielleicht etwas länger."

„Ja, dann komm doch mit rauf – oder Karsten?"

„Ja, natürlich." Ihr Vater nickte. „Komm einfach mit hoch!"

Als sie es sich oben wieder bequem gemacht hatten, fragte Baumann die Tochter seines Freundes:

„Nun, was ist deine Frage?"

Sylvia sah kurz ihren Vater an, dann zeigte sich auf ihrem Gesicht ein herausforderndes Lächeln, und sie sagte:

„Also, mein Vater ... hat, scheint mir, immer wieder etwas gegen mein Handy. Jedenfalls macht er ab und zu solche Bemerkungen. Ich darf nicht laut Musik hören. Ich höre überhaupt viel zu viel Musik, chatte zu viel, schreibe zu viel E-Mails, bin zu viel im Internet – *alles* ist immer zu viel! Wenn *das* nun mit Anthroposophie zu tun haben soll..."

„Ja...?", fragte Baumann abwartend.

Grunert war auf seinem Sessel längst nach vorne gerutscht und hatte sich mehr oder weniger bestürzt angehört, was nun Inhalt der Fragen seiner Tochter zu sein schien.

Sylvia erwiderte Baumanns Blick und setzte neu an:

„Na ja, ich meine – wenn das nun das ist, was Anthroposophie sein soll ... also dass Handys schlecht sind und dass man im Grunde ständig alles falsch macht, wenn man seinen Spaß haben will, wenn man mit Freunden chatten will, schöne Musik hören und so weiter..."

„Also darauf würdest du gerne eine Antwort haben, ja?", fragte Baumann.

„Ja.“

Auf Sylvias Gesicht zeigte sich wieder das ganze Selbstbewusstsein eines siebzehnjährigen Mädchens.

Grunert schaute seinen Freund an. Er wollte vor ihm nicht dastehen, wie jemand, der alles falsch angefasst hat. Doch der Blick des Freundes beruhigte ihn.

Baumann fragte ihn nun sogar:

„Willst *du* dazu etwas sagen, Karsten?“

Grunert schüttelte den Kopf.

„Nein, mach du ruhig. Ich glaube, das ist besser.“

Baumann lächelte.

„Nun gut, es ist keine leichte Frage, die du da stellst, Sylvia. Aber vielleicht ist dir das irgendwo auch selbst klar. Ich werde versuchen, so gut wie möglich eine Antwort darauf zu geben. Doch dafür muss ich vielleicht weit ausholen. Sieh mal, du kennst doch sicher selbst Situationen, wo du dich kaum verständlich machen konntest? Wo du etwas dir sehr Wichtiges sagen wolltest und dich von niemandem verstanden fühltest? Na ja, vielleicht kennst du solche Situationen auch nicht. Nun gut...“

Baumann dachte kurz nach. Dann sagte er:

„Stell dir einmal vor, ein Frosch sitzt in einem Topf und wird langsam gekocht. Erst aber ist das Wasser nur schön warm, und er denkt: ‚Oh, das ist aber mal schön warm!‘ Kannst du dir das vorstellen?“

Das Mädchen lachte.

„Ja, aber was soll das heißen?“

„Das heißt, dass etwas wirklich wunderbar angenehm und schön sein kann – und doch in gewisser, tieferer Hinsicht von Verderben.“

„Also das Handy ist ‚von Verderben‘, ja?“

„Für den Frosch, der sich wohlfühlt, nicht!“

„Sie meinen aber trotzdem, ich werde gekocht, und deswegen ist es schlecht, mit meinen Freundinnen zu chatten und Musik zu hören.“

„Nein, ich meine es viel größer. Sieh mal, heute wissen wir überhaupt nicht mehr, wie Menschen werden würden, die ohne Handy aufwachsen und leben würden. Wir kennen heute nur noch ein Extrem: Hemmungsloser Handy-Konsum. Und da alle Menschen dies tun, haben wir absolut keinen Vergleich mehr, wie es wäre, wenn es keine Handys gäbe – wir haben schlicht keinen Vergleich!

Und vor den Handys gab es auch schon Telefone. Es gibt Computer, es gibt Fernsehen, es gibt Kinos, es gibt mit Werbebannern und Plakaten zugepflasterte Städte. Dies alles gibt es und gab es schon vor dem Handy-Zeitalter. Das Handy als Allzeit-und-immer-da-alles-in-einem-Taschencomputer treibt diese ganze, schon seit vielen Jahrzehnten zunehmende Tendenz nur auf ein Extrem. Und natürlich ist es angenehm, alles bequem und immer dazuhaben: Internet, Reisen buchen, Informationen finden, die Freunde, die Musik, einfach alles, jederzeit, auf Knopfdruck, nein, nicht mal, auf einen kurzen ‚Touch' hin...

Aber was du dir nicht mehr vorstellen kannst – was fast wir alle uns gar nicht mehr vorstellen können –, das ist, wie die Welt wäre, und vor allem, wie *wir selbst* wären, wenn es dies nicht gäbe."

„Das wäre schlimm und langweilig und viel anstrengender!", erwiderte Sylvia.

„Ja, in gewisser Hinsicht. Das ist *ein* Aspekt. Diesen Aspekt können wir uns vorstellen. Dazu müssen wir nur mal einen Tag auf das Handy verzichten – wozu wir sogar gezwungen sind, wenn wir es verloren haben oder es kaputt ist. Aber was wir uns nicht vorstellen können, ist, wie wir selbst ein ganz anderer Mensch wären, wären wir ohne Handy aufgewachsen. Das kann man nicht mal eben einen Tag lang ausprobieren, dafür müsste man sein ganzes *Leben* zu einem Experiment machen."

„Glauben Sie, dass ‚früher alles besser war'?", fragte Sylvia mit einem ganz leisen Anflug von Ironie.

Baumann lachte.

„Ich weiß, dass ein junger Mensch so etwas dann sehr leicht unterstellt – aber wir müssen dahin kommen, zu erleben, *was* früher besser war, und wie wir genau *dieses* irgendwie in unsere moderne Zeit hinüberretten können, ohne auf alles zu verzichten, was diese moderne Zeit bietet."

Das Mädchen lächelte befriedigt. Dies schien ihr schon besser zu klingen.

Baumann fuhr fort:

„Sieh mal, Sylvia, solange das Gespräch auf dieser herausfordernden Ebene bleibt: ‚Willst du mir mein Handy wegnehmen oder madig machen oder nicht?', kommen wir der Antwort keinen Schritt näher. Denn dann hast du dir die Antwort immer schon selbst gegeben und fühlst dich in deinem bereits feststehenden Urteil immer schon bestätigt. Erst wenn du dahin kommst, irgendetwas von dem zu empfinden, was das Handy-Zeitalter eben *auch* mit sich bringt, und was gar nicht schön, gar nicht gut ist, aber doch eine Realität, kannst du differenziert erleben – differenziert und wahrhaftig, ehrlich, ohne Selbsttäuschung.

Wir leben heute in einer Zeit, die immer mehr auf schnelle Reaktionen ausgeht, auf ‚Multi-Tasking', auf eine Reizüberschwemmung. Hätten Menschen früherer Jahrhunderte so viele Sinnesreize ertragen müssen, wie wir sie heute quasi Minute für Minute ertragen müssen – sie hätten in kürzester Zeit Kopfschmerzen bekommen und danach Schlimmeres. Verbringe einmal einen Tag lang in einem modernen Vergnügungspark! Und dann verbringe einmal eine Woche darin – einen Monat! Und dann verbringe einmal dein ganzes Leben darin! Da hast du in Gedanken vielleicht eine erste Empfindung von dem, was ich meine – von dem, wo unsere ganze Zeit, unsere ganze ‚Kultur' hinsteuert...

Und jetzt – wer von euch hat sein Handy dabei?"

„Ich hab's unten", sagte Sylvia.

„Ich, warum?", fragte Grunert.

„Ich brauche einmal das Internet."

Grunert zog sein Handy hervor und holte sich das Internet auf den Bildschirm, dann gab er das Gerät seinem Freund.

„Also...", sagte Baumann lächelnd, „mit Hilfe des Internets spreche ich jetzt über die Schattenseiten des Internet-Zeitalters..."

Er tippte ein wenig auf dem Gerät herum, bis er gefunden hatte, was er wollte, dann sagte er:

„Hier ist es: ein Text von Henry David Thoreau..."

Baumann sah das Mädchen an.

„Thoreau war einer der ganz großen amerikanischen Geister, gestorben 1862. Er setzte sich gegen die Sklaverei ein, schrieb eine Schrift ‚Über die Pflicht zum Ungehorsam gegen den Staat', die für Mahatma Gandhi und Martin Luther King zum Vorbild ihres eigenen gewaltlosen Widerstandes wurde – und zog sich für einige Zeit in eine einsame Blockhütte an einem See in den Wäldern zurück. Nach seinem Tod erschien ein Essay, in dem er unter anderem schrieb –"

Er sah wieder auf den Bildschirm des Handys.

„‚Wir treffen selten einen Menschen, der uns irgendwelche Neuigkeiten erzählen könnte, die er nicht in der Zeitung oder vom Nachbarn erfahren hat; und im großen ganzen liegt der ganze Unterschied zwischen uns und unserem Freund darin, dass er die Zeitung gelesen hat oder zum Tee geladen war – und wir nicht. In dem Maß, in dem unser inneres Leben versagt, gehen wir hartnäckiger und verzweifelter zum Postamt. Du kannst dich darauf verlassen: der arme Kerl, der mit dem größten Haufen Briefe abzieht, stolz auf seine ausgedehnte Korrespondenz, der hatte lange keine Nachricht von sich selber.

Ich weiß nicht, aber es ist wohl schon zu viel, *eine* Zeitung in der Woche zu lesen. Neulich habe ich das versucht, und mir scheint, dass ich seitdem nicht in meiner heimatlichen Gegend gewohnt habe. Die Sonne, die Wolken, der Schnee, die Bäume erzählen mir nicht mehr soviel. Man kann nicht zwei Herren dienen. Man braucht mehr als nur einen Tag der Hingabe, um den Reichtum des Tages zu kennen und zu besitzen. ...

Nicht ohne ein leichtes Schaudern vor der Gefahr bemerke ich oft, dass ich nahe daran war, die Details irgendeiner kleinlichen Affäre in meinen Geist einzulassen – Nachrichten von der Straße; und ich bin erstaunt zu sehen, wie gerne die Menschen sich mit solchem Unrat belasten – müßige Gerüchte und Vorkommnisse der unbedeutendsten Art in ein Gebiet eindringen zu lassen, das ein Heiligtum des Gedankens sein sollte. Soll der Geist ein öffentlicher Schauplatz sein, wo vornehmlich die Angelegenheiten der Straße und der Teetische erörtert werden? Oder soll er ein Bezirk des Himmels sein, ein offener Tempel, dem Dienst an den Göttern geweiht? ...
Ich glaube, der Geist kann endgültig entwürdigt werden durch die Gewohnheit, sich um triviale Sachen zu kümmern, so dass alle unsere Gedanken von Gewöhnlichkeit durchtränkt werden. ...
Wenn wir uns so entwürdigt haben – und wer hat das noch nicht? –, dann wird Heilung nur aus der Hingabe und dem Willen kommen, diese Würde wiederherzustellen und wieder einen Tempel für unseren Geist aus uns zu machen. Diesen unseren Geist, also uns selbst, sollten wir behandeln wie unschuldige und phantasievolle Kinder, die wir ja auch behüten, und wir sollten aufpassen, welche Gegenstände und welche Gedanken wir ihnen anempfehlen. Lies nicht die ‚Times' – also die ‚Zeit' –. Lies die Ewigkeit.'"

Baumann gab das Gerät seinem Freund zurück.
„Danke, Karsten."
Grunert steckte das Handy wieder in die Tasche.
„Für solche Zwecke immer gerne!"

„Aber nun", fuhr Baumann fort, „ist es wichtig, das nicht bloß als einen über hundertfünfzig Jahre alten historischen Text zur Kenntnis zu nehmen, sondern zu erleben, was genau dieser Mensch uns hier und heute sagen kann und ja wirklich auch ausspricht!

Wir treffen selten einen Menschen, der uns irgendwelche Neuigkeiten erzählen könnte, die er nicht von außen hat, sondern die mit seiner eigenen Seele zu tun haben... Die Menschen leben überhaupt nicht mehr in ihrer eigenen Seele, sie leben ganz in der Außenwelt, die sie immer vollständiger aufsaugt. Ein Leben in der Seele existiert überhaupt nicht mehr – und wo es existiert, gibt es dort keinerlei Entwicklung, keinerlei ‚Neuigkeiten', nichts Wesentliches, was von der *Seele* gesagt werden könnte...

Verstehst du, Sylvia? Der Mensch wird zu einem Wesen, das mit Neuigkeiten aus der Außenwelt gefüttert werden muss, um überhaupt noch irgendein Leben in sich zu haben. Ein Leben der Seele, wie es früher Menschen kannten, die den Jahreslauf der Natur miterlebten, die sich im Denken, im Fühlen und auch im Willen mit einer Gotteswelt verbanden – das kennen wir heute nicht mehr. Aber erst da erwacht ein wirkliches Leben in der *Seele*! Ein eigenes Leben der Seele, eines, das völlig unabhängig von der Außenwelt sich entfaltet; eines, in dem der Mensch selbst anwesend zu sein beginnt!"

„Aber die Natur ist doch ebenso äußerlich wie die Musik, die ich höre", wandte Sylvia ein.

„Ja", sagte Baumann. „Nur dass man das nicht annähernd vergleichen kann. Die heutige Unterhaltungsmusik trägt es schon im Namen, was sie sein will: Unterhaltung. Man fühlt sich damit gut, bekommt gute Laune, unterlegt mit dieser Musik sämtliche Aktivitäten des Lebens: Morgens im Bad Schminken, nachmittags Hausaufgaben machen, zur Schule fahren, ein Bad nehmen, was auch immer. Es dient der Unterhaltung – ohne diese Unterlegung, ohne diese Begleitmusik fühlt man sich längst nicht so wohl wie mit ihr. Man wird von dieser ständigen Begleitung abhängig – und man merkt es nicht, weil man die Musik ja nun einmal ‚mag'. Aber immer mehr wird es so, dass ohne diese Begleitmusik das Leben selbst öde und leer wird, sozusagen leblos, ungenügend, fade, grau. Das alles sind genau die Kennzeichen einer Droge. Man kann das wirkliche Leben nur noch mit Musik erleben – ohne erlebt man es gar nicht mehr wirklich!

Bei der Natur ist das anders. Das Erleben der Natur, da, wo es wirklich da ist, geht viel, viel tiefer, als die Unterhaltungsmusik je dringen könnte. Die wirklich empfundenen Eindrücke in der Natur gehen so tief, dass man es gar nicht in Worte fassen kann. Und die ganze Tragik besteht darin, dass wir diese Eindrücke bzw. ihre wirkliche tiefe Empfindung heute ja gar nicht mehr haben. Das Frühlingsgewitter. Der reine, unberührte erste Schnee... Die knospenden Blätter. Die reifenden Früchte. Das Vergehen im Herbst... Der Geruch frischer, guter Erde... In alledem liegt unendlich viel mehr, als diese Worte es uns heute überhaupt noch andeuten können. Wenn man all dies nicht in seiner ganzen Tiefe miterlebt hat, und zwar immer wieder, Jahr für Jahr – dann haben wir nicht einmal den Hauch eines Schimmers einer Ahnung, was dies mit der Seele *tut*! Wie die Seele dadurch selbst in eine unendlich tiefreichende Entwicklung kommt, die sie selbst zu einem tiefen, fruchtbaren Boden macht, aus dem die wahre Menschlichkeit erst hervorwächst.

Wer mit den tiefen Eindrücken der Natur mitleben kann, wird ein völlig anderer Mensch als der, der dieses Erleben nicht hat. Und es gibt heute unzählige Menschen, die können sogar mitten in der Natur stehen – sie erleben an ihr nichts mehr! Das heißt, die Erlebnisfähigkeit *selbst* geht heute völlig verloren! Und warum? Weil der Mensch mit seinen eigentlichen Seelentiefen überhaupt keine Verbindung mehr hat. Er ist davon wie abgeschnitten – und so verdorren diese Seelentiefen, sie hören einfach auf zu existieren... Zum Musikhören, zum

Chatten, zum Mailen, zum Surfen braucht man diese Seelentiefen nicht...

Natürlich ist kein Mensch völlig seelenlos. Aber man hat keinen Hauch einer Ahnung mehr, wieviel Seele da sein kann und wie unendlich sich das Seelische weiten und vertiefen kann, wenn man in der Lage wäre, in Bezug auf diesen technischen Ansturm einmal Askese und Keuschheit zu üben und sich stattdessen ganz den unendlich viel reicheren Eindrücken der Natur oder des eigenen Innenlebens hinzugeben – wirklich hinzugeben, mit aller Hingabe und Stärke, derer man fähig ist!

Heute scheint die Natur ja viel langweiliger zu sein als die Musik mit ihrem fortwährend lebendigen Rhythmus und ihren Melodien. Und das Innenleben? Wenn man damit alleingelassen wird, schläft man fast sofort ein – denn da *ist nichts!* Aber das heißt, man erlebt die Natur überhaupt nicht mehr, denn sie *ist* unendlich reich und lebendig – wer, wenn nicht sie? Und das eigene Innenleben? Genau das ist es, was zu zeigen war: Dass dieses heute eigentlich nicht mehr existiert, und dass man deswegen immer mehr geradezu flüchtet, in die Unterhaltung, in die Ablenkung, in die Aufheiterung durch Musik, durch Chat, durch Kontakt, Kontakt, Kontakt, Musik, Spotify, Youtube, Facebook – nenn es, wie du willst. Wer heute auch nur kurze Zeit mit sich allein sein soll, der bekommt gleichsam Erstickungsanfälle. Wir sind nicht mehr in der Lage, allein zu sein, wirklich in die Ruhe einzutauchen, in ein Erleben, was nicht fortwährend von außen angeregt, ‚bereichert‘, kommentiert, ‚geliket‘ und aufgepeppt wird.

Gebetsstimmung, Andachtsstimmung, Meditation, einfach Ruhe, Frieden, Alleinsein, Eintauchen, innere Vertiefung – das können wir nicht mehr, das fliehen wir wie der Teufel das Weihwasser. Aber gerade *das* und nur das würde die Seele vertiefen. Das *Verweilen* bei reinen, klaren, tiefen Eindrücken – sei es der Natur, sei es der inneren Besinnung, sei es der Zuwendung zu einer göttlichen Welt.

Du kannst dich darauf verlassen: Der arme Kerl, der die längste Zeit chattet, hatte lange keine Verbindung mehr zu den Tiefen seiner eigenen Seele...

Zu Thoreaus Zeiten gab es noch überhaupt kein Internet, nicht mal Fernsehen, nicht mal Radio! Er spricht von Zeitungen – und selbst hier sagt er: Schon eine Zeitung pro Woche kann deinen Geist so mit Belanglosigkeiten verschmutzen, dass dieser Geist sein wahres Wesen bereits vergisst. Und dies muss man wenigstens einmal versuchen zu verstehen! Dass unser wahres Wesen, unser Geist, etwas viel, viel Heiligeres und Wesentlicheres ist als all das, womit wir ihn ,herunterziehen' und ,verschmutzen'.

Versuch dir das wenigstens ein einziges Mal vorzustellen, Sylvia – dass dein eigentliches Wesen etwas ist, was weit, weit über all dem steht, mit dem wir heute leben müssen und sogar gern leben, weil wir dieses wahre Wesen schon völlig vergessen haben. Das wahre Wesen, unendlich viel heiliger als schnelle Chat-Zweizeiler, als selbst gefühlvolle Popsongs, als die unterhaltsamsten und interessantesten Videos und so weiter und so weiter. Das wahre Geistwesen des Menschen ist unendlich viel heiliger als all dies – geht weit, unvorstellbar weit darüber hinaus! Du kannst dir das vielleicht nicht vorstellen – versuch es trotzdem!

Und dann, dann kommst du in einem aller-allerersten Schritt einer Antwort auf deine Frage näher. Dann kannst du zu ahnen beginnen, dass unser wahres Wesen etwas vollkommen anderes ist, dass wir aber in unserem Alltags-Wesen und Alltags-Sein so weit von diesem wahren Wesen herabgesunken sind, dass wir angefangen haben, das Gewöhnliche zu lieben: das Chatten, die Videos, die Popsongs, die Mails, all den Schnickschnack, der aus unserem Leben nicht mehr wegzudenken ist, der aber unser wahres Wesen nicht einmal *berührt*. Thoreau spricht von einem Heiligtum. Wir aber haben aus diesem Heiligtum eine Räuberhöhle gemacht – eine Räuberhöhle, in der es sich die Produkte von Amazon, Google,

Spotify und Facebook bequem machen... Unsere Seele verdorrt unter dem Einfluss der Medienreize, die pausenlos unsere Aufmerksamkeit erfordern – die aber vor einem höheren Blick so belanglos sind wie ein Handy, das irgendwo im Geäst eines blühenden Kirschbaums klemmt und penetrant piept. Es ist ein schauderhafter Fremdkörper, nichts weiter... Dies ist das wahre Bild der Medienwelt, geschaut mit den Augen unseres wahren Wesens – dessen, der wir in Wirklichkeit sind. Nicht unsere angepasste, süchtige, oberflächlich gewordene Seele, sondern unsere Seelentiefen, unser Geistwesen, das *Heiligtum* unseres eigentlichen Wesens...“

Baumann sah, wie in dem Mädchen Abwehr und ein leises Verstehen miteinander kämpften. Er fuhr fort:
„Sylvia, das alles geht über das Persönliche weit hinaus. Es ist nicht etwas, was dich und mich betrifft – es betrifft die Menschheit insgesamt. Und all das in dir, was zum Beispiel deine Freundinnen lieb hat, was das Leben lieb hat – all das gehört zu deinem wahren Wesen. Aber dieses wahre Wesen will sich vertiefen, es will nicht so bleiben, wie es ist. Heute sind wir alle viel zu sehr auf Genuss aus, und dieser Genuss lässt uns oberflächlich bleiben, sogar immer mehr werden, unser Leben lang – bis wir irgendwann, viel zu spät, merken, was wir eigentlich *versäumt* haben. Wir haben ein Leben lang genossen, genossen, genossen, Spaß gehabt, Spaß gehabt, Spaß gehabt. Aber wir haben eines fortwährend versäumt: Innerlich zu wachsen, innerlich zu reifen, innerlich in die Tiefe zu arbeiten, jeden Tag ein anderer Mensch zu werden, ein immer tieferer Mensch, ein immer mehr zur Liebe fähiger Mensch – immer mehr, verstehst du? Fast jeder Mensch, der hier auf der Erde lebt, bleibt irgendwann innerlich *stehen*, meist schon sehr, sehr früh. Und er bleibt stehen, weil er vor allem für den Genuss lebt, nicht für eine innere Entwicklung. Genuss verhindert die innere Entwicklung – denn er macht bequem, passiv. Er dient dem niederen Leben und verhindert

und bekämpft das höhere Leben – denn dieses ist, weil es wirkliches Leben ist, mit Anstrengung verbunden, mit Entwicklung, mit einem Nicht-Stehenbleiben. Das wollen die Menschen nicht... Weder haben sie den Mut dazu noch den Willen. Die meisten Menschen wissen nicht einmal, dass es jenseits des Genusses überhaupt noch ein Leben gibt! Dabei ist dieses Leben viel reicher, viel lebendiger, viel heiliger, viel wunderbarer, alles zusammen. Doch man kann dies niemandem klar machen, der es überhaupt nicht verstehen oder kennenlernen will..."

Nun sagte Sylvia:
„Selbst wenn ich Sie verstehen wollte – ich verstehe eigentlich nur Bahnhof!"

Baumann lächelte.
„Wenn du verstehen wolltest, dann lass dein Handy einen Tag mal zuhause und gehe frühmorgens an einen wunderschönen Ort und betrachte den Sonnenaufgang – und dann bleibe den ganzen Morgen an diesem Ort und erlebe einfach mit, was um dich herum und in dir geschieht..."

„Hm, na ja gut, ich verstehe so langsam, was Sie meinen."
„Ich erzähle dir noch ein anderes Beispiel", sagte Baumann.
„Ich habe vor kurzem eine Konfirmation miterlebt. Für mich sind das immer wieder tief berührende Geschehnisse. Ich weiß nicht, wie es den jungen Menschen selbst geht. Aber diese Jungen und Mädchen sangen da ein Lied, nach dem wunderbaren 121. Psalm: ‚Zu den Bergen hebe ich meine Augen auf.' Dort hört man dann die reine Seele! Für einen Moment hört man sie – da, wo sie singt, in diesen reinen, hohen, absolut unschuldigen Tönen und Worten. ‚Woher wird mir Hilfe kommen? Hilfe kommt von Ihm, der Himmel und Erde gemacht hat. Er wird deinen Fuß nicht gleiten lassen, und es schläft und schlummert nicht der heilige Hüter...' Wenn man dies hört, gesungen von hellen Mädchenstimmen – die Jungen hört man eigentlich nicht, denn sie haben nicht

genug Mut –, dann empfindet man etwas Unendliches. Es ist nicht zu beschreiben, wirklich nicht."

Baumann musste kurz innehalten, bevor er weitersprechen konnte.

„Mit der lebendigen Erinnerung daran steigt von neuem wieder eine tiefste Rührung auf. Es ist keinerlei gewöhnliche Sentimentalität. Es ist die tiefe Berührung der *Wirklichkeit*, die da für einen Moment sichtbar, hörbar und ganz und gar erlebbar wird. Der Wirklichkeit des Menschen und seines Zusammenhanges mit jenem Wesen, das in diesem wunderbaren Lied der heilige Hüter genannt wird..."

Sylvia wartete schweigend, bis Baumann fortfuhr:

„Ich weiß nicht, wieviel diese Mädchen und Jungen selbst bei diesem Lied und überhaupt bei der ganzen heiligen Handlung erleben – und wieviel danach bleibt, denn auch all dies wird ja sofort wieder vom Alltag aufgesogen. Spätestens wenig nach der Konfirmation ist wieder das Handy in der Hand, wird eifrig benutzt – und stundenlang wird sich ihm gewidmet, aber wer von diesen Mädchen und Jungen wird danach noch einmal seine Hand zum Gebet falten, auch nur für wenige Minuten...?"

Baumann sah das Mädchen an.

„*Verstehst* du, Sylvia? Niemand will das Handy oder irgendetwas verteufeln. Es ist nur der Gesamtzusammenhang. Und dieser führt genau dazu: Dass während einer heiligen Handlung das wahre Wesen des Menschen einmal völlig offenbar wird – aber dass dies ganz am Erleben des Einzelnen vorübergeht und dass man wieder ganz zurückfällt in das Normale, und dass dieses scheinbar Normale fast einhundert Prozent des Lebens bestimmt und dominiert, während das Eigentliche nicht einmal ein zehntel Prozent bekommt, wo es sich offenbaren darf. Der Mensch betet nicht, er chattet. Er kehrt nicht in seine eigene Seele ein, er kehrt seine Seele ganz nach außen, um dort zu genießen, was pausenlos geboten wird. Er vertieft sich nicht, er verflacht sich – und er merkt es nicht. Das Heiligtum wird entweiht, und es geschieht dies alles ohne jedes wirkliche Wissen. Aber selbst wenn dies gewusst werden würde – wer würde umkehren wollen? Wer würde es anders machen wollen? Wer will überhaupt etwas wissen von dem heiligen Hüter...“

„Ist damit nicht Christus gemeint?“

„Doch, das ist es.“

„Aber will er denn nicht, dass man glücklich ist?“

„Doch – aber gerade das sind dann die Fragen, auf die man nicht mehr antworten kann, weil man überhaupt nicht mehr darauf vertrauen kann, dass die Antwort auch nur gehört werden will. Die Menschen denken nur noch an sich – an das, was sie gerade sind. Sie denken weder an ihr wahres Wesen, das sie gar nicht kennen, noch an den heiligen Hüter, den sie auch gar nicht kennen. Das sind rhetorische Fragen – man will eigentlich nur so weitermachen wie bisher, und darum fragt man: ‚Will er denn nicht, dass man glücklich ist?‘
Die Menschheit hat ihre Beziehung zu dem heiligen Hüter doch schon längst verloren! Er interessiert doch nicht einmal mehr so viel wie der Dreck am Straßenrand! Jedes billige Youtube-Video ‚toppt‘ doch dasjenige Interesse, das irgendein Mensch heute noch für den heiligen Hüter aufzubringen willens ist!
Wenn man wirklich wüsste, wer Er ist – der heilige Hüter –, man würde sich in einem Meer von Tränen von dem abwenden, was man bisher getan hat; in einem Meer von Tränen, weil man nicht genug darüber weinen kann, wie man sich so sehr von Ihm hat abwenden können! Stell dir vor, du hättest eine geliebte Schwester, und du hättest sie dennoch nie beachtet, und nun erfährst du, dass sie in wenigen Tagen sterben wird. Was du *dann* empfinden würdest, das kommt ungefähr dem Gefühl gleich, das ich jetzt meine. Der heilige Hüter ist noch unendlich viel mehr als eine solche geliebte

Schwester – aber man empfindet es überhaupt nicht. Er ist der Hüter – doch er ist den Seelen heute so unendlich fern, nicht *Er* ist fern, aber die Seelen sind *Ihm* fern. Und warum? Weil sie fortgerissen werden – von ihrer eigenen Sucht nach Genuss und von den elektronischen Mächten, die ihnen diesen Genuss nur allzu gern erfüllen...
Und dasteht der heilige Hüter und muss dies alles mit ansehen, und greift nicht ein, weil er zugleich der heilige Hüter der menschlichen Freiheit ist – einer Freiheit, die zu einem unendlichen Drama wird..."

„Aber dann müsste er doch eingreifen?", fragte das Mädchen.
„Nein", sagte Baumann, „*wir* müssten eingreifen. Wir, die wir dies einsehen können, müssten eingreifen, in unsere eigenen Seelen eingreifen, und aufhören, nur der breiten Straße des Genusses zu folgen – und mindestens ebensoviel Zeit, wie wir das Handy in der Hand haben, andererseits auch unsere Hände falten und auf die Suche nach Ihm gehen – mit der essentiell empfundenen Frage, wer der heilige Hüter eigentlich wirklich ist... Solange wir keine Sehnsucht nach Ihm empfinden lernen, kann keine Hilfe kommen. Er ist der Hüter, aber *wir* müssen Ihn suchen. *Wir* sind es, die die Liebe zu Ihm heute so ganz und gar verloren haben..."
Baumann sah das Mädchen an, dann fügte er hinzu:
„Wenn wir diese Liebe wiederfinden würden, *bräuchte* Er nicht mehr einzugreifen. Wenn wir sie aber gar nicht suchen, nützt alles Eingreifen nichts. Oder meinst du, Er sollte die Liebe zu Ihm und die Sehnsucht nach Ihm wieder erwecken? Soll er seine eigene Liebe herbeizaubern? Stell dir vor, Philipp würde dich nicht lieben und du würdest es nur durch eine Zauberei oder einen Machtspruch bewirken können. Wäre damit irgendetwas gewonnen? Du hättest eine lebendige *Marionette* vor dir!"
„Aber wenn Handys und so wirklich so schlimm wären, wieso lässt er dies dann zu?"

„Die Antwort ist immer gleich", sagte Baumann. „Er ist zugleich der heilige Hüter der menschlichen Freiheit. Es sind andere Wesenheiten, die diese Entwicklung vorantreiben. Und auch diese lässt Er wirken. Denn dies ist gerade die Aufgabe des Menschen: zu lernen, Wesentliches von Unwesentlichem zu unterscheiden. Die Aufgabe des Menschen ist es, seine Entwicklung in die eigene Hand zu nehmen und dabei das Wissen um sein wahres Wesen nicht zu verlieren. Eigentlich soll er ganz und gar dieses Wesen immer mehr zur Entwicklung bringen – aber im Moment ist er noch sehr auf einem völlig anderen Weg. Das wahre Wesen des Menschen scheint immer mehr in Vergessenheit zu geraten. Ebenso wie der heilige Hüter..."

„Aber wenn so eine göttliche Welt wirklich existiert, *kann* sie die Menschen doch nicht so allein lassen! Oder andererseits: *So* schlimm kann es doch alles nicht sein! Kann man nicht an Gott denken und trotzdem gerne Musik hören?"
Baumann lächelte.
„Versuch es mal! Aber ‚an Gott denken' ist keine Alibi-Veranstaltung. Wir sprechen hier von heiligen Dingen, über die man eigentlich nur sprechen kann, wenn man bereit ist, für Momente ganz in diese Heiligkeit einzutauchen. ‚Man kann nicht zwei Herren dienen'. Wenn man nicht bereit ist, einmal in die völlige Ruhe einzutauchen, wird man nie kennenlernen, wo der Unterschied liegt und wie sich die Seele entfalten würde, wenn sie das Heiligtum der Stille kennen und lieben lernen würde. Ist man nicht bereit dazu, dieser Frage wirklich auf den Grund zu gehen, bleiben alle Fragen Schein-Fragen. Man will dann wie gesagt immer nur begründen, was man eh schon entschieden hat und wovon man auch nicht abrücken will.
Der heutige exzessive Gebrauch des Handys verhindert total, dass die Seele überhaupt auch nur noch die Möglichkeit hat, innerlich mit sich und tieferen Gedanken ganz allein zu sein.

Sie erträgt dieses Alleinsein überhaupt nicht mehr. Und sie will es auch nicht. Sie kann es nicht und will es nicht. Und so werden die Antworten und Ausflüchte sich dann auch immer mehr gestalten.

Und das ist das so unendlich Traurige! Denn wenn man dann so ein Lied hört, gesungen von so jungen Mädchen und vielleicht auch Jungen – dann erlebt man zutiefst, wie sie in diesem Augenblick einem wahren Erleben ganz, ganz nahe sind. Aber nur für diese wenigen Sekunden. Und danach? Danach ist das Denken, Fühlen und Wollen wieder ganz von den Klauen des Alltags beherrscht."

„Aber wenn ich mit Philipp zusammen bin, habe ich doch auch nicht ständig das Handy in der Hand!", wandte Sylvia ein.

„Und ist auch nicht irgendwo Musik an?"

„Nein – oft nicht!"

„Das ist schön...", sagte Baumann. „Auch das ist heute überhaupt nicht mehr selbstverständlich... Aber das Handy ist natürlich auch nicht *aus*geschaltet. Und wenn nun eine E-Mail hereinkommt, oder wenn es klingelt, was dann?"

„Dann geht man manchmal ran, oder manchmal klickt man den Anrufer weg."

„Aber man könnte das Handy doch in solchen Stunden auch einmal ganz aus machen?", sagte Baumann.

„Na ja..."

„Oder vielleicht sogar einige Tage?"

„Sie versuchen es immer wieder!", lachte Sylvia.

„Ja", lächelte Baumann. „Weil es so ernst ist. Es ist nicht damit getan, dass man mal einen Anrufer wegklickt. Das Handy bleibt dennoch der ständige Begleiter. Es fordert einen dazu auf, zumindest zu schauen, wer gerade anruft. Es vibriert oder tönt bei jeder eingehenden SMS. Es ist sozusagen fortwährend im Bewusstsein – oder drängt sich mit hinein. Nie ist der Mensch mit seinem Geliebten oder mit seiner eigenen

Seele völlig allein. Das Handy ist immer mit dabei, fortwährend. Der heilige Hüter dagegen nie – jedenfalls nie im eigenen Bewusstsein..."

„Aber er tut doch eh nichts – oder sind die, die an ihn glauben, vor allem Schlimmen bewahrt?"
„Das ist wieder so eine unheilige Frage, gestellt aus der Position, die ja eh nichts mit Ihm zu tun hat oder haben will. Oder formuliert aus dem Zweifel heraus. – Nun natürlich gibt es das Leid und auch die schweren Schicksale auf Erden. Das Geheimnis, warum dies so ist, ist aber viel, viel größer, als dass man es mit einer einfachen Frage abtun könnte. Der heilige Hüter ist überhaupt nicht verpflichtet, dem Menschen alles Leid abzunehmen! Vielleicht hat dieses Leid selbst ja eine unendlich heilige Aufgabe? Vielleicht muss der Mensch überhaupt erst einmal lernen, auch das Leid wirklich anzunehmen? Das wollen die Menschen ebensowenig, wie den heiligen Hüter zu suchen!
Die Frage nach dem Leid beantwortet sich erst, *wenn* man eine Beziehung zu dem heiligen Hüter hat. Denn dann kehrt sich nahezu alles völlig um. Dann kann man einerseits durch das schwerste Leid hindurchgehen – und dennoch ganz und gar erleben, dass der heilige Hüter einem gerade da innigst nah ist. Dass Er einen nie verlässt, dass Er einem aber im Leid *noch* näher ist und einen hier mehr trägt als je sonst. Aber dies alles kann man nur erleben, wenn man eine Beziehung zu Ihm hat. Wie soll man es sonst erleben? Sonst ist es zwar genauso – aber es kommt einem überhaupt nicht zu Bewusstsein, es bleibt völlig verborgen.
Dies also ist möglich: Eine solche reale Beziehung zum Christus-Wesen zu finden, dass man mitten im Leid sagen, ja singen kann: Von Ihm kommt Hilfe, und es schläft und schlummert nicht der heilige Hüter... Das ist wirklich das ungeheure Wunder einer realen Beziehung zu Ihm, dass gleichsam sämtliche Naturgesetze durchbrochen werden, dass alles bisher

Gültige seine Gültigkeit verliert, weil etwas Neues an die Stelle des Alten tritt. Und das Neue ist Er, der heilige Hüter, und das Neue ist das wahre Wesen des Menschen – das auch Freud und Leid auf völlig neue Weise beurteilt. Entscheidend ist nicht mehr, ob Freude an- und Leid abwesend ist, sondern entscheidend ist, ob *Er* anwesend ist und ob man Seine Anwesenheit erleben kann: die des heiligen Hüters... Dann wird Freud und Leid nebensächlich, denn selbst im Leid lebt dann Freude, und die Freude wird so tief, dass sie fast schmerzliches Leid wird... Sobald der heilige Hüter in das Erleben tritt, kann man fast nur noch paradox sprechen...“

Baumann lächelte.
„Das kann man einem so jungen Menschen natürlich noch kaum klar machen. Aber es wäre mir unendlich viel wert, wenn du auch nur einen kleinen Bruchteil von dem erahnt hättest, was ich ausdrücken wollte.“
„Also gibt es Christus wirklich?“
„Ja, ebenso wie das wahre, eigentliche Menschenwesen – obwohl man an beides nicht einmal mehr glauben mag, geschweige denn, es wirklich erleben. Und doch kommt man beidem nahe in all jenen Momenten, wo man sich stärker als sonst vom Wesentlichen berührt fühlt. Diese Augenblicke kennt man doch... Und doch muss man sie immer ernster nehmen und immer bewusster erleben, um auch eine immer lebendigere Ahnung zu bekommen, worum es eigentlich geht, was das eigentlich ist, was da an das Erleben heran-, in das Erleben hereinwill: das wahre eigene Wesen und der es begleitende heilige Hüter...“
„Also, ich verstehe, was Sie meinen. Ich glaube, das ist mir erst einmal Antwort genug. Ich habe das Gefühl, dass ich darüber noch weiter nachdenken muss...“
„Ja“, lächelte Baumann. „Das wünsche ich dir – dass du dem ganz in Ruhe nachgehen kannst. Du weißt ja, welche Ruhe ich meine...“

„Ja", lachte Sylvia, „ohne Handy!"

„Wenn es sein muss, auch mit Handy. Hauptsache, mit wirklicher Ruhe, mit wirklichem Ernst, mit einer gewissen aufrichtigen Suche nach inneren Antworten und immer ehrlicheren Fragen..."

„Ja", sagte das Mädchen. „Vielen Dank..."

Sie warf ihrem Vater noch einen Blick zu. Dann ging sie wieder nach unten.

„Auf Wiedersehen..."

„Auf Wiedersehen!", erwiderte Baumann.

*

„Das war ein großartiges Gespräch zwischen dir und Sylvia!", sagte Grunert, noch immer innerlich bewegt.

„Es wäre so schön, wenn sie etwas von dem empfinden könnte", erwiderte Baumann, „wenn es sie sozusagen weiter begleiten könnte...".

„Ja. Und Marcel...", begann Grunert.

„Was ist mit ihm?"

„Wir sind mit dem Handy genau beim Thema. Weißt du, er will sich ein Smartphone kaufen."

„Und?"

„Na ja – kann ich es ihm verbieten?"

„Karsten! Natürlich kannst du das – du bist doch sein Vater?"

„Ja, aber ich meine, *soll* ich es ihm verbieten?"

Baumann sah seinen Freund an.

„Was sagt dir denn deine eigene innere Stimme?"

„Sie sagt Ja, einerseits. Andererseits – er ist zwölf, Michael. Wie lange kann man ihm so etwas noch verbieten? Und ich will ihn andererseits auch nicht einschränken. Ich will nicht als der Dogmatiker dastehen!"

Baumann schüttelte leise den Kopf.

„Das sind dann so die Gedanken, Karsten... Das bedeutet, du hast in dieser Frage noch keine innere Sicherheit. Du fürchtest dich vor einem Verlust des guten Verhältnisses zu deinem Sohn. Und gleichzeitig hast du keine klar erlebte Erkenntnis, warum du es verbieten solltest."

„Ich erlebe schon sehr deutlich, wie schlimm diese Dinger sind!"

„Nämlich?"

„Nun, sie sind nun einmal absolute Suchtmaschinen. Kaum hast du sie, kommst du doch nicht mehr los davon!"

„Und dennoch hast du keine Sicherheit?"

„Was soll ich denn machen? Das ist doch nun einmal unsere Welt? Jeder hat doch heute so ein Ding! Soll ich Marcel davon ausschließen, als Einzigen?"

„Wenn deine innere Stimme dir das sagt – ja."

„Aber sie sagt auch: Mache Marcel nicht zum Außenseiter. Lass ihn an allem, was in seinem Freundeskreis lebt, teilhaben. Stigmatisiere ihn nicht."

„Das muss man natürlich *auch* erleben. Was geschieht wirklich, wenn er kein Smartphone bekommt? Wird er wirklich stigmatisiert? Lachen seine Freunde ihn aus? Wenden sie sich von ihm ab? Was glaubst du? Was sagt er? Nicht als Argument, sondern aus einem wirklichen Wissen heraus. Denkt er, seine Freunde wenden sich von ihm ab, wenn er nicht so ein Ding hat? Wären es dann wirkliche Freunde? Oder braucht er von *jedem* Anerkennung – geht es darum? Doch sicher nicht! Hat überhaupt jeder Andere aus seiner Klasse so ein Ding? Er ist in der sechsten Klasse, Karsten! In der Waldorfschule! Kann es vielleicht sogar sein, dass du den Druck mit aufbaust, unter dem andere Eltern dann zu leiden haben, wenn er so ein Ding bekommt? Wer hat jetzt schon ein Smartphone? Ein Drittel? Die Hälfte? Zwei Drittel? Und wenn schon!"

Baumann machte eine Pause. Dann sprach er ruhig weiter: „Übernimm nicht gleich die Schreckensgespenster, die die Widersacher dir doch gerade aufdrängen wollen! ‚Jawohl, dein Sohn wird gemobbt werden, wenn er dieses Ding nicht bekommt. Jawohl, dein Sohn wird zum Außenseiter werden. Und du wirst ein Rabenvater sein, der Dogmatiker schlechthin. Dies alles wird geschehen, wenn er kein Smartphone bekommt.' Erkennst du nicht, von wo diese Gedanken eindringen? Erkennst du nicht, dass sie nichts anderes wollen, als dir deine Sicherheit zu rauben? Die Sicherheit über deine *eigentliche* innere Stimme?"

„Doch, schon...", gab Grunert zu. „Dennoch ist es schwer. Denn der Junge argumentiert ja genauso!"

„Wie sollte er auch nicht? Er will so ein Ding haben. Also übernimmt er die Argumentation derjenigen Mächte, die dies ebenfalls wollen... Das geschieht ganz unbewusst, und dennoch nicht weniger perfekt..."

„Aber wie kann ich es ihm ausreden, ohne dass unsere Beziehung leiden wird?"

„Die Beziehung zwischen Eltern und Kindern wird immer wieder auf die Probe gestellt werden. Und doch sollte man doch hoffen, dass sie nicht an einer solchen Maschine zerbricht. Sie muss doch viel, viel stärker sein als so ein Smartphone?"

„Ja – aber wenn ich mir das Gespräch ausmale, kommen mir doch immer die Zweifel ... weil dann ganz sicher Wut und Enttäuschung hochbranden werden."

„Ja, vielleicht", meinte Baumann, „aber sicher nicht zu stark, wenn du selbst innerlich stark und sicher bleibst, und zugleich ruhig und voller Liebe. Dann wird Marcel heraushören und unbewusst erleben, worum es eigentlich geht und was die Gründe sind – selbst wenn er sie nicht voll bewusst verstehen kann."

„Nun, du hast wohl Recht...", gab Grunert zu.

„Ich will dir aber noch einiges sagen, was dich innerlich stärken kann", erwiderte Baumann.

Er atmete einmal tief durch. Dann fuhr er fort:

„Der heilige Hüter... Allein das immer wieder neue tiefe Sich-Besinnen auf Ihn kann einem schon immer wieder die Sicherheit geben. Dir muss nur wirklich klar sein, dass jede Minute am Bildschirm die Seele weiter herabzieht, weg von Ihm. Man merkt das nicht, aber die Seele taucht ein in das Maschinenwesen, sie verliert ihre Reinheit, ihr eigenes Leben, ihre wunderbare Unschuld, die sie doch immer noch hat. Über den Bildschirm gewinnt die Widersachermacht einen ganz neuen Zugriff auf die Seele. Wer merkt dies überhaupt? Wir merken dies nicht, weil es für uns so normal geworden ist. Überall und immer haben wir Bildschirme vor uns. Und dennoch müssen wir in aller Reinheit zu erleben versuchen, was dieses Bildschirmwesen mit den Kindern macht – die es bisher noch kaum kennen, die mit ihrer Seele bisher noch ganz anders die Welt aufnehmen. Dieses andere In-der-Welt-Stehen, dieses viel reinere, unverschmutzte, nicht maschinelle, technisierte Seelenleben müssen wir so lange wie möglich zu bewahren suchen! Denn allein diese Reinheit, diese volle Lebendigkeit kann den heiligen Hüter finden. Diejenige Seelenstimmung, mit der wir in die Bildschirme eintauchen und mit der wir aus diesen wieder auftauchen, kann Ihn niemals finden. Sie bleibt festgekettet am Irdischen, ja, am Unternatürlichen. Das ist das ungeheure Drama: Die Seelen werden an die Unternatur gekettet – und merken es noch nicht einmal, weil es so schleichend geht, weil die Faszination die vor sich gehende Veränderung völlig überdeckt..."

„Ja", sagte Grunert. „Ich danke dir, dass du es noch einmal so klar ausgesprochen hast."

„Es gibt aber noch mehr – und dies kann sogar das gewöhnliche Bewusstsein wissen, denn es sind bekannte Tatsachen. Nimm einmal die Strahlung der Handys. Dies ist zwar nun gerade eine Tatsache, die heute noch völlig heruntergespielt wird, aber auch daran wird man nicht mehr lange vorbeigehen können. Diese junge Generation wird wahrscheinlich die erste sein, in der schon mit Ende zwanzig, Anfang dreißig Fälle von Gehirntumoren auftreten werden, wirkliche Todesfälle, verursacht durch Handystrahlung. Und das, was auch beim Rauchen jahrzehntelang unvorstellbar war, wird dann vielleicht auch sehr schnell möglich werden. Vielleicht werden in naher Zukunft Smartphones unter sechzehn ganz verboten werden! Ganz einfach, weil man nicht nur den Suchtfaktor kennt, sondern auch die damit untrennbar zusammenhängenden gesundheitlichen Gefahren, die sich einfach offenbaren werden."

„Furchtbar!", sagte Grunert. „Ich muss mich mit dem Strahlenthema doch einmal ausführlicher beschäftigen."

„Und dann weiter", sagte Baumann. „Es gibt Kinder, die mit WhatsApp seit Jahren ununterbrochen online sind, Tag und Nacht! Und es gibt Studien, die zeigen, dass sich mit dem Handy im Schlafzimmer der Schlafrhythmus völlig verändert. Die so unendlich wichtigen Tiefschlafphasen weichen einem unruhigen Schlaf. Mehrmals in der Nacht wacht man fast auf, weil unbewusst Anrufe, Mails, Nachrichten und so weiter erwartet werden. Verstehst du? Körper und Seele kommen überhaupt nicht mehr wirklich zur Ruhe! Und du kannst dir sicher vorstellen, dass, selbst wenn diese Schlafstörungen, dieser nicht mehr wirklich gesundende Schlaf zunächst unbemerkt bleiben sollte, sich dies gravierend auf das ganze Leben auswirken wird! Und sogar die Displays gaukeln durch ihre spezielle Strahlung dem Gehirn vor, es sei Tag – auch dies stört die Qualität und Tiefe des Schlafes massiv. Aber wer sorgt schon dafür, dass diese winzig kleinen Handys nicht ins Schlafzimmer gelangen? Fast immer sind sie auch dort! Und selbst wenn die Kinder nicht bis in die Nacht heimlich im Chat sind, sind sie dennoch pausenlos online – am Gerät und auch innerlich. Es ist furchtbar, was da passiert..."
„Daran habe ich noch gar nicht gedacht!"

„Nein, die allermeisten denken nicht daran – obwohl es darüber vor wenigen Jahren viele Artikel gab. Doch all diese Warnrufe versanden wieder, haben nur kurz Neuigkeitswert, führen aber nicht zu einem Aufwachen.

Und das Internet überhaupt... Wer weiß, was sich Zwölfjährige dort heimlich anschauen? Oder wann sie beginnen, diese ungeheure virtuelle Welt zu entdecken? Stell dir vor, dass durch irgendeinen Hinweis ein so junges Kind erfährt, dass im Internet Videos geköpft werdender Geiseln kursieren. Stell dir vor, das Interesse ist geweckt und es findet solche Videos! Kann man wirklich erleben, was in einer so jungen Seele dann vorgeht? Wie sehr sie von dem Realen, was da gezeigt wird, traumatisiert wird? Das ist kein Horrorfilm – den man ebenfalls keinem Kind zeigen würde –, das ist Realität! Und so etwas *macht* die Runde, so etwas *wird* angeschaut. Es kann sogar dem vor die Augen gehalten werden, der selbst kein Smartphone hat. Aber mit jedem dieser Geräte wächst die Wahrscheinlichkeit, dass solche Dinge geschehen – diese und unendlich viele andere.

Und mit jedem dieser Geräte wächst der Druck auf alle anderen Kinder: Ich will auch so eins, ich muss auch so eins haben! Wusstest du, dass der Apple-Gründer Steve Jobs seinen Kindern so ein Smartphone oder iPod gerade *nicht* gegeben hat? Sie waren damals zwölf und fünfzehn Jahre alt!"

„Ist nicht wahr!", sagte Grunert.

„Doch – warum denn nicht? Selbst ein solcher Mann kann eine Empfindung dafür haben, was mit diesen Geräten gegeben ist und dass sie eigentlich nicht in Kinderhände gelangen sollten, nicht einmal in die Hände von Jugendlichen. Offensichtlich hatte er die innere Sicherheit, dass es Alternativen geben muss – und hat in seiner Familie dafür gesorgt, dass die Kinder möglichst lange ‚clean' bleiben..."

„Unglaublich. Jetzt weiß ich mehr als genug, um Marcel dem nicht auszusetzen."

Baumann lächelte.

„Gut. Dennoch ist es wichtig, dass wir jede einzelne dieser Tatsachen immer wieder tief besinnen – jede einzelne. Denn nur so empfinden wir das ganze Gewicht dieser furchtbaren Realitäten. Sonst sind es für uns überhaupt keine Realitäten. Sonst wird aus der Wirklichkeit doch wieder nur eine Summe abstrakter Fakten, die manchmal vielleicht zumindest noch überzeugen mögen, oft aber ins völlig Wesenslose versinken. Der abstrakte Verstand kennt den Tod nicht, kennt nicht das Trauma, kennt nicht die Bedeutung des Schlafes, kennt keine realen Folgen von irgendetwas – und kennt nicht den heiligen Hüter... Nur über das tiefgehende Erleben kommen wir der Wirklichkeit näher."

Grunert blickte seinen Freund an.

„Michael, ich bin dir wirklich immer wieder so dankbar, dass du mich Mal um Mal an all dies erinnerst. Ich wüsste nicht, wo ich ohne dich stehen würde."

„Bleib nur auch *mit* mir nicht stehen...", lächelte Baumann.

„Nein, das werde ich nicht. Ich werde in meiner Meditation heute Abend all dies noch einmal sehr tief durch meine Seele ziehen lassen – und nicht nur heute Abend."

„Das ist gut. Vergiss nichts von alledem. Aber stelle doch immer wieder das Eine ins Zentrum, die Suche nach jenem höchsten Wesen. ‚Denn es schläft und schlummert nicht der heilige Hüter...' Wie das die jugendlichen Seelen noch so voller Reinheit singen können! Da können wir erleben, wem wir dienen wollen: dem wahren Wesen dieser Seelen und Dem, von dem sie da singen – auf dass die Verbindung der Seelen zu Ihm nicht eines Tages eine Unmöglichkeit wird..."

Als Baumann zwei Wochen später wieder mit Grunert und seiner Familie zu Abend aß, entspann sich mit dessen Sohn erneut ein Gespräch.

„Marcel, wie geht es inzwischen in der Schule?"

„Ja ... wie immer."

Baumann zwinkerte ihm zu.

„Was macht dein – Interesse?"

Der Junge lächelte, wie man lächelt, wenn man sich ertappt fühlt.

„Nichts Besonderes..."

„Hast du den ‚Trick‘ mal versucht?"

„Nein. ... Aber da, wo ich Interesse habe, darf ich ja nicht."

Baumann schaute fragend.

„Ich will ein Smartphone haben, und genau das darf ich nicht."

„Hm", erwiderte Baumann. „Was hat dein Vater dazu gesagt?"

„Dass es viel zu früh ist. Dass es ungesund ist. Dass es ganz schnell süchtig macht. Und so was alles."

„Und du glaubst das nicht?"

„Doch, schon", sagte der Junge gedehnt. „Aber alle haben doch inzwischen Smartphones! Und ich werd' ja nicht stundenlang damit rumsitzen!"

„Ja", antwortete Baumann. „Das sagt man dann so. So was Ähnliches sagt man natürlich immer, wenn man etwas haben will – und man glaubt es sicher auch. Aber was machen denn die Kinder im Bus, wenn sie so ein Ding haben?"

„Na ja, sie chatten oder hören Musik – aber unterhalten sich doch auch miteinander."

„Ja, das ist möglich... Aber sieh mal, selbst wenn sie sich unterhalten, ist doch ein wichtiger Teil ihrer Seele immer mit diesem Handy verbunden. Kannst du dir das nicht vorstellen?"

„Was meinen Sie? Und ist das so schlimm?"

„Ich meine, dass, sobald man so ein Ding hat, dieses Ding immer mehr das ganze Leben bestimmt. Man denkt, man ist mit Menschen zusammen – in Wirklichkeit drückt man nur wie wild auf einer Tastatur herum und liest die Zeilen, die als Antworten kommen. Das ist keine wirkliche Begegnung, Marcel! Das ist Gedankenaustausch auf niedrigstem Niveau – nur, um überhaupt etwas hin- und herzuschreiben. Und dann sieht man schwarze Buchstaben auf einem Display und hat innerlich das Gefühl von Vernetztsein. Vernetztsein – mehr ist das nicht. Gegenüber einer echten Begegnung, so wie wir jetzt hier sitzen und miteinander sprechen, verliert diese Vernetzung mit Chat und Handycomputern unendlich viel an Seele, an Wirklichkeit, an Sinn, an Tiefe. Der Mensch gibt sich da einer Maschine hin und hat nur die Illusion wirklichen menschlichen Miteinanders. Wenn aber das *wirkliche* Miteinander wie ein lebendiger Baum ist, so ist dieses Chat- und SMS-Hin-und-her-Schicken nur noch wie ein totes, abfallendes Blatt, das vor Starre schon knistert. Ihr merkt das nicht – aber schleichend verändert diese Art von Kommunikation die ganze Seele.

Es bleibt ja nicht bei solchem Chatten. Auch sonst hat man immer das Handy zur Hand – hört Musik mit Knopf im Ohr, wischt über das Display hin und her, surft ein bisschen im Internet; und das ist alles interessant, aber man merkt gar nicht, wie man das alles nur macht, weil man nun einmal dieses Universal-Zaubergerät zur Hand hat. Es ist, wie wenn jemand eigentlich zu einer aufregenden, realen Weltreise aufbrechen könnte – aber sich an einen kleinen Apparat klammert, der einem fortwährend faszinierende Bilder bietet, und zuhause bleibt. Süchtig an dem kleinen Ding klebend und die wirkliche Welt verpassend, wirklich verpassend!"

„Aber wieso?", wandte Marcel ein, „man ist doch trotzdem unterwegs. Man ist doch trotzdem mit den Freunden zusammen – das ist doch nur zusätzlich!"

Baumann lächelte.

„Ja, das sagst du. Aber schleichend schleicht sich das Handy in einen gewichtigen Mittelpunkt des Lebens, und dann sind die Freunde, die Unterhaltungen, die Begegnungen dasjenige, was nur ‚zusätzlich' ist. Es dreht sich um das Handy, es dreht sich um das, was man im Internet gesehen hat, um die neuesten Songs, die ebenfalls aus dem Internet stammen. Und auch die wirklichen Begegnungen setzen sich dann abends und so weiter fort in Chat-Zweizeilern, wo man wiederum mit dem Handy ganz allein ist – aber immer noch die Illusion hat, man würde miteinander, beieinander sein.

Das Miteinander geht natürlich nicht verloren, Marcel. Aber es nimmt eine völlig neue Qualität an, und zwar schleichend. Und wenn man da ganz drin ist, hat man keinen Vergleich mehr. Beobachte einmal! Beobachte einmal zwei Jungen, die kein Smartphone besitzen – was die machen, wie sie miteinander reden, miteinander spielen, albern, was sie unternehmen. Wie sie im Bus sitzen. Beobachte auch, *was* sie sagen, worüber sie sprechen, was der Inhalt und Charakter ihrer Gespräche ist. Spüre das *Leben* in ihrer Begegnung und ihrer Freundschaft. – Und dann beobachte einmal Jungen, die Smartphones haben: was die machen, wie sie reden, ob sie reden, worüber. Und was die Qualität ihrer Gespräche ist, wie sich ihre Begegnung, ihre Freundschaft anfühlt. Versuche, den Unterschied zu spüren!

Ich weiß, dass das in deinem Alter nicht einfach ist – aber ich traue dir zu, dass du Unterschiede bemerken wirst. Du wirst wahrscheinlich noch nicht begreifen können, was dieser Unterschied ausmacht. Aber ich kann dir sagen: er geht sehr, sehr tief. Man wird viel mehr *Mensch*, wenn man es schafft, sich vom Internet frei zu halten. Sehr, sehr schnell wird die Seele süchtig nach diesen unendlichen Eindrücken und Unterhaltungsreizen, die da zu finden sind. Aber ebenso schnell wird die Seele, wird der ganze Mensch oberflächlich, unlebendig. Das passiert schleichend, man merkt es nicht. Kinder und Jugendliche sind ja doch *immer* lebendig – aber auf den Unterschied kommt es an. Spielt sich die ganze Lebendigkeit nur noch rund um das ab, was an Anregungen irgendwie aus dem Internet kommt? Oder gibt es noch ein *eigenes* Leben der Seele? Eigene Gedanken, eigene Gefühle, eigene Pläne, eigene Phantasie? Gespräche ohne alles, was mit dem Internet zu tun hat – einfach nur rein menschliche Gespräche von Freund zu Freund?

Sieh mal, Marcel, ich versuche, hier etwas anzudeuten, was man nur begreifen kann, wenn nicht immer schon zugleich die Sehnsucht und Begierde nach einem solchen Gerät mitschwingt. Die Dinge sind sehr, sehr ernst. Dass so viele darüber überhaupt nicht nachdenken und sich einfach hineinfallen lassen in diese Internet-Welt, macht die Sache nicht einfacher. Es scheint alles so ‚normal' zu sein – aber das ist es überhaupt nicht!

Stell dir vor, dass in zehn Jahren diejenigen wenigen Menschen, die nicht vollkommen süchtig nach diesen Medieneinflüssen geworden sind, alle anderen an Phantasie und auch Hilfsbereitschaft, an selbstständiger Lebendigkeit und an Menschlichkeit weit überragen – und stell dir vor, dass es dann schon zu spät ist, die ganze Entwicklung wieder rückgängig zu machen. Dass man dann viel, viel Mühe darauf verwenden müssen wird, einander klarzumachen, was die Seele durch das Internet verliert. Viel Mühe, weil die Menschen es erstens gar nicht begreifen können, und weil es zweitens schon verloren *ist*. Etwas, was man aber schon verloren hat, kann man nur sehr, sehr schwer wieder erringen. Glaubst du, dass ein Smartphone-Jugendlicher noch irgendetwas in seiner Seele empfindet, wenn er am jungen Grün der sich entfaltenden Blättchen im Frühling vorbeigeht? Er *sieht* sie nicht einmal mehr! Vielleicht empfindest du auch nicht besonders viel dabei. Aber man *könnte*, wenn man durch die Natur und überhaupt durch die Welt geht, so unendlich viel empfinden. Das alles droht der Mensch zu verlieren. Er droht, *selbst* eine Maschine zu werden, die nur noch froh ist, wenn sie an die Maschine angeschlossen ist, die ihr all diese wunderbaren, farbigen Eindrücke bietet – während die wirkliche Welt mit ihrer unendlich viel tieferen Vielfalt überhaupt nicht mehr interessiert. Das ist das ganze Drama: Der Mensch verliert sich selbst, und er verliert die Welt – und er *merkt* dies alles nicht, weil er zunächst ja noch seine Freunde und so weiter behält. Die verliert er erst ganz zum Schluss – wenn er nämlich merkt, dass er nicht einmal mehr kommunizieren kann, nicht einmal mehr tiefe Gespräche führen kann, in denen es um Seele, um Liebe, um das Leben, um die Welt geht. Solche Gespräche gibt es dann gar nicht mehr, oder nur noch in größter Oberflächlichkeit. Das ist eine Entwicklung, die schleichend vor sich geht, die wir vielleicht gar nicht mehr ganz miterleben – und doch sind wir Teil dessen und ist es unsere ungeheure Verantwortung, wie wir mit unserer uns von Gott geschenkten Seele umgehen. Ob wir sie mit Maschinennahrung füttern, oder ob wir eintauchen können in die *wahre* Wirklichkeit mit all ihrem Reichtum.

Das ist die wahre Frage, Marcel – und sie ist so unendlich schwer zu vermitteln, weil man überhaupt begreifen muss, was gemeint ist und was auf dem Spiel steht...“

Der Junge schwieg.

Baumann wusste selbst, dass der zwölfjährige Sohn seines Freundes die Bedeutung alles Gesagten allenfalls vage ahnen konnte, aber auf nichts anderes als auf diesen Eindruck im tieferen Ahnen und Fühlen kam es ja doch an. Bloße Worte oder selbst rationale Gründe konnten überhaupt nichts bewirken. Ob man Kind war oder erwachsen – immer kam es darauf an, ob man in der Seele etwas empfand oder nicht. Nur dann konnte eine Veränderung, ein wirkliches Begreifen in Gang kommen.

Nach einer kleinen Pause sagte Baumann ruhig:

„Deswegen ist das Interesse auch so wichtig, Marcel. Wirkliches Interesse an den Dingen ist das Tor der Seele zur Welt. Nichts verbindet dich mit allem um dich herum als nur das Interesse, was *du* dafür aufbringen kannst. Und es liegt ganz allein an dir, ob du für eine Sache Interesse in deiner Seele erweckst und erwecken kannst oder nicht. Tust du es nicht, gehen die Dinge ganz und gar an dir vorüber, du hast keine Verbindung dazu. Du lebst dein Leben, die Dinge ihres. Und wenn sie trotzdem auf dich zukommen, werden sie dir sogar lästig. So kann man Schule erleben, so kann man sogar das ganze Leben erleben – alles ist lästig, was sich in das eigene Leben drängt, obwohl man dafür gar kein Interesse hat. Und wenn man an nichts Interesse hat, dann wird die Seele süchtig nach etwas, was diese Leere ausfüllen kann – und dann kommt die Technik, und was die Medien, all die zahlreichen kleinen Bildschirme da bieten können, das ist natürlich mächtig interessant! Da braucht man sich gar nicht anstrengen, da ist das Interesse sozusagen ganz automatisch da. Wie bei einer Maschine: Das Auto wird vollgetankt, und es fährt. Dem Menschen wird Internet gegeben, und er ist fasziniert und hellwach, wie ein Süchtiger.

Mit dem wirklichen Leben ist es anders. Da muss man selbst das Interesse erwecken! Die ganze Welt ist unendlich interessant, und doch lassen die Dinge uns frei – bis wir Interesse entwickeln und auf sie zugehen. Die jungen Frühlingsblätter, sie entfalten sich jeden Frühling von neuem, immer andere, aber sie warten in Geduld und Hoffnung, ob sie auch *gesehen* werden, ob auch ein menschliches Auge, eine Seele staunen kann über diese Zartheit, über dieses wunderbare Grün, über die feinen Adern – über alle anderen Wunder des Frühlings.

So ist es mit der Schule auch. Da kommen dir die Dinge zwar entgegen, weil vieles davon nun einmal wichtig ist. Aber auch hier wartet und hofft alles darauf, dass *du* Interesse daran entwickeln kannst! Die Englisch-Vokabel hofft eigentlich, dass sie sich dir nicht aufdrängen muss, damit du sie gezwungenermaßen lernst, sondern sie hofft, dass du, schon bevor sie daherkommt, Interesse in deiner Seele hast erwachen lassen, damit du sie freudig *begrüßen* kannst, wenn sie kommt!"

Der Junge musste lachen.

„Doch!", erwiderte Baumann lachend, „das ist wirklich so. Der Mensch ist nicht zum Lernen da, nicht für den Stoff da, sondern das eigentliche Wesen des Menschen ist *Freude* am Lernen, überhaupt an jeder Entwicklung. Und alles, was der Mensch so aufnimmt, indem er lernt und sich entwickelt, alles Einzelne wartet und hofft darauf, dass der Mensch dies mit Freude tut! Die Dinge warten wirklich auf den Menschen – so tot sie zu sein scheinen. Die Englisch-Vokabel *wartet* auf dich! Versuch einmal wirklich, dir das vorzustellen. Da liegt die Quelle des Interesses. Und da liegt auch die einzige wirkliche Verbindung mit der Welt. Je tiefer das Interesse eines Menschen für alles ist, desto tiefer verbindet er sich mit der Welt – und desto mehr wird er wahrhaft Mensch, wunderbarer Mensch!"

Marcel hatte aufmerksam zugehört.

Nun zwinkerte Baumann ihm zu.

„Jetzt sollten wir unser Interesse aber auch dem leckeren Essen wieder zuwenden..."

Lachend setzte die kleine Tischgemeinschaft ihre Mahlzeit fort.

*

Als Marcel und Sylvia in ihre Zimmer gegangen waren, sagte Leonie:

„Wenn du so sprichst, Michael, ist das für mich immer unmittelbar lebendig. Sonst aber frage ich mich wirklich nicht selten: Womit beschäftigen sich diese Anthroposophen nur immer? Ich meine, ich stehe Steiner und der Anthroposophie

121

wirklich wohlwollend gegenüber, mehr als das sogar. Aber manchmal frage ich mich: Was soll diese ganze Anthroposophie? Dieses ständige Sprechen von höheren Welten, von der Erdenentwicklung, von höheren Wesenheiten, von Wesensgliedern des Menschen? Was soll das? Führt das den Menschen irgendwie weiter? Oder ist das nicht auch wieder nur eine ungeheuer aufgebauschte Spiritualität, die aber keinerlei Zusammenhang mit dem Menschen hat, die bloß im Kopf bleibt, dort ein wunderschönes Wolkenkuckucksheim wird, aber mehr auch nicht? Was soll das ganze Trara um diese ganze Anthroposophie, wenn sich dadurch ohnehin kein Mensch ändert – und erst recht nicht ein zweiter Rudolf Steiner kommt? Gibt es dann überhaupt irgendeinen Unterschied zu einer sonstigen New-Age-Strömung? Viel Gerede von Engeln, Schwingungen und einer neuen Zeit – aber ewig kreist die Welt im alten Geleise, wenn nicht alles nur noch schlimmer wird?"

Leonie schaute ihn herausfordernd an.

Baumann wusste, dass Grunerts Frau sich nur sehr locker mit der Anthroposophie verbinden konnte. Sie arbeitete als Physiotherapeutin, malte gern, war mit dem Besuch der Waldorfschule von Marcel und Sylvia voll einverstanden, hatte auch einmal die eine oder andere Schrift Rudolf Steiners gelesen – aber dabei blieb es dann.

Baumann nickte.

„Ja", begann er langsam, „durch diese Fragen muss man hindurch. Was soll das Ganze...? Gibt es da überhaupt einen Unterschied...?"

Er sah Leonie an.

„Du wirst mir sicher glauben, dass ich all das, wovon ich spreche und wovon ich versuche, es in mir selbst vollkommen lebendig sein zu lassen – oder werden zu lassen –, ganz meiner eigenen Vertiefung in die Anthroposophie verdanke."

Leonie nickte.

„Von mir aus also", fuhr Baumann fort, „würde ich keine Sekunde zögern, diesen Unterschied zu bezeugen, da ich ihn in jedem Moment wirklich weltengroß erlebe. Aber die Frage ist: Wie kommt man in das reale Erleben der Anthroposophie hinein? Denn anders kann man diesen Unterschied nun einmal nicht erleben. Ohne dieses Hineinkommen, ohne dieses wirkliche Erleben, bleibt alles Theorie, Dogmatik, Gedankengebäude, Wolkenkuckucksheim. Wir stehen in der heutigen Zeit ganz und gar vor *dieser* Aufgabe: in ein Erleben hineinzukommen.

Nun – in Bezug auf dieses ungeheuer Weitreichende, was die Erdenentwicklung, die Hierarchien und vieles andere angeht, werden wir nicht so leicht zu einem wirklichen Erleben kommen, vielleicht sogar überhaupt nicht in einem Leben. Aber worauf es auch hier ankommt, ist der Schritt von einem absoluten Mangel an Erleben, wodurch es wirklich pure Theorie bleibt, zu einem Erleben, das immer sicherer mit all diesen Schilderungen mitgehen kann, ohne sie als bloße Theorie zu empfinden.

Wenn sie eine Wirklichkeit sind, sind sie eine Wirklichkeit, nicht wahr? Aber je mehr die Seele in die Anthroposophie eintaucht, desto mehr *weiß* sie, dass all dies eine Wirklichkeit ist – eine, die noch nicht erlebt wird. Aber allein schon dieses ‚Wissen' ist bereits ein erstes Erleben der Wirklichkeit: noch kein Schauen, aber bereits ein Erleben. Manche würden es vielleicht ‚Glauben' nennen, aber es ist bereits ein ‚Wissen', wenn auch ein solches, das noch nicht durch das Schauen bewiesen wird, so dass sich doch immer wieder der Zweifel einschleichen kann. Aber der Zweifel nähert sich eben einer Realität, die er wieder verringern will. Sowohl der Zweifel als auch das Wissen sind etwas Reales.

Dann aber gibt es den unendlich großen Bereich dessen, was man bei Rudolf Steiner unmittelbar verstehen kann und wo man sich unmittelbar auf den Weg machen kann. Unendlich vieles kann die Seele so ansprechen, dass sie unmittelbar ausrufen kann: Ja! So ist es! Und da, wo er auf die Möglichkeiten der inneren Entwicklung hinweist, kann ich erst recht sofort versuchen, die ersten Schritte zu verwirklichen – und kann sofort bemerken, wie auch hier überall von Realitäten die Rede ist. Und dies kann das allergrößte Vertrauen zu allem anderen geben. Aber auch dieses Vertrauen kann aktiv geübt und zum Wachstum gebracht werden.

Aber dies ist vielleicht das Allerwesentlichste – dass man mit voller Aktivität dort ansetzt, wo Rudolf Steiner die innere Entwicklung der Seele beschreibt, die möglich ist. Dass man eine Begeisterung für diesen inneren Weg entwickelt oder in sich entdeckt, und dass die größte Sehnsucht diejenige wird, sich zu *entwickeln*, weiterzugehen, immer weiter und weiter! Anthroposophie ist eigentlich nichts anderes – sie ist feuriger, begeisterter Entwicklungswille, und zugleich feuriges, sicheres Wissen, dass diese Entwicklung möglich ist und uns fortwährend dem wahren Wesen des Menschen, auch unserem ganz individuellen eigenen geistigen Wesen näher führt.

Wenn sich Wissen und Wollen zusammenschließen – oder zunächst vorsichtiger formuliert: wenn sich Ahnen und Sehnsucht zusammenschließen –, dann steht man schon mitten in der Anthroposophie darinnen! Denn dann *erlebt* man etwas, und dieses Erleben ist so stark, dass es bis in den Willen geht, diesen befeuert. Man kann es auch umgekehrt ausdrücken: Die Sehnsucht ist eine Offenbarung des wirklichen, realen Entwicklungswillens. Indem dieser erwacht, beginnt man immer mehr, zu erleben, dass mit der Anthroposophie etwas Reales gegeben ist.

Worum es also geht, ist, dass die Anthroposophie durch das Erleben etwas Reales wird, weil das Erleben selbst etwas Reales ist, welches das Reale der Anthroposophie erfasst – und dass dann eine neue Realität erweckt wird, indem nämlich der Wille regsam wird und die eigene Entwicklung in Gang gesetzt wird. Der Mensch erfasst also das Reale der Anthroposophie – und davon befruchtet schafft er eine völlig neue Realität: er beginnt, schöpferisch sein eigenes Wesen zu entfalten und zu entwickeln... Die Anthroposophie als Geburtshelferin des eigenen, individuellen Menschenwesens!"

Baumann sah die Frau seines Freundes an.

„So muss man es erleben, Leonie. Vertreibe all die Gedanken an bloße Theorie und nutzlose Offenbarungen. Setze dort an, wo deine eigene Seele zutiefst empfindet, dass hier von der möglichen Entwicklung des Menschenwesens gesprochen ist, von deiner eigenen Entwicklung!

Das größte Hindernis, um in die Anthroposophie und ein lebendiges Erleben ihres wahren Wesens hineinzukommen, ist die innere Faulheit und Trägheit der Seele. Das ist ein Menschheitsproblem, nimm es also nicht als etwas Persönliches. Hier, in dieser tief innerlich in der Seele sitzenden Faulheit sitzt der Urquell dafür, dass wir die Anthroposophie als Theorie wahrnehmen. Hier, an diesem Quellpunkt der Faulheit, *will* die Seele überhaupt nichts anderes als dies: die Anthroposophie *soll* bloße Theorie bleiben.

Verstehst du, Leonie? Wenn die Seele immer weiter bloße Theorie erleben kann, sich mit dieser Empfindung über die Anthroposophie erheben kann, braucht sie sich gar nicht auf den Weg zu machen. Ein Teil der Seele *will* ja – aber der andere Teil ist *froh* damit, dass es alles Theorie bleibt! Es gibt einen Teil der Seele, der die Anthroposophie für immer zur Theorie machen will, und derselbe Teil ist es, der sich absolut gegen jede innere Entwicklung wehrt. Hier liegt der Quell der Faulheit – es ist die faule, verfaulte Seele, die im tiefsten Inneren glücklich ist, dass sie all das bloß als Theorie zu empfinden braucht.

Das wird dann nach außen projiziert: ‚Wie kann ich mich entwickeln wollen, wenn ich es ohnehin nur als Theorie erlebe?‘ In Wirklichkeit aber ist es umgekehrt: Sobald der Entwicklungswille erwacht, ist die Theorie völlig hinweggefegt. Dann sind die höheren Wesenheiten und die Schilderungen der Anfänge der Erden- und Menschheitsentwicklung noch immer weit, weit weg von jeglichem eigenen Schauen, und doch können sie einem ganz nah sein, denn man kann sich ihnen vorsichtig, ja mit Ehrfurcht – die schon da beginnt, wo man sich einfach jedes Urteils enthält – nähern. Und sobald das Urteil ‚Theorie' wegfällt, denn das *ist* ein Urteil, ist man alledem unendlich nahe. Dann treten ganz andere Erlebnisse auf als das Erlebnis ‚Theorie', das in Wirklichkeit ein Mangel an Erleben ist...“

Leonie hatte beschämt zugehört. Nun erwiderte sie leise: „Ja... Du hast ganz sicher Recht... Aber wie unterscheidet man dann wahr und falsch? Ich meine, müsste ich nicht bei jedem anderen Buch dann auch so ein Erleben haben – und mich des Urteils enthalten?“
Baumann schüttelte leicht den Kopf.
„Das ist natürlich eine sehr wichtige, entscheidende Frage. Aber du weißt ja, dass die Anthroposophie zugleich bedeutet, immer urteilsfähiger, nämlich immer unterscheidungsfähiger zu werden. Und dies vermag sie, weil sie selbst eine Realität ist. Hieran kann man sogar unter Umständen zuallererst ihre Wirklichkeit und Wirksamkeit erleben: dass sie immer mehr das Unterscheidungsvermögen des eigenen Denkens und der eigenen Seele erweckt und stärkt. Sie ist eben eine Realität, und indem man sie aufnimmt, zunächst noch ganz unbewusst, beginnt sie schon, zu wirken und die ureigensten Seelenfähigkeiten zu stärken.
Wenn du dich mit Leben durchdringst, wirst du selbst lebendig. Wenn du dich mit Wahrheit durchdringst, wird dein Sinn für die Wahrheit immer tiefer und reiner. Sich des Urteils zu enthalten, bedeutet nicht, völlig urteilsunfähig zu sein – es bedeutet nur, die gewöhnlichen Hindernisse zu überwinden, die einen daran hindern, wirklich in etwas hineinzukommen. Ist man erst einmal unbefangen darinnen,

dann erlebt die Seele sehr wohl die Wahrheit – und wird ihrerseits in ihrem Wahrheitserleben weiter gestärkt.

Bei anderen Büchern ist dies nicht so. Denn da kommt man fast immer in etwas Abstraktes hinein, also auch in ein Gemisch von Wahrheit und Unwahrheit, aber selbst die Wahrheit hat keine lebendige Form. Hier kann die Seele also gar nicht befruchtet werden – sie wird allenfalls weiter korrumpiert und verliert immer mehr ihr Unterscheidungsvermögen, denn wonach soll sie überhaupt gehen?

Die Anthroposophie setzt nur eines voraus: Unbefangenheit. Kommt man mit Hilfe dieser Unbefangenheit in ein erstes wirkliches Erleben der Anthroposophie hinein, entfaltet und befruchtet ihr eigenes Wesen in der Seele die eigenen Kräfte, die dir selbst eigenen Kräfte, die dich dann weiterführen – immer weiter in die Anthroposophie hinein, die auf diese Weise immer mehr ihre befruchtende Wirkung entfalten kann. Man kommt hinein in etwas Lebendiges..."

Leonie nickte.

„Und was rätst du mir?", fragte sie zögernd.

Baumann lächelte.

„Ich rate dir: Lausche zunächst auf deinen tief in dir selbst lebenden Entwicklungswillen. Lausche so lange, bis du ihn sicher gefunden hast. Diesem Willen kannst du dich dann getrost überlassen, denn das bist du selbst. Und du selbst weißt innerlich bereits, wo du weiter ansetzen kannst – du musst dir dieses Wissen nur noch bewusst machen. Dies alles geschieht, wenn du ganz sicher und stark deinen Willen zu einer inneren Entwicklung findest. Denn auf das ‚Was' und ‚Wie' kommt es gar nicht so sehr an. Es kommt vor allem anderen darauf an, das ‚Dass' zunächst zu finden. Die völlige Sicherheit und die starke Sehnsucht: Ich will mich entwickeln. Das kann eine begeisterte Sehnsucht werden, ein wirklicher Durst. – Und wenn du physischen Durst hast,

brauchst du doch auch keine Hilfe mehr? Du weißt doch, was du weiter tun musst...?"
Leonie lachte.
„Ja, das weiß ich. Danke!"
Baumann lächelte – und begegnete dem Blick seines Freundes.

„Michael", begann dieser, „wenn wir so zusammen sprechen, ist es immer wieder ein Fest. Ich empfinde es wirklich so: Als ein Fest wahrer Menschlichkeit, ein Fest zwischenmenschlicher Begegnung, von Menschen, die gemeinsam auf der Suche nach dieser wahren Menschlichkeit, ihrer immer weiteren Vertiefung sind. Auch ich danke dir dafür, jedes Mal."
Bescheiden wehrte Baumann ab.
„Ich freue mich, dass ihr das so empfindet. Es ist für mich immer wieder sehr schwer, so etwas zu hören und entgegenzunehmen. Es scheint so, als ob ich innerlich schon einiges mehr erreicht habe als ihr. Aber das will ich gar nicht. Ich wollte, es wären alle so weit – und noch viel, viel weiter..."
„Ja", sagte Grunert, „natürlich. Das macht dich zu einem so wunderbaren Freund – den man trotz seines Vorsprungs so wunderbar ertragen kann, nicht nur ertragen, sondern voller Dankbarkeit bei sich haben. Aber gerade dieser Vorsprung der inneren Selbsterziehung und Entwicklung muss dich dann auch so ein ‚Lob' annehmen lassen. ‚Adel verpflichtet'..."
Baumann lachte.
„Nun – wenn es hoffentlich wenigstens dazu führt, dass die Abstände kleiner werden, will ich meinen Verpflichtungen solange gerne nachkommen!"
Ein allgemeines Gelächter bildete den Abschluss des ernsten Gespräches.

Einige Wochen später schnitt Grunert, als er mit seinem Freund wieder einmal alleine war, ein sehr besonderes Thema an.

„Michael, ich brauche einmal deinen Rat."

„Ja? Was beschäftigt dich, Karsten?"

„Es geht um Sylvia."

Baumann wartete ab. Grunert fuhr fort:

„Sie ist ja nun siebzehn Jahre alt. Es geht ihr gut. Sie kommt in der Schule gut mit, ist durchaus fleißig und interessiert. Sie hat einen wunderbaren Freund, den sie über alles liebt. Das ist alles wunderbar, mehr könnte man sich wirklich nicht wünschen..."

Noch immer hörte Baumann schweigend zu, wartete auch jetzt, bis sein Freund weiter sprach.

„Aber dann ist da die andere Seite – und da habe ich das Gefühl, doch irgendwo versagt zu haben, ihr etwas Entscheidendes nicht eröffnet haben zu können. Wir haben ja neulich über die Smartphones gesprochen. Marcel konnte ich davor also noch bewahren, mit deiner Hilfe. Sylvia lebt ja nun schon seit Jahren damit. Und nach wie vor hat sie es viel zu viel dabei, in der Hand, hört Musik, sieht sich Sachen im Internet an, chattet mit Freundinnen, vielleicht auch mit Philipp, was weiß ich – jedenfalls viel zu viel, obwohl es sicher nicht so viel ist wie bei anderen, die pausenlos nur vor dem Gerät hängen. Ich habe das Gefühl, das Gespräch von neulich hat absolut nichts verändert.

Das ist das Eine. Das Andere ist ihr Zimmer. Dort herrscht pausenlos nur ‚kreative Unordnung', wie sie es nennt. Michael, ich schwöre es dir, dieses Zimmer hat seit Jahren keine Ordnung mehr gesehen! Es war alles wirkungslos – Drohen, Zwang, gutes Zureden, Gespräche. Das alles zerschellt an ... ich kann es nicht mal sagen, was es ist. Ich verstehe sie ja irgendwo, aber ich erlebe es auch als eine große Faulheit, innere Schwäche auch. Sie hat nie gelernt, die Ordnung zu lieben. Wenn es wirklich nur ‚kreatives Chaos' wäre, meinetwegen! Aber auch Tassen, Becher, Teller, Schüsseln bleiben immer wieder stehen, liegen irgendwo rum – leere Tüten von Süßigkeiten oder was weiß ich ebenso! Nicht einmal hier interessiert sie irgendeine Ordnung. Da ich mich schon so daran gewöhnt habe, muss ich sagen, es bleibt alles in einem gewissen Rahmen, dennoch muss ich andererseits sagen: Für mich ist ihr Zimmer doch im Grunde eine Art halbe ‚Müllhalde', noch immer, nach so vielen Jahren, erlebe ich es so.

Und das Dritte ist: Ich weiß nicht, wo sich ihr ein Interesse an der Welt eröffnet. Ein wirkliches, kein allgemeines, hier und da oberflächliches. Sie ist siebzehn! In zwei Jahren soll sie wissen, was sie für einen Beruf ergreifen will – oder in welche Richtung sie sich fähig machen will, in der Welt zu wirken und tätig zu werden. Ich habe das Gefühl, dass die heutige Jugend doch sehr ohne Ideale aufwächst – nicht zuletzt, weil die Welt so schlimm ist, wie sie ist, und man als junger Mensch kaum noch die Hoffnung hat, etwas Wesentliches daran ändern zu können. Aber eben auch, weil man sich sehr ins Private zurückzieht, in den Genuss des Internets, der Filme, in das bloße Chatten mit Freunden.

Der Blick in die Welt, die wirkliche Liebe zur Welt, die starke Sehnsucht nach einer Verwandlung der Welt und der Mut, der dies auch real für möglich hält – all dies scheint heute völlig unterzugehen. Und wie gesagt, ich erlebe es so, dass es auch mir nicht gelungen ist, Sylvia dies mitzugeben. Sie hat irgendwann einfach angefangen, ihr eigenes Leben zu leben, ihre eigenen Wege zu gehen, und mich da nicht mehr hereingelassen. Von da an waren ihre Wege sozusagen nur noch vom Smartphone oder Internet begleitet, nicht mehr von mir... Das Internet gibt aber keine Liebe zur Welt, es gibt nur die Illusion, mit aller Welt verbunden zu sein. Doch dahinter steht der absolute Rückzug auf das eigene Leben, das mit der Welt *real* nichts mehr zu tun hat."

Grunert machte eine Pause und wirkte auf einmal recht verloren. Dann sah er seinen Freund an und sagte:
„So, nun weißt du, was mir auf dem Herzen liegt...“

Gemeinsam schwiegen die beiden Männer eine kleine Weile.
Dann fragte Baumann leise:
„Und hast du selbst darüber nie mit ihr gesprochen?“
„Nein, Michael – ich wüsste nicht, wie!“
„Aber das sind doch existentielle Lebensfragen. Und sie ist doch so ein liebes, im Grunde ganz und gar offenes Mädchen. Das muss doch zwischen Vater und Tochter möglich sein?“
„Ja, so scheint es“, sagte Grunert. „Vielleicht schrecke ich auch selbst davor zurück; empfinde es als einen Eingriff in ihre Freiheit; will ihr nicht zu nahe treten, mit etwas, was sie vielleicht gar nicht annehmen kann. Vielleicht ist es ja auch nur ‚meins‘, dass ich ihr das Erleben von Idealen und so weiter eröffnen will. Vielleicht ist das *unsere* spezielle ‚Dogmatik‘ und ihr Weg und der Weg der Jugendlichen heute überhaupt ein völlig anderer?“
Ratlos schaute er Baumann an.

„Ja...“, nickte dieser, „hier muss man sehr genau unterscheiden. Aber das wirst du doch können, nach all den Jahren, Karsten? Wir wissen doch ganz genau, dass wir den Weg der Freiheit verfolgen, dass wir nichts über die Freiheit stellen, weil sie das große, heilige Ziel ist, zu dessen Verwirklichung hin sich das Menschenwesen von Anfang an entwickelt.
Dass du die Bedenken hast, die du beschreibst, beweist gerade, wie heilig dir die Freiheit und das individuelle Menschenwesen ist, auch in deiner Tochter und gerade da. Das ist doch der beste Schutz und die beste Gewissheit, dass du diese Freiheit nie verletzen willst? Aber zu dieser Erkenntnis müssen wir auch den *Mut* haben! Den Mut, zu erkennen, dass wir wirklich auf dem Boden dessen stehen, der auch die menschliche Freiheit hütet. Erst wenn wir diesen Mut haben – diesen

Mut zu einer so sicheren Erkenntnis –, werden wir auch den Mut haben, auf diesem Boden dasjenige zu tun, was notwendig ist, um die Freiheit *wirklich* zu schützen und in Entwicklung zu bringen."

Baumann sah, dass sein Freund sehr genau verstand, wovon er sprach. Er fuhr fort:

„Wenn wir nur ängstlich die Freiheit hüten wollen und uns deswegen mit unserem ganzen Wesen zurückziehen, überlassen wir das Wirken und die Wirklichkeit den Gegenmächten, die du ja auch erwähnt hast. Dann überlassen wir es den über die Bildschirme und das Internet wirkenden Mächten, das Wesen deiner Tochter so zu beeinflussen, dass so unendlich vieles, was in ihm liegt, gar nicht zur Entfaltung, zum Wachstum, zur Offenbarung kommen wird.

Auch darüber müssen wir uns vollkommen sicher und real im Klaren sein, dass all diese täglichen Einflüsse ungeheuer wirksam sind, dass sie fortwährend wirken – und dass sie in einer bestimmten Richtung wirken. Wir müssen uns ganz und gar klar darüber sein, dass diese realen Wirkungen fortwährend hemmend und verhindernd auf so vieles wirken, was das ganze, volle und wahre Menschenwesen ausmacht. Überall da, wo wir hier in rechter Weise *Grenzen* setzen, kämpfen wir für die Entfaltung der wahren Freiheit, des vollen Menschenwesens. Wir schränken nicht die wahre Freiheit ein – wir kämpfen dafür, dass sie sich überhaupt offenbaren kann! Wir setzen Grenzen für das Wirken der Widersacher, damit das wahre Wesen des Menschen sich mit so *wenig* Einschränkungen wie möglich umfassend entfalten und zur Erscheinung kommen kann.

Die Mächte, die im und über das Internet wirksam werden können, sind ganz und gar darauf gerichtet, dieses Menschenwesen in seine Schranken zu weisen, bestimmte Züge seines Wesens absolut nicht zur Erscheinung kommen zu lassen. Ganz und gar ist ihr Wirken darauf gerichtet – Tag für Tag, Minute für Minute. Nicht deine Tochter schränkst du ein –

sondern jene Mächte, die ihr wahres Wesen verneinen! Das in deiner Tochter, was sich dagegen vielleicht zunächst wehren wird, weil es die Zusammenhänge nicht versteht, ist derjenige Teil der Seele, der diesen Mächten zunächst allzusehr verfallen ist. Für jemanden, der den Geist völlig leugnet, könnte dies wie moderner ‚Exorzismus' klingen. Aber wir, die wir die Realität des Geistes kennen, kennen all diese Phänomene aus eigener Erfahrung. Wir wissen, dass dies fortwährend in *jedem* Menschen Realitäten sind, wir kennen sie in *uns selbst*.

Und wir wollen ja bei Gott nicht das Internet völlig verbieten und in fanatischer Weise verteufeln. Sondern wir erkennen in besonnenster Klarheit und Ruhe die darin wirkenden Kräfte und ihre Wirkungen auf das wahre, das volle Menschenwesen. Klar und besonnen erkennen wir – und ebenso klar und besonnen suchen wir, uns mit den richtigen Intuitionen zu durchdringen, um das Richtige, das Gute zu tun.

Niemals würden wir in neuer Weise einen jungen Menschen zu unserem ‚Gefangenen' machen und ihm bestimmte Dinge völlig verbieten, ihn in einer geistigen Sklaverei halten. Aber das Internet tut dies – unbemerkt, unter dem Deckmantel völliger Freiheit, absoluter Unendlichkeit des Angebots und der Möglichkeiten. *Diese* Freiheit führt unbemerkt zu einer weitgehenden, immer tiefer dringenden Unfreiheit, nämlich zu einem völligen Abgeschnittenwerden von dem eigenen wahren Wesen, das viel, unendlich viel umfassender ist als dasjenige, was sich zunächst inkarnieren und zur Erscheinung kommen kann. Aber selbst dies wird von den im Internet wirkenden Kräften immer mehr in eine ganz bestimmte Einseitigkeit gedrängt...“

In großer Dichte stand das Gesprochene im Raum, bevor Baumann sagte:
„In Sylvias Alter können wir überhaupt eigentlich *nur* noch über die Einsicht wirken – und hier ist die Freiheit von vorn-

133

herein ganz und gar geschützt. Alles, was wir tun können, ist, in ihr ein Empfinden dieser Zusammenhänge zu wecken – und ein immer tieferes Empfinden des wahren Menschenwesens, auch ihres *eigenen* wahren Wesens..."

„Und was können wir nun tun?", fragte Grunert.

„Nun", sagte Baumann, „vielleicht hat deine Tochter ja den Mut, mit dir jetzt noch einmal zu reden? Ganz sicher hat sie ihn, denke ich..."

„Du meinst – ich sollte genau darüber noch einmal mit ihr sprechen? Jetzt?"

Baumann lachte.

„Ja! Warum nicht? Lege doch deine Angst oder deine inneren Zweifel ab, Karsten. Durchdringe dich mit dem, was du in all den Jahren erkannt hast – und durchdringe dich mit dem guten Willen, der sich auf deine Tochter richtet. Du *weißt* doch, was richtig ist? Und wenn du dies weißt und dich mit der dazugehörenden Liebe durchdrungen hast, wirst du auch die richtigen Worte finden. Und die richtigen Worte werden dem wirklichen Verständnis deiner Tochter begegnen. Dieses wird ihnen entgegenkommen! Vertraue nur darauf..."

„Du bist immer so sicher, Michael... Aber was du zu ihr sagtest, hat doch auch nicht gewirkt?"

„Doch, mit Sicherheit. Aber oft braucht etwas mehr als nur einen Anstoß, um in der Seele wirklich Wurzel zu schlagen. Sicher bin auch ich mir übrigens durchaus nicht immer. Und doch ist diese Sicherheit etwas, was wir vielleicht notwendiger als alles andere brauchen. Denn nur auf ihrem Boden können wir überhaupt zu irgendwelchem Wirken kommen. Auch *wir* können unser Wesen nur da wahrhaft entfalten, wo wir diese Sicherheit gewonnen haben. Und wir haben sie doch an vielen Punkten gewonnen! Dann brauchen wir aber auch den Mut, um sie wirklich als eine *volle* Sicherheit in uns zu tragen. Sonst regiert in uns doch immer noch der Zweifel, sogar ohne dass wir dies wirklich durchschauen. Und du weißt, wer in uns dann nach wie vor regiert... Das also müs-

sen wir vor allem üben und erringen: Den vollen Mut zu dem von uns wirklich Erkannten. Erst in diesem Mut lebt unser wahres Wesen, kann es beginnen, sich zu offenbaren. Vorher sind wir nichts... Vorher leben auch wir nur in der Illusion..."
Grunert nickte leise und nachdenklich.
„Ja, du hast Recht – mein Gott, welcher Weg liegt noch vor uns! Also gut ... lass uns Sylvia holen. Das heißt: Ich werde hinuntergehen und sie fragen..."

*

Kurze Zeit später kam er mit seiner Tochter wieder herauf. An dem fragenden Ausdruck ihres Gesichts sah Baumann, dass sein Freund ihr noch nicht wirklich gesagt haben konnte, worüber er mit ihr sprechen wollte.
Das Mädchen setzte sich auf den gewohnten Platz – auf das Sofa, an dessen anderes Ende Baumann rückte.
„Na, dann bin ich mal gespannt, was das ‚Wichtige' ist, über das du, ihr, mit mir sprechen wollt..."
In diesem einen Satz lag so viel, Baumann hörte alles auf einmal: Das wunderschöne Selbstbewusstsein eines jungen Mädchens, das an der Schwelle zum Erwachsenwerden stand. Eine gewisse Distanz und zugleich eine große Nähe zu ihren Eltern, in dem Fall ihrem Vater. Eine große Offenheit und ein großes Vertrauen, das sicher auch in den vergangenen Gesprächen entstanden war. Und durchaus ein wirkliches Interesse, ein wirkliches Gespanntsein auf das, was jetzt kommen mochte...
Sie sah ihren Vater an, der nun begann:

„Ja, also, Sylvia, mir liegt es eigentlich schon seit langem auf dem Herzen, mit dir zu sprechen – über etwas, worüber ich das Gefühl hatte, mit dir gar nicht mehr sprechen zu können; weil du schon so groß bist, weil du schon so sehr deinen eigenen Weg gehst, weil du in manchem mit dir scheinbar gar nicht reden lässt, und so weiter. Aber wir *sind* doch nun einmal Vater und Tochter, also vertraue ich darauf, dass es doch eine Ebene gibt, auf der wir uns wirklich finden können, um miteinander zu sprechen. Es geht nicht darum, dass ich dir etwas vorschreiben will, ganz und gar nicht – eigentlich um das genaue Gegenteil. Und doch geht es nicht, ohne dass wir miteinander sprechen. Ich *suche* das Gespräch mit dir, und ich hatte bisher nicht den Mut, mit dir über diese Dinge zu sprechen, die mir so auf dem Herzen liegen..."

Baumann sah, wie die Worte ihres Vaters unmittelbar das Herz des Mädchens erreichten. Sichtlich berührt fragte sie: „Aber was willst du denn mit mir besprechen, Papa?"

Deutlich erleichtert fuhr nun auch Grunert fort:

„Ach, es ist so schwer, erst einmal anzufangen. Ich mache mir einfach große Sorgen. Weil du mir so wichtig bist... Zum einen sehe ich, dass ich mir gar keine Sorgen machen muss, weil du so ein wunderbares Mädchen bist. Zum anderen aber gibt es durchaus manches, worum ich mir diese großen Sorgen mache – gerade um dich als wunderbares Mädchen!

Es ist so... Du bist einerseits so wunderbar offen, aufgeschlossen, zugänglich für alles, was dir begegnet. Andererseits hast du aber nur einen beschränkten Kreis deiner Interessen. Dein Handy und das Internet bestimmen oder prägen einen Großteil deiner Zeit. Du schaust Filme, Videos, hörst Musik, du chattest... Du kommst nebenbei gut in der Schule mit, bist auch da nicht uninteressiert – aber sobald du freie Zeit hast, ist dein Handy fast immer dein ständiger Begleiter. Und dadurch *passiert* etwas, Sylvia – und es tut mir so unendlich weh, zu sehen, was da passiert..."

„Was denn?" In der Stimme des Mädchens klang bereits wieder Abwehr mit. Sie schaute vorsichtig zu Baumann. „Dass ich die Natur nicht erlebe? Die anderen Menschen? Dass ich nicht mehr richtig schlafe? Willst du mir das Handy wegnehmen?"

„Siehst du?", sagte Grunert. „Deswegen ist es mir so schwer, davon zu sprechen. Ich will das Verhältnis zwischen uns überhaupt nicht trüben. Ich will dir auch nichts wegnehmen, gar nichts in der Hinsicht will ich. Ich will nur aussprechen, was meine Sorge ist. Hat denn das Gespräch neulich und auch das mit Marcel am Tisch gar nichts in dir bewegt?"

Das Mädchen wand sich bei dieser Frage. Mit einem erneuten Blick zu Baumann sagte es:

„Doch, schon... Aber ich kann eben nicht darauf verzichten. Ich kann noch so viel darüber nachdenken – ich will es einfach nicht."

„Darf ich dennoch noch einmal versuchen, meine Sorge in Worte zu fassen?"

„Ja, gut. Also was ist deine Sorge?"

„Das Internet ist etwas unendlich Verführerisches. Und die ganzen Möglichkeiten der ‚Social Media' sind es auch. Wenn ich beim Chatten beginne. Dieser Austausch über Tastatur und Bildschirme gaukelt einem wirkliches Zusammensein, wirkliche Begegnungen vor – in Wirklichkeit ist das eine Illusion, die sich nur im Kopf abspielt. Beim Telefon hört man wenigstens noch die Stimme des Anderen – aber schon da ist die reale Trennung etwas sehr Seltsames. Liest man plötzlich nur noch die auf dem Display aufleuchtenden Buchstaben und Zeilen, scheint die Trennung plötzlich aufgehoben. Man merkt paradoxerweise überhaupt nicht, dass sie nur noch größer geworden ist! Man findet sich damit ab, dass Buchstabenblöcke hin und her geschickt werden – und empfindet dies als sozialen Austausch, als eine Art wirkliches Beisammensein, aber das ist es nicht! Wirkliche Begegnung von Mensch zu Mensch ist etwas viel Tiefgehenderes, als es diese Maschinen je vermitteln könnten. Eine Illusion wird da aufgebaut, mehr nicht!

Und das, was da dann hin und her geschickt wird, ist doch auch vom Inhalt weit oberflächlicher, als was man am Telefon miteinander besprechen könnte. Und schon dies hat oft seine Grenzen, im Vergleich zur wirklichen Begegnung, so wie jetzt, wo wir hier wirklich miteinander sprechen, uns sehen; wirklich sehen können, was der Andere empfindet, aufeinander eingehen können; unsere ganze Lebensgeschichte mit uns haben, auch diese fortwährend sehen, empfinden, erleben... Die reale Begegnung zwischen zwei Menschen ist einfach durch nichts ersetzbar, Sylvia...

Was also kann per Chat überhaupt ausgetauscht werden? Einzeiler, Zweizeiler, Dreizeiler! Belanglosigkeiten! Nichts, was wirklich von tieferem Wert für das Leben ist. Überleg mal, wieviel man für tiefe Gedanken überhaupt in die Tastatur tippen müsste. Dafür reichen schon in der direkten Begegnung oft nicht einmal viele Stunden aus! Was kann man in Dreizeilern also sagen? Nicht umsonst bedeutet ‚Chat' übersetzt Schwatzen, Plauschen, Plaudern. Es ist einfach dasjenige, was keine wirkliche Tiefe hat. Wenn dies aber Tag für Tag den Alltag von jungen Menschen prägt, dann *macht* dies etwas mit der Seele, Sylvia... Die Seele wird einfach in die Oberflächlichkeit *gezwungen*, wenn sie Tag für Tag nur oberflächlich bleibt. Sie findet die Tiefe gar nicht, weil sie sich in diese Tiefe einfach nicht begibt...“

„Was soll ich deiner Meinung nach denn machen?“
Wieder hörte Baumann, wie in der Seele des Mädchens Abwehr und Offenheit miteinander kämpften.
„Du *sollst* ja nichts machen, Sylvia!“, erwiderte Grunert. „Ich *wünschte* mir nur, dass du dein Leben, deine Seele, dein inneres Werden und Wachsen nicht so sehr an dieses Gerät und dieses Internet binden würdest. – Ich verstehe ja, dass dieses Gespräch nicht schön ist. Du hörst ja fortwährend heraus ‚dies ist schlecht' und ‚ich sollte anders sein', aber es ist nicht einfach so. Sondern es ist so, dass jeder Mensch fortwährend viel mehr ist, als zur Erscheinung kommt. Auch dein Wesen ist viel größer als das, was im Moment erst zur Erscheinung kommt. Dabei kommt schon so viel zur Erscheinung! Deine

Offenheit, deine Gutwilligkeit, dein liebevoller Einsatz in so vielem. Das alles bist du, und das ist so was von großartig... Aber gerade *weil* ich dies sehe, sehe ich auch, wieviel von dir *nicht* zur Erscheinung kommt, obwohl du dies auch bist. Im Grunde wird dein ganzes Wesen, das ich eben nur in ganz wenigen Worten versucht habe, leise anzudeuten, fortwährend gehemmt und verhindert, zur Erscheinung zu kommen! Weil die ganze Entwicklung in eine sehr andere Richtung abgelenkt wird..."

„Was meinst du?", fragte das Mädchen.

„Ich meine, dass das, was als dein Wesen bereits sichtbar wird, viel, viel größer und stärker sich entfalten könnte, wenn es dürfte. Aber es darf nicht! Es gibt in dir eben etwas, was vom Internet und diesem Gerät fasziniert ist, was sich daran gewöhnt hat, was ohne dies gar nicht mehr auskommt, und was meint, ein Großteil des Lebens könne in der Bindung an dieses Gerät bestehen. So aber gewinnt das Oberflächliche Einfluss auf dein Wesen, was seinem Wesen nach gar nicht oberflächlich *ist*, was aber, je mehr diese Oberflächlichkeit das Leben bestimmt, zurückgedrängt wird und gar nicht zur Erscheinung kommen darf – während zur Erscheinung dann dasjenige kommt, was mit dieser Oberflächlichkeit zufrieden ist, was die Entwicklung auf einen engen Rahmen begrenzen will, was die Entfaltung der Seele auf das sehr Persönliche, dem immer auch der Egoismus benachbart ist, begrenzen will.

Das ist nicht dein Wesen – aber in jedem Menschen lebt auch etwas, was sich darauf einlässt und was sozusagen das Einfallstor für jene Kräfte wird, die das Wesen gerade *hindern* wollen, sich weiter zu entfalten und zu offenbaren. Und das ist das eigentliche Drama in der heutigen Zeit des Internet und des unendlichen Konsums des Medien-Ozeans – es betrifft ja nicht nur dich, es betrifft jeden einzelnen jungen Menschen, und auch jeden einzelnen Erwachsenen, denn wie viele von uns hängen zwar nicht fortwährend am Handy, aber doch allabendlich vor dem Fernseher, der ja ebenfalls den Menschen ganz auf seinen bequemen, egoistischen, kleinen Standpunkt, das bequeme Sofa zurückwirft und ihn daran hindert, der zu werden, der er wirklich ist!

Ich würde all dies also am liebsten jedem Menschen zurufen, aber du bist mir natürlich noch viel wichtiger als jeder andere, und ich kann es außerdem ja gar nicht jedem anderen zurufen – aber mit dir kann ich doch darüber sprechen ... und hoffen, dass du verstehen kannst, was ich sagen will..."

„Aber was ist denn so schlimm daran? Wie meinst du das, mein ‚Wesen' könnte noch viel mehr zur Erscheinung kommen? Was heißt das?"

„Wenn der Mensch vor der Geburt und nach dem Tod existiert, ist er ein Geistwesen. Dieser volle Mensch kann sich nicht vollkommen verkörpern. Was von seinem wahren, vollen Wesen zur Erscheinung kommt, hängt davon ab, unter welchen Bedingungen und günstigen oder ungünstigen Einflüssen sich diese allmähliche Verkörperung gestaltet. Wenn wir davon ausgehen, dass jeder Mensch sich fortwährend entwickeln kann, wenn er diese Entwicklung bewusst in die Hand nimmt, dann hört die Verkörperung des wahren Wesens des Menschen überhaupt nie auf – erst mit dem Tod! Die meisten Menschen hören natürlich sehr wohl mehr oder weniger auf, sich zu entwickeln, wenn sie erwachsen geworden sind, oder sagen wir, wenn sie Ende zwanzig geworden sind. Da hört die Entwicklung meistens fast völlig auf! Aber das muss sie nicht – sie kann immer weiter gehen, und nur wenn sie das tut, wird man Menschen begegnen, die im Alter wirklich im allerschönsten Sinne alt und auch weise geworden sind. Das ist der Mensch! Ein fortwährend sich verkörperndes Geistwesen, das immer mehr zur Offenbarung kommt, je älter der Mensch wird – *wenn* er bewusst eine innere Entwicklung verfolgt.

Was ich dein Wesen genannt habe, ist also bei weitem noch nicht zur Erscheinung gekommen. Es ist gerade deine Aufgabe und dein Weg, es immer mehr zur Erscheinung zu bringen. Aber dafür musst du auch eine *Sehnsucht* danach haben. Eine leise Ahnung davon, eine tiefere Empfindung. Und das ist etwas anderes, als sich dem täglichen Leben, noch dazu dem täglichen Einfluss und den Lockungen des Internet so sehr zu überlassen. Das ist es, was ich meine...

Wenn ich sehe, was dein Wesen ausmacht, und wenn ich gleichzeitig sage, dass dein Wesen noch viel stärker zur Erscheinung kommen könnte, wenn es dürfte, dann meine ich, dass deine Offenheit, dein wunderbarer guter Wille und dein Interesse an den Dingen noch viel größer und weiter werden könnten, wenn sie sich von der Droge des Internets ein wenig lösen könnten. Ich meine, dass sich all dies noch viel mehr zu einer *Realität* entwickeln könnte. Dass sich diese wunderbaren Seiten deines Wesens bis in die wirkliche Welt hineinerstrecken könnten. Und dass diese wunderbaren Seiten sich dann erst wahrhaft entfalten würden! Nicht mehr bezogen nur auf einen engen persönlichen Umkreis, sondern mehr und mehr die ganze Welt entdeckend, mit Liebe, mit Interesse die wirkliche Welt entdeckend! Und ich meine jetzt nicht die ‚Welt' der Stars, der Filme, der Unterhaltung – denn das ist gerade das, was das wahre Weltinteresse, die wahre Liebe zur Welt fortwährend abtötet –, sondern ich meine die wirkliche Welt. Die kann gleich um die Ecke beginnen, aber auch wirklich die ganze große Erde umfassen. Dein Wesen hat so sehr mit der ganzen Welt zu tun! Aber wo ist die Welt in deinem Herzen bisher...? Wo spiegelt sich die Welt und ihr Schicksal bisher in deiner Seele...?"

Das Mädchen war von diesen Worten ihres Vaters wiederum sichtlich berührt. Dennoch kämpfte noch immer auch die andere Seite der Seele um Einfluss.

„Aber was mache ich denn nun so falsch – oder anders als du? Ich meine, tust du denn etwas für die Welt? Du schaust vielleicht keine Filme – aber etwas tun, tust du doch nicht? Du sitzt doch auch viel vor dem Computer."

„Das, was im Inneren der Seele lebt, Sylvia, muss nicht immer gleich in äußeres Handeln übergehen, kann es oft sogar nicht. Aber es ist entscheidend, *was* in der Seele lebt. Ich schreibe am Computer ja Aufsätze oder schreibe mir mit einigen guten Freunden – über tiefere Fragen! – oder verfolge das Weltgeschehen und tauche in manches tiefer ein, wie es mir möglich ist. Aber all dies geht aus von einer tiefen Sehnsucht nach einer menschlichen Welt; nach einer Welt, die auch das wahre Wesen des Menschen nicht vergisst und verleugnet. All dies geht aus von einem leidvollen Erkennen, dass dies heute dennoch weitgehend so ist – und von einem starken Willen, daran etwas zu ändern, ein klein wenig, wie es in meinen Kräften liegt. Aber ich liebe die Welt, ich liebe die Menschen, und ich verdanke diese Liebe meinem Bemühen um eine fortwährende innere Entwicklung, einem Nie-Stehen-Bleiben. Sonst kann eine solche Liebe, ein lebendiges Interesse an dem, was in der Welt wirklich geschieht, nicht entstehen. Und dies – dieses lebendige Interesse an der Welt, und zwar an dem, was in der Welt wirklich wesentlich ist, das wünsche ich dir so sehr! Denn es liegt so sehr in deinem Wesen, es hat so sehr mit diesem Wesen zu tun – und wird doch so sehr gehemmt..."

„Ich liebe die Welt doch *auch* – aber nicht so wie du..."

„Wie liebst du sie denn?"

„Ich lebe gern. Ich mag die meisten Menschen um mich herum. Ich will, dass es allen gut geht..."

„Ja...", sagte Grunert gedehnt. „Aber verstehst du denn nicht, was ich sagen will?"

„Dass das nicht reicht."

„Ach, Sylvia..." Grunert seufzte. „Ja und nein. Ich will sagen, dass dein eigentliches Wesen zu noch so viel mehr fähig wä-

re! Erinnerst du dich, dass ich dir manchmal einige Zeitungs-artikel gab, die ich wichtig fand? Von denen ich glaubte, dass du daran Interesse für größere Fragen entwickeln könntest, die in der Welt da sind und oft heftig umkämpft sind? Die so-zusagen Menschen brauchen, die verstehen, worum es geht, und die ihr Herz am richtigen Fleck haben, um für das Gute einzutreten? Allein schon in Gedanken, im Verstehen, im Mitverfolgen des Geschehens? Interesse an der Welt ist et-was, was ein Wachsendes ist. Aber egal, welche Artikel ich dir auch gab, du hast sie immer wieder gar nicht gelesen. Ich fand sie später noch immer irgendwo liegen – und wusste genau: du liest sie nicht. Lieber chattest du oder guckst eine neue Folge irgendeiner Serie... Dann bleibt das Interesse an der Welt sehr allgemein. Die wirkliche Welt kennst du kaum. Oder höchstens über Youtube – und da wird dann gleich wieder unendlich viel kommentiert, ‚ge-liket' und so weiter, da entsteht kein tiefes Empfinden, kein wirkliches Mitleben. Die Weltereignisse sinken herab zu einem Stoff, der kom-mentiert wird. Mit Interesse oder gar wirklicher Liebe hat das nichts mehr zu tun. Die Welt wird zu etwas, was man ‚liken' kann. Das ist schlimm! Das Internet macht die Welt nicht menschlicher, es zerstört die Menschlichkeit geradezu. Der Mensch hört auf, wirklich mitzufühlen. Er weiß immer weni-ger, was das überhaupt ist. Schlagzeilen am Bildschirm, aber kein inniges Miterleben mehr. Das Gefühl wird ausgehöhlt. Das Fühlen findet nur noch im ganz persönlichen Umkreis statt. Der Rest wird Spektakel. Ein kurzer Meinungsaustausch bei WhatsApp – und morgen kann die nächste Eintagsfliege kommen. O, Sylvia, wir wissen überhaupt nicht mehr, was menschliches Empfinden, menschliches Mitleben mit den Geschehnissen, menschliches Handeln überhaupt bedeutet!
Früher jagte nicht eine Schlagzeile die andere, eine Face-book-Mitteilung die andere. Früher lebten die Menschen mit bestimmten Tatsachen lange Zeit – nicht nur Stunden, nicht nur Tage, sondern Wochen, Monate, Jahre. Und in den Her-

zen bildeten sich Ideale. Einsetzen wollte man sich – für die Umwelt! Für die Menschen in der Dritten Welt. Gegen die Ungerechtigkeit. Voller Interesse und auch Schmerz verfolgte man, was in der Welt geschah und vorging. Und indem man dies tat, vertiefte sich die Liebe zu den Menschen, zur Natur, zur Gerechtigkeit und so weiter immer weiter. Der Mensch entwickelte immer mehr sein Herz, seine Seele. Es ging nicht nur um Genuss, das auch, aber daneben gab es noch etwas ganz anderes. Es ging nicht um Unterhaltung – es ging um Ideale! Diese fühlte man lebendig und warm in seinem Herzen. Man wollte etwas tun, und man wusste, wofür man etwas tun wollte. Da war etwas Menschliches ganz und gar lebendig in einem. Es ging nicht nur um den kleinen Kreis der eigenen Freunde – sondern man selbst und alle Freunde mit einem hatten auch noch einen weiteren Blick, ein weiter reichendes Fühlen und Wollen. Und selbst wenn dies vielleicht erst einige Jahre später voll erwachte, mit neunzehn, zwanzig, so erwachte in den Jahren zuvor doch ein immer tiefgehenderes Interesse an den Zusammenhängen. Man entdeckte, dass man diese Zusammenhänge begreifen konnte. Man entdeckte die Ungerechtigkeiten, und man entdeckte *in sich* den Willen, dem Schlechten entgegenzutreten und für das Gute einzutreten.

Alles, was ich hoffe, Sylvia, ist, dass auch in dir so etwas erwacht – ein wirkliches Interesse; ein feuriger Wille; ein Vertrauen darauf, dass das nicht umsonst und wirkungslos ist, sondern dass es vielmehr ganz und gar darauf *ankommt*, ob in der einzelnen Seele ein solches Interesse, ein solcher Wille erwacht oder nicht. Das ist es, was ich dir sagen möchte...“

„Kann man denn nicht beides? Mit dem Internet leben und Interesse haben? Ich habe doch an vielem Interesse!“
Grunert schaute hilflos zu Baumann. Dieser sagte nun:
„Du brauchst dich ja nicht zu verteidigen, Sylvia. Es mag sein, dass du an vielem Interesse hast. Aber dein Vater hat dir

eben in tiefer Weise sein Herz offenbart. Vielleicht ist es nicht immer angenehm gewesen, das zu hören, vielleicht hast du vieles auch nur halb verstanden. Aber worauf es vor allem ankommt, ist, empfinden zu können, wie wichtig einem etwas ist und war. Dein Vater hat den Mut gehabt, dir etwas zu sagen, was ihm unendlich wichtig ist. Und du kannst jetzt vielleicht auch den Mut haben, dies einmal aufzunehmen und in Ruhe in dir wirken zu lassen. Denn um etwas wirklich zu verstehen, muss man es in der Seele für längere Zeit wirken lassen. Auch das Verständnis ist etwas, was sich erst im Laufe der Zeit immer mehr entfaltet. Auch dadurch wird alles immer oberflächlicher, dass man sofort immer hin und her spricht, überhaupt keine Zeit mehr hat, etwas Gehörtes in der Seele zu bewegen, sich entfalten zu lassen. Ganz viele Aspekte versteht man oft erst nach und nach, hinterher – und je wesentlicher etwas ist, um so mehr ist das so. Wir stehen ganz unter der Herrschaft des Oberflächlichen, bis wir den Mut haben, Aufgenommenes in der eigenen Seele sich vertiefen zu lassen. Denn das geschieht, wenn man wirklich die Geduld hat und einmal Stunden oder Tage mit etwas Gehörtem, Gelesenem, Miterlebtem leben kann.

Dass dir dein Vater so aufrichtig und offen sein Herz gezeigt hat, hat dich doch gewiss auch berührt, nicht wahr?"

„Ja..."

„Man kann dies gegenseitig immer mehr tun. Aber dies ist nur möglich, wenn man diese innersten Herzenserlebnisse gegenseitig auch mit wirklicher Zartheit und tiefer Achtsamkeit aufnimmt. Wenn man einander wirklich sein Herz, auch seine Herzenssorgen, zeigt, dann ist dies etwas unendlich Wertvolles. So muss man es dann auch gegenseitig behandeln – dann wird die Begegnung immer weiter voller Vertrauen sein können. Mit dem, was aus tiefster Seele geschieht und gegeben wird, muss man ganz anders umgehen als mit Gewöhnlicherem. Man muss es sozusagen mit einer heiligen Vorsicht behandeln – wie einen kleinen Vogel, der durch jede unvorsichtige Bewegung verletzt werden würde. Nur dann wird man dem gerecht, was in vollstem Vertrauen gesprochen wurde. Solche Begegnungen sind wirklich etwas Heiliges. In dieser Stimmung muss man dann mit dem Ausgesprochenen leben können – und kann dann bei einer nächsten Begegnung dort wieder ansetzen, und aussprechen, was an Verständnis mittlerweile in einem gewachsen ist und was man darüber empfindet... Verstehst du, was ich meine?"

„Ja...", sagte das Mädchen.

„Und ... möchtest du in diesem Sinne dann auch noch etwas sagen? Aus dem Innersten *deines* Herzens?"

„Ich weiß nicht... Ich möchte mir einfach nicht *schlecht* vorkommen..."

„Aber das musst du doch gar nicht!", erwiderte Grunert sofort.

„Aber ich mache doch alles falsch!", begehrte das Mädchen auf.

„Stopp!", sagte Baumann. Dann fuhr er ruhig fort:

„Nein, Sylvia. Das machst du nicht. Es ist vollkommen berechtigt, dass du dir nicht schlecht vorkommen willst. Aber dein Vater hat gerade auch geschildert, was für ein wunderbarer Mensch du bist. Und er hat auch beschrieben, wie sich dieses wunderbare Wesen von dir noch mehr offenbaren könnte. Es liegt natürlich ganz bei dir, ob du empfinden kannst – im Laufe der Zeit –, dass in deiner eigenen Seele eine Sehnsucht danach erwacht. Dass also dein eigenes Wesen wirklich in dieser Richtung sich weiter entfalten will. Denn es kann wirklich nur dein eigenes Wesen sein – du sollst nichts wollen, was nicht dein ureigenes Wesen ist.

Dein Vater wollte nur ausdrücken, dass es dies ist, und dass dich die fortwährende Wirkung des Internet daran hindert, *ganz* derjenige Mensch zu werden, der du eigentlich bist. Das ist nicht nur eine persönliche Frage, Sylvia. Wir alle stehen vor diesem Problem, jeder Mensch! Wir alle werden fortwährend daran gehindert, derjenige zu werden, der wir wirklich sind – weil das Internet uns alle immer wieder zu sehr in das ganz Persönlich-Selbstbezogene hineindrängt und hineinverführt und das wirkliche, lebendige, starke Interesse an der Welt gerade ablähmt. Es ist eigentlich paradox, denn das Internet liefert uns ja gleichsam die ganze Welt frei Haus auf den Bildschirm! Aber genau das ist der Punkt. Diese problemlose, verführerische ,Lieferung' macht uns letztlich teilnahmslos, macht aus uns bloße Konsumenten – die das unendliche Angebot des Internets unglaublich gern konsumieren, darüber aber vergessen, was eigentlich wirkliches, heißes, liebendes Interesse an der Welt ist. Nicht Genuss, nicht Unterhaltung, sondern *Interesse*. Interesse, das auch wehtut. Interesse, das auch leiden kann. Interesse, das bereit ist, sich für etwas einzusetzen. Dass das wahre Leben gerade da empfindet, wo man *selbst* tätig wird. Nicht nur für den kleinen Umkreis, sondern für etwas Größeres – etwas, was einem neben Freunden und Familie sehr viel bedeutet. Das kann in der Seele erwachen, aber nur wenn man wieder lernt, was wirkliches Interesse ist. Wir alle müssen das lernen, Sylvia. Wir alle werden vom Internet sozusagen in unseren Gefühlen versklavt. Uns alle will das Internet fortwährend zur Oberflächlichkeit, zur Genuss-Sucht, zum bloßen Konsum und schnellen Chat verleiten. Aber die wahre Menschlichkeit ist unendlich viel mehr! Und dies zu empfinden, immer tiefer, das müssen wir alle lernen. Das ist die wahre Aufgabe. Dazu müssen wir den wirklichen Mut haben...

Fühle dich also nicht schlecht, sondern empfinde innerlich, wie in dir ein Mut auflebt, tief über diese Dinge nachzudenken und sie in dir in voller Ruhe leben zu lassen, bis wir uns wiedertreffen und dann in vollem Vertrauen weiter darüber sprechen. Du bist frei, Sylvia – frei, zu tun und zu lassen, was du willst. Nur lass das Gesagte einmal in deiner wunderbaren Offenheit in dir wirken, und sieh selbst, was dann geschieht oder auch nicht geschieht. Ich freue mich auf unser nächstes Gespräch – was auch immer du dann mitbringen wirst!"

„Ja, gut...", sagte das Mädchen leise.

„Habe ich das, was dir auf dem Herzen lag, gut aufgenommen? Ist dein Wunsch, dir nicht ‚schlecht' vorzukommen, achtsam und behutsam beantwortet worden? Fühlst auch du dich verstanden?"

„Ja..."

Baumann sah, wie das Mädchen von so viel aufmerksamer Zuwendung beschämt und fast verwirrt war.

„Gut!", sagte er lächelnd. „Das sind dann wirkliche Begegnungen! In vollem Vertrauen, ohne Angst, ohne Vorwürfe. Nur aus dem wirklichen Herzen heraus. Diese Qualitäten müssen wir wiederfinden. Hier entsteht das wahrhaft Menschliche, hier wird es jedes Mal wieder neu geboren! Vielen Dank, dass du gekommen bist, Sylvia. Und nächstes Mal setzen wir dieses Gespräch einfach fort! In voller Ehrlichkeit – und mit wirklicher Freude an der Begegnung. Alles Gute bis dahin!"

„Okay..."

Etwas unsicher erhob sie sich. Sie sah zu ihrem Vater, dann noch einmal zu Baumann und sagte:

„Also dann auf Wiedersehen!"

„Auf Wiedersehen!", erwiderte Baumann.

„Ja, Sylvia, vielen Dank – wunderbare Tochter!"

Grunert zwinkerte ihr mit den Augen zu.

Nun lächelte sie befreit. Dann ging sie hinunter.

*

Beide Männer saßen eine Weile schweigend beieinander. Dann sagte Grunert:

„Was für ein Gespräch!"

„Ja."

„Warum habe ich dies nicht schon viel früher einmal mit ihr gehabt?"

„Nun, in dieser Form hättest du es kaum früher führen können. Überlege doch einmal, worüber ihr gesprochen habt!"

„Ja, schon..."

„Aber ich verstehe natürlich, was du meinst."

„Ach, Michael, ich bin so froh. Ich danke dir sehr für deine Ermutigung, die dies möglich gemacht hat!"

„Ja, warten wir ab, was nun geschieht..."

„Wenn ich mir vorstelle, dass wir oder ich solche Gespräche mit Sylvia öfter haben können ... wie wunderschön wäre das!"

„Ja – das wäre durchaus möglich. Aber auch das ist alles ihrer Offenheit zu verdanken. Und natürlich auch deiner wunderbaren Art. Ihr passt wirklich zusammen!"

„Lass das bloß nicht Sylvia hören!"

Baumann lachte.

„Warum nicht? Selbst das würde sie verstehen können. Bis gestern hätte sie es vielleicht nicht verstanden – aber jetzt..."

„Mal sehen. Lassen wir ihr Zeit."

„Ja, wir sehen uns ja ohnehin auch erst in zwei Wochen wieder."

„Michael?"

„Ja?"

„Auch meine ‚wunderbare Art' verdanke ich dir glaube ich sehr. Ich hätte ohne unser Gespräch zuvor und überhaupt ohne die vielen gemeinsamen Jahre mit dir ganz und gar nicht so sprechen können. Mehrmals habe ich mich selbst kaum wiedererkannt. Ich meine, schon; aber dass ich es so ausdrücken konnte ... das hätte ich vorher nicht gedacht."

„Siehst du – es ist eben wirklich jeder Mensch, der innerlich arbeitet, in Entwicklung."

Grunert lachte.

„Ja! Wie schön, dass das so ist..."

Zwei Wochen später hatte Marcel sich mit einem Freund verabredet, bei dem er übernachten würde. So saßen Baumann und Grunert nach dem Abendessen allein mit Leonie und Sylvia am Tisch. Grunerts Frau hatte gerade die von ihr angekündigte Amaretto-Torte gebracht, die sie als Nachspeise servierte.

„Wie kommen wir denn dazu, Leonie?", fragte Grunert.

„Ach, ich habe diese Torte neulich beim Geburtstag von Barbara gegessen und war so begeistert, dass ich sie selber ausprobieren wollte!"

„Na, da bin ich ja gespannt!"

„Ich selbst auch."

Als jeder ein Stück hatte, begann das große Probieren – was sofort von anerkennenden Bemerkungen abgelöst wurde.

„Das ist wirklich mal eine Torte!", sagte Grunert.

„Superlecker!", stimmte Sylvia erneut zu.

„Ja, wirklich sehr gut", ergänzte Baumann.

„Vielen Dank", erwiderte Leonie, „ja, ich finde sie auch großartig. Noch nicht ganz so gut gelungen wie bei Barbara, aber was nicht ist, kann ja noch werden."

„Noch besser?"

Grunert lächelte seiner Frau zu – und sie lächelte geschmeichelt zurück.

„Wenn wir alle noch so schön beisammen sind", begann Baumann nun und wandte sich an Grunerts Tochter, „wie geht es dir, Sylvia? Wie hat das Gespräch von vor zwei Wochen in dir noch weitergelebt? Magst du etwas davon erzählen?"

Das Mädchen blickte einmal zur Mutter, die bei dem Gespräch nicht dabei gewesen war. Dann aber sagte sie:

„Na ja... Es hat mich dann doch irgendwie schon nachdenklich gemacht. Ich habe noch viele Fragen, auch nach den Idealen. Aber eine sehr merkwürdige Sache passierte mir gerade erst vorgestern. Als ich mit Philipp spazieren ging und wir uns dann in ein Café setzten, spielte er zwischendurch an seinem Handy herum – das heißt, er holte es kurz heraus, wischte ein paar Mal hin und her und guckte irgendetwas, keine Ahnung, was es war, und steckte es schon bald darauf wieder ein. Und es hat mich auf einmal gestört! Früher hätte ich genauso selbstverständlich das Handy in der Hand gehabt oder mal was nachgeschaut und so weiter. Jetzt hatte ich es irgendwie ganz bewusst in der Tasche gelassen, und zum ersten Mal hat es mich gestört! Es war wie eine Art ‚Aufwachen'. Verstehen Sie, was ich meine?"

„Ja, natürlich, sehr gut sogar."

Baumann nickte.

„Aber wie kann das sein?", fragte das Mädchen. „Wie kann es sein, dass etwas, was für einen völlig normal ist, so wie Zähneputzen oder Laufen, auf einmal etwas ist, was einen stört? Es ist, wie wenn ein Bild auf einmal schief hängt – oder sogar ausläuft oder so etwas!"

„Ging es dir denn danach noch einmal so?"

„Nein, aber dieses eine Erlebnis ging mir noch sehr lange nach – eigentlich immer noch –, und ich glaube, es würde mir beim nächsten Mal genauso gehen."

„Und was bedeutet das für *dich* jetzt?"

Das Mädchen überlegte.

„Ich glaube, ich habe mir vorgenommen, viel bewusster mit dem Handy umzugehen."

„Wie meinst du das?"

„Ich fand es auf einmal, na ja, ‚rücksichtslos' von Philipp, ohne feinere Empfindung – oder wie soll ich es sagen? Ich will das von nun an nicht mehr so machen. Es ist, wie wenn ich mir seitdem immer, wenn ich das Handy in der Hand halte, selbst über die Schulter schaue. Können Sie das irgendwie nachvollziehen?"

„Ja, natürlich", lächelte Baumann.

„Aber wie kommt das? Ich meine, es kommt mir so vor, als ob irgendetwas in mir völlig verändert wäre."

„Das ist es ja doch auch."

„Aber warum? Wie geht das?"

Wieder lächelte Baumann.

„Das wird dir hoffentlich noch viele Male passieren – dieses ‚Aufwachen'... Wie das geht? Nun, das wissen wir beim Aufwachen aus dem Schlaf auch nicht recht. Und doch ist es da ganz klar, dass man irgendwann wieder aufwachen *muss*. Nur weißt du bei deinem Erlebnis zunächst nicht, wer da eigentlich aufgewacht ist oder dass da wirklich jemand aufgewacht ist. Und doch war es tatsächlich jemand, nämlich dein eigenes, wirkliches Wesen. Wir alle schlafen in unendlich vieler Hinsicht fortwährend! So vieles tun wir gedankenlos. An so vielem gehen wir gedankenlos und ohne es wirklich zu sehen, vollkommen vorbei. So vieles halten wir für selbstverständlich, obwohl es vielleicht in Wirklichkeit das größte Wunder ist – mitten im Alltag, dem sogenannten. In Wirklichkeit besteht also das ganze Leben, wenn es wirklich intensiv gelebt wird, aus einem fortwährenden Aufwachen für das, was man vorher nicht gesehen, nicht bemerkt hat. Und es ist wirklich das eigene Wesen, das da immer mehr aufwacht und vorher jeweils noch geschlafen hat..."

Das Mädchen schaute ihn noch immer fragend an. Baumann ergänzte:

„Ganz deutlich kannst du das daran erleben, dass du das Gefühl hast, du guckst dir selbst über die Schulter. Das ist eine neue Bewusstheit, die vorher nicht da war. Du erlebst viel bewusster als vorher, was du selbst tust – und auch, was der Andere tut."

„Und ... weiß ich jetzt, was richtig und falsch ist?"

Baumann lachte gutmütig.

„Ja – mehr als vorher. Aber natürlich nicht im absoluten und universellen Sinne. Doch jedes solches Aufwachen führt einen auf diesem Weg weiter. Man wird immer empfindsamer, und so auch für die Wahrheit, für das Wahre, aber auch das Schöne und auch das Gute... Vor allem wird einem auch immer bewusster, dass es das *gibt*, und dass man lernen kann, zu erkennen, zu empfinden, zu unterscheiden...“

„Aber was macht man, wenn die Anderen es nicht können?“

„Man kann ja versuchen, sie zu dem gleichen Erleben hinzuführen.“

„Und wenn sie einen fragen, ‚was jetzt *der* Unsinn soll‘?“

„Hat dich das denn jemand gefragt?“

„Nein, aber es könnte doch sein, dass Philipp so reagiert, wenn ich mit ihm darüber spreche.“

„Nun, wenn er dich liebt, wird er doch zuallererst versuchen, dich zu verstehen, oder?“

Sylvia errötete leicht.

„Na ja, macht man das denn immer?“

„Nein“, erwiderte Baumann, „aber das ist es, was die Liebe tun würde...“

„Aber warum tut man es dann nicht immer, wenn man den Anderen doch liebt?“

„Nun“, erwiderte Baumann lächelnd, „sich selbst liebt man eben auch...“

„Sie meinen...“

Baumann wartete ab. Das Mädchen setzte fort:

„...man versucht den Anderen nicht zu verstehen, weil man sich selbst liebt?“

„Ja – und das wird einem gar nicht bewusst. In Wirklichkeit wacht man für *diese* Tatsache eben auch überhaupt nicht auf. Wie sehr man sich selbst liebt oder wie selbstbezogen man ist, dafür schläft man mit am tiefsten. Es ist ja so selbstverständlich, immer und überall steht man mit sich selbst im Mittelpunkt – auch mit den eigenen Gedanken, der eigenen Meinung, dem eigenen Standpunkt, den eigenen Gefühlen. Man kommt oft gar nicht auf den *Gedanken*, dass der Andere anders denken, fühlen, meinen könnte als man selbst.

Wenn er es aber doch tut und dies deutlich wird, dann ist man schnell beleidigt, verletzt, fällt in das Gefühl eines Abstands und so weiter. Aber auch den Anderen verstehen zu wollen und genauso sehr zu lieben wie sich selbst, gerade auch da, wo er anders ist, denkt, fühlt, will – das ist so ungeheuer schwierig. Aber genau hier beweist sich die Liebe! Dort zu lieben, wo alles in völligem Einklang scheint, ist leicht. Da zu lieben, wo man den Anderen überhaupt erst verstehen muss; ja, ihn verstehen zu *wollen*, gerade da, wo die Unterschiede beginnen – da beginnt auch die wirkliche Liebe. Die Liebe, die bereit ist, das Getrenntsein, das Verschiedensein nicht leugnen und zuschütten zu wollen, sondern zu *überbrücken*. Die Unterschiede bestehen zu lassen, sie aber mit wirklichem Verstehen zu überbrücken. Diese Brücke kann nur die Liebe bauen..."

„Das klingt wirklich schön", sagte das Mädchen leise. „Sind sie vielleicht auch Dichter oder so etwas?"

„Nein!", lachte Baumann. „Aber die Liebe kann jeden Menschen zum Dichter werden lassen. Hast du das bei dir nicht auch schon gemerkt?"

„Ja, vom Gefühl her vielleicht schon."

„Aber was ist jetzt mit den Idealen?"

„Was genau meinst du?"

„Die Ideale, von denen einen das Handy abhält. Sie hatten vor zwei Wochen davon gesprochen."

„Du möchtest wissen, wie das genau zusammenhängt und was die Ideale eigentlich sind?"

„Ja."

Baumann sah seinen Freund und dessen Frau an.

„Wir können ja hier nicht die ganze Zeit nur einen Dialog führen."

„Ach, nur zu!", sagte Grunert.

Seine Frau hatte sich zurückgelehnt und folgte der Unterhaltung fasziniert. Sie schüttelte nur den Kopf – Baumann solle sich keineswegs bremsen.

„Also gut", sagte dieser. „Die Ideale..."
Er nahm noch ein Stückchen Torte auf seine Gabel und besann sich kurz. Dann sagte er:

„Eben sprachen wir ja bereits über die Liebe und das Aufwachen. Und du hast selbst erlebt, wie dies alles zusammenhängt. Man kann sehr schön von Liebe sprechen und diese auch empfinden – und doch in einem bestimmten Moment für die Tatsache aufwachen, dass man *noch* achtsamer sein kann; dass man in noch ganz anderer Weise die Liebe in sich zur Wirklichkeit werden lassen kann.

Du hast dieses Erleben gerade in dem Moment gehabt, wo du erlebt hast, wie sich das Handy in diese Realität der Begegnung, der Liebe, hineindrängt. Und du hast gemerkt: In dem Moment, wo es sich hereindrängt, verdrängt es die Begegnung, verdrängt es die Liebe. In dem Moment, wo das Handy das Bewusstsein absorbiert, tritt es an die Stelle der liebevollen Begegnung. Und du hast ein Zweites bemerkt: dass andere Menschen, so wie du selbst bis dahin, sich dieser Tatsache gar nicht bewusst werden. Es ist normal, es erscheint nicht als Hindernis, es ist Bestandteil der Begegnung, es wird geradezu gemeinsam am Handy gespielt, oder aber es stört einfach nicht.

Das heißt aber: solange das Handy sich erfolgreich in all dieses Geschehen hineindrängt, schläft der Mensch für diese Tatsachen völlig ein, sie fallen ihm einfach nicht auf, ja, existieren überhaupt nicht als Problem. Erst, wenn man in gewisser Weise empfindsamer wird, gibt es plötzlich ein seltsames Aufwachen. Das, was bis dahin für einen selbst und alle Anderen völlig normal war, beginnt einen nun zu stören – denn man *empfindet* auf einmal, dass es nicht normal ist; dass sich in diesen Augenblicken etwas anderes an die Stelle dessen drängt, was da sein sollte, immer. Man wird also erst jetzt eigentlich ganz und gar aufmerksam für die Liebe, für die wirkliche Qualität der Begegnung – und für das, was diese Begegnung trübt. Man wird aufmerksam dafür, dass das Handy auf die reine Qualität der Begegnung übergreift, dass es sich hineinstiehlt und die Empfindung korrumpiert. Denn wenn man es einmal zugelassen und hingenommen hat, ohne dass sich in der Seele ein Schmerz regt, dann gewöhnt man sich ganz schnell daran. Die Fremdherrschaft des Handys wird mehr und mehr als normal empfunden. Man gewöhnt sich daran, dass sich jederzeit dieser Fremdkörper hinein-drängen kann, wann immer es ihm gefällt, in der Seele den Gedanken an ihn zu erregen. Nur wer wirklich noch ein acht-sames Herz hat, fühlt und erlebt, dass in all diesen Momenten dieses Ding wichtiger wird als der Mensch, der einem ge-genübersitzt...“

„Ja, genau – das war mein Erleben!“
Baumann lächelte.
„Zunächst ist es auch ein Stück Selbstliebe – und Eifersucht auf die Maschine, die die Seele des Geliebten in Anspruch nehmen kann, während man selbst für diesen Moment fast ganz aus dem Blick gerät. Aber zugleich wird in diesem Mo-ment des ‚Aufwachens' die wirkliche Liebe geboren – oder kann geboren werden. Diejenige Liebe, die sich selbst über die Schulter schaut, um mit den Dingen *bewusst* umzugehen. Und warum? Weil sie erlebt, wie wichtig das bewusste Emp-finden ist. Dass nur hier die tiefere Liebe zu finden ist – ge-genüber allem, was einen umgibt. Indem man von sich selbst und von dem Automatismus, mit dem man bisher mit dem Handy und auch sonst vielem umgegangen ist, loskommt, findet man in der eigenen Seele eine ganz neue Bewusstheit, die sich nicht mehr auf sich selbst richtet, sondern auf das, was einen *umgibt*. Und das ist die Liebe! Das lebendige, empfindende Auge, das bewusste Herz für den Anderen, für das Andere.

Genau dieses immer bewusstere Empfinden will in einem aufwachen, immer mehr. Aber Dinge wie das Handy verhindern das sehr machtvoll. Und warum? Weil sie den Menschen auf sich selbst zurückwerfen, fortwährend. ‚Schau hier, diese Nachricht. Schau hier, diese SMS will beantwortet werden. Schau hier: Keine Lust zu chatten? Schau da: Surf doch ein bisschen im Internet.' Und aus einem Bisschen werden dann Stunden... Und fortwährend ist der Mensch eingesaugt in eine virtuelle, künstliche Realität, die eigentlich gar keine ist. Aber das zarte, lebendige Empfinden für den anderen Menschen neben einem, für die Natur um einen, für die ganze Welt, die einen umgibt – dies geht ganz verloren. Die Empfindungsfähigkeit wird wirklich untergraben, sie ist für das Internet und den Bildschirm nicht relevant.

Am Smartphone kann man sich wirklich egoistisch austoben, und merkt noch nicht mal, wie die eigenen Seelenfähigkeiten vertrocknen und verhärten, blass und grob werden. Um malen zu können, um dichten zu können, braucht man die wirkliche, reale, vielfältige und tiefgehende, ja erschütternde Berührung mit der Welt – aber der realen Welt. Glaubst du, ein Dauer-Surfer und Dauer-Chatter könnte je berührende Gedichte schreiben, berührende Bilder malen? Diese Fähigkeiten verdorren gerade!

Was wir brauchen, ist ein lebendiges Empfinden für diese Tatsache: Dass diese virtuellen Bildschirme uns jede tiefere Empfindungsfähigkeit nehmen, weil diese nur in der Berührung mit der realen Welt erwachen kann! Nur in der realen Welt kann ich immer tiefer für diese wunderbare Tatsache erwachen, die Meister Eckhart einst in die Worte fasste: ‚Die wichtigste Stunde ist immer die Gegenwart, der bedeutendste Mensch der, der dir gerade gegenübersteht, und das notwendigste Werk ist immer die Liebe.'

Wenn die Seele wirklich von diesem Erlebnis durchdrungen wäre, dann würde sie ganz von sich loskommen, von ihrem allzu starken Selbstbezug. Aber sie würde auch von jeglichem Beherrschtwerden durch das Handy loskommen. Das Handy lenkt den Blick nämlich ganz auf sich und auf die eigene Person. Es flüstert fortwährend: ‚Der wichtigste Mensch bist du – und das wichtigste Ding bin ich.'"

„Du wolltest aber auch etwas zu den Idealen sagen", erinnerte ihn Grunert vorsichtig.

„Ja, das kommt jetzt", erwiderte Baumann. „Zunächst wollte ich ganz und gar erlebbar machen, wie sich das Handy gerade dazwischen schiebt und das Erwachen auch der Ideale verhindert. Und halten wir fest: Nicht nur das Handy, sondern alles, was den Menschen auf sich selbst und den bloßen Genuss zurückwirft. Letztlich verhindert all dies das Erwachen von Idealen. Denn Ideale weisen den Menschen wie die Liebe über sich hinaus – verbinden ihn in Liebe mit der Welt. Wo aber soll diese Liebe Nahrung finden, wenn die Seele nur auf sich selbst und ihren Genuss aus ist?"

„Und an welche Ideale denken Sie jetzt?"

„Nun, nehmen wir einmal die Ideale, die zur Französischen Revolution geführt haben: Freiheit! Gleichheit! Brüderlichkeit! In den Menschen, die noch keine Handys hatten –"

Sylvia musste lachen. Ihre Mutter stimmte ein. Auch die Männer lächelten. Dann fuhr Baumann fort:

„In den Menschen regte sich auf einmal aus tiefster Seele die Sehnsucht danach, dass alle Menschen frei sein sollten, gleich sein sollten, in Brüderlichkeit zusammen leben sollten. Das war eine tiefe Sehnsucht, ein heiliger Wille – der allerdings sehr unheilig in einer blutigen Revolution mit vielen Morden endete. Aber das hat nicht mehr mit den Idealen zu tun, sondern damit, dass selbst sie in die gegenteilige Sphäre der Willkür, des Hasses, der Gewalt, der Lieblosigkeit herabgezogen werden können. *Leben* haben sie aber gerade da, wo sie aus der Liebe entspringen. Ideale entstehen, wenn man von etwas zutiefst überzeugt ist und man es zu einer Wirklichkeit machen will. Aus Liebe zum Menschen, aus Liebe zur Welt. Ideale entflammen den Willen zu heiligem Wirkenwollen... Letztlich aber ist es immer die Wirklichkeit und die Kraft der Liebe, die hier aufblüht."

„Ich verstehe", sagte das Mädchen. „Langsam verstehe ich immer mehr, wie das alles zusammenhängt – und warum so etwas wie Handys ein echtes Hindernis sein können. Man wird einfach etwas sehr gedankenlos."

„Ja", sagte Baumann. „Und leider nicht nur gedankenlos, sondern eben auch gefühllos und willenlos. Das Handy saugt einem sozusagen die halbe Seele aus dem Leib. Diejenigen tiefen Gedanken, die einen zur realen, lebendigen Wahrheit führen können; diejenigen tiefen Empfindungen, die die Seele erst wahrhaft zum Schönen führen und auch sie selbst wahrhaft schön machen; und diejenigen tiefen Willensimpulse, die die Seele mit einem heiligen Willen zum Guten durchdringen – all dies, was den Menschen erst wahrhaft zum Menschen macht, ist in einem Zeitalter der Handys in der Seele nicht mehr existent. Es wird ausgelöscht, kommt nie zum Leben, erwacht einfach nicht mehr."

Ein leichtes Zittern durchfuhr das Mädchen. Erschrocken sah es Baumann an.

„Oh Gott, für einen kurzen Moment hatte ich einen wirklichen Ekel vor dem Handy!"

Mit großem Ernst erwiderte dieser:

„Solche zunächst fast unfassbaren Empfindungen, die alles scheinbar ‚vernünftige' Maß übersteigen, sind oft Hinweise für ein nur halb bewusstes Erleben der wahren Wirklichkeit. Denn in Wirklichkeit *ist* unsere heutige Realität völlig verrückt – und diejenigen, die scheinbar verrückte Empfindungen haben, empfinden gerade die Wahrheit hinter allem. Im Grunde ist man gesegnet, wenn man zumindest für wenige Augenblicke das Furchtbare dessen, was unser täglicher Alltag ist, in aller Unverstelltheit erleben kann. Wenn man diese Augenblickserlebnisse ernst nehmen kann und in gewisser

Weise in einer heiligen Erinnerung behalten kann, ist man wahrhaft geschützt vor den unheilvollen Wirkungen, die sich uns fortwährend aufdrängen, während wir in Wirklichkeit schlafen, regelrecht schlafen. Eben bist du wieder für einen ganz kurzen Moment aufgewacht, Sylvia. Glückliche! So furchtbar dieses Erleben sein mochte, so sehr wird es dich davor bewahren, je wieder ganz der Versuchung und der machtvollen Illusion dieses Geräts zu verfallen. Ich wünsche dir sehr, dass der Weg, der mit dem ,ver-rückten' Bild vorgestern begann, dich noch sehr, sehr weit führen wird – hin zu einer viel wunderbareren Realität, zu einem immer tieferen Zum-Leben-Kommen der Liebe und dessen, was *sie* wahrnimmt. Durch diese Liebe erwachen das ganze Denken, Fühlen und Wollen zu einem völlig neuen Leben, immer mehr. Es gibt so viele Stufen des Aufwachens...“

Baumann meinte, einen weiteren Schauer an dem Mädchen wahrzunehmen. In jedem Fall war deutlich, dass die letzten Worte sie sehr berührt hatten.
Schließlich sagte sie sehr leise:
„Vielen Dank...“

*

Nun ergriff Grunerts Frau das Wort.
„Aber wie ist das mit den Idealen? Ich meine, die Menschheit kennt zum Beispiel die drei Ideale der Französischen Revolution seit über zweihundert Jahren. Wir alle wissen, was mit Freiheit gemeint ist – und sie existiert oft nicht. Wir wissen, was mit Gleichheit gemeint ist – und sie wird mit Füßen getreten. Wir alle wissen, was mit Brüderlichkeit gemeint ist – und sie scheint längst als völlige Utopie erwiesen. Was kann die Anthroposophie denn nun dazu beitragen, dass auch das nicht wieder ein Wolkenkuckucksheim bleibt? Eine Epi-

sode in der Geschichte? Eine reine Theorie, die von der Wirklichkeit täglich neu widerlegt wird?"

Baumann sah Grunert an. Dieser wehrte ab:

„Nein, Michael – ich will heute einmal wirklich so viel wie möglich schweigen. Heute ist es an dir, den Frauen zu antworten."

„Gut", erwiderte Baumann. „Dann will ich es auch auf deine Frage wieder versuchen, Leonie. Ja – das ist sehr wohl die entscheidende Frage: Was kann die Anthroposophie beitragen? Wie wird die Liebe eigentlich konkret? Wie gewinnen die Ideale einen Inhalt, der mehr vermag, als das Alte wieder aufleben zu lassen? Wie wird aus bloßen Parolen etwas Reales, eine reale Geistigkeit, die die Wirklichkeit auch wirklich zu verwandeln in der Lage ist?"

Leonie wartete gespannt – und nicht minder aufmerksam wartete auch Sylvia.

„Es gibt einen Vortragszyklus", begann Baumann, „in dem Rudolf Steiner, nachdem vor allem junge Menschen an ihn herangetreten waren, seine Zeit schonungslos charakterisierte. Er schilderte, wie immer mehr – damals schon – im gesamten Leben die *Phrase* die Herrschaft übernahm. Er schilderte, wie so etwas entstand wie die ‚objektive Wissenschaft', die beanspruchte, die Wahrheit zu liefern, während doch gerade alles Menschliche aus ihr ausgeschlossen worden war, denn das sei ja subjektiv. Wie dem gegenüber die Philosophie, die Liebe zur Weisheit, die Suche nach der mit dem Menschen verbundenen Wahrheit, zu einer Disziplin herabsank, die gar nicht mehr ernst genommen wurde. Und wie neben der Phrase zugleich auch Konvention und Routine immer mehr zur Herrschaft kamen.

Damit aber war die Seele eigentlich ganz entmenschlicht. Denn in der Phrase ist der Mensch mit seinem Denken gar nicht mehr verbunden. Er denkt und spricht fertige Gedanken, die auch aus einer Maschine kommen könnten, es sind nicht mehr eigene, lebendige Gedanken – es ist die Phrase, die aus einem spricht. Dasselbe bedeutet die Konvention für das menschliche Fühlen. Man begegnet dem anderen Menschen nicht mehr aus einem lebendigen Fühlen heraus – sondern alle Begegnung ist bereits durch die Konvention geregelt. Und die Routine versklavt und ertötet das menschliche Wollen. In der Routine braucht der wirkliche Mensch gar nicht mehr anwesend zu sein und ist es auch nicht. Das ist beim Autofahren zum Beispiel gar nicht unwichtig – manchmal ist es gut, Dinge automatisch zu tun, sonst würde man auf einmal über seine eigenen Füße stolpern. Aber in Bezug auf die menschliche Begegnung dürfte es nie eine Routine geben – und doch schleicht sie sich auch hier ein. Nicht nur in den Behörden, nicht nur in der Berufswelt, auch im Privaten.

Also Phrase, Konvention und Routine. ‚Objektive Wissenschaft' statt Philosophie. Überall war Rudolf Steiner ein feuriger Erwecker für das höhere Menschliche – und für das Erleben jener Kräfte, die dieses höhere Menschliche ertöten und nicht erwachen lassen wollten. Worauf es vor allem anderen ankommt, ist, diese Dinge zu *erleben*. Es reicht nicht, nur verstandesmäßig zu begreifen, dass hier von wahren Realitäten gesprochen wird, diese Realitäten müssen auch erlebt werden. Man muss dahin kommen, wirklich schmerzlich zu erleben, was eigentlich die Phrase ist – und wie sie tatsächlich heute immer mehr die Herrschaft übernimmt. Und ebenso die Routine. Zu einem realen, schmerzlichen Erleben muss es werden, dass die Routine den realen, eigenen, lebendigen Willen lähmt und an seine Stelle etwas Fertiges setzt – und dass der Mensch an all diesen Punkten verschwindet, unwirklich wird. Es muss dahin kommen, dass das nicht theoretische Überlegungen bleiben, sondern dass wir erkennen, dass hier fortwährend von der realen Wirklichkeit gesprochen wird, in der wir leben, die wir selbst sind und leben. In *uns* lebt die Phrase und verhindert das Erwachen des lebendigen Ich und sein Verbundenbleiben mit jedem einzelnen lebendigen, aktiv hervorgeborenen Gedanken. In *uns* lebt die Konvention und verhindert das lebendige Fühlen in der Begegnung mit dem anderen Menschen. In uns lebt die Routine und verhindert das lebendige Wollen, das Erwachen eines heiligen Willens zum Guten.

Das alles ist in jedem Moment Realität in uns – und bildet so in jedem Augenblick neu die Realität der Welt, die uns umgebende Wirklichkeit, die wir schaffen. Und es verhindert fortwährend eine Wirklichkeit, die wir nicht schaffen, weil wir gar nicht mehr schöpferisch tätig sind, gar nicht mehr schöpferisch denken, fühlen und wollen. Die Wirklichkeit, die wir ‚schaffen‘, die wird geschaffen durch die in uns wirkenden Phrasen, Konventionen und Routinen. Deswegen ist die Wirklichkeit so unmenschlich! Weil unser aller Denken, Fühlen und Wollen schon so sehr dem lebendigen, innersten Kern unseres Wesens entfremdet und entrissen worden ist.“

Baumann teilte das letzte Stückchen Torte auf seinem Teller in zwei Hälften und aß die eine.

„Das war die Vorrede, um ein Gefühl dafür zu geben, dass Rudolf Steiner die Menschen fortwährend zu einem lebendigen Erleben alles dessen aufrufen wollte. Das Gleiche gilt nun auch für die Ideale. Diese sind heute ebenfalls zu abstrakten Gedanken herabgesunken – und sind damit ebenfalls eigentlich zu Phrasen geworden. Das ganze Denken des Menschen ist abstrakt und damit tot geworden. Lebendig wird es erst wieder, wenn jeder einzelne Gedanke tief durchlebt werden kann, wenn aber vor allem auch Ideale wieder tief und feurig erlebt werden können, zugleich aber in vollster Gedankenklarheit.

Diese Klarheit muss aber so groß und tief sein, dass zugleich erlebt wird, wie man ein solches Ideal niemals schlagwortartig auf alles übertragen kann, sondern es muss ein innerlich sich differenzierendes Leben bekommen. Freiheit, Gleichheit,

Brüderlichkeit! Über diese bloßen Worte und eine sehr vage, abstrakte Vorstellung, wie diese alle gleichermaßen einst verwirklicht sein könnten, kommt man heute nicht hinaus. Man stellt sich gleichsam ein Utopia vor – und weiß zugleich, dass das heute ganz undenkbar ist. Es bleibt alles vage, pauschal, allgemein und abstrakt. Man muss es aber ins *Konkrete* führen – dann gewinnt es auch konkretes Leben.

Rudolf Steiner hat gezeigt, wie sich das ganze menschliche Miteinander in einer Gesellschaft in verschiedene Bereiche gliedert, und wie diese drei verschiedenen Ideale in jedem dieser Bereiche eigentlich spezifisch ihre volle Wirklichkeit entfalten. Und wie sie an anderem Ort gerade zu unheilvollen Zuständen führen. Unter bestimmten Umständen wird ‚Brüderlichkeit' eben Vetternwirtschaft und Klüngelei, Freiheit dagegen Willkürherrschaft und Gleichheit Gleichmacherei und Unterdrückung des Individuellen. Doch wo liegt dann die Lösung? Diese ganze Problematik zu erkennen, ist schon ein Teil der Lösung!

Aber dann kommen diese genialen Hinweise Rudolf Steiners, der tief in die geistige Wirklichkeit hineingeblickt hat und dem sie durch und durch Erlebnis war. Und durch seine Hinweise kann man immer mehr erleben, wie es in einer Gesellschaft drei sehr spezifisch sich gliedernde Sphären gibt: Das Geistesleben, zu dem die Wissenschaften, die Bildung, aber auch überhaupt die Entwicklung des Geistes, die Suche nach Wahrheit und so weiter gehört. Dann die Rechtssphäre, zu der alles gehört, was unmittelbar das Verhältnis von Mensch zu Mensch betrifft. Und schließlich die Wirtschaftssphäre, die dasjenige umfasst, was Menschen füreinander schaffen, sei es materiell, sei es immateriell.

Und schon hier muss man lernen, wirklich beweglich zu denken. Insofern ich geistig etwas hervorbringe, ist es Geistesleben. Insofern ich individuell als Pädagoge meinen Unterricht gestalte, ist es Geistesleben. Insofern das, was ich hervorbringe, aber anderen zugute kommt, ist es zugleich auch

Wirtschaftsleben. Und insofern ich hier von Mensch zu Mensch in ein Verhältnis trete, ist es gleichzeitig Rechtsleben. Die Sphären durchdringen sich also – aber sie sind sehr wohl zugleich als sehr spezifische zu erleben.

Und jetzt kann man das Wunderbare erleben, dass diese drei Ideale der Französischen Revolution jeweils in voller Wahrheit das Ideal je *einer* dieser Sphären sind. Die Freiheit ist das Lebenselement des Geisteslebens. Das Geistesleben muss vollkommen frei sein. ‚Die Gedanken sind frei' – und müssen es sein. Es darf keinerlei Vorgaben geben, was gedacht werden darf, wie das Geistesleben sich ausleben darf. Auch das Bildungswesen, das Schulwesen muss frei sein – frei von staatlichen Vorgaben, frei für vollkommen freie pädagogische Intuitionen der wirklich tätigen Pädagogen. Keine Lehrpläne – sondern die lebendigen Kinder und die lebendigen Pädagogen und ihr lebendiges Zusammenwirken! Die wirklichen ‚Lehrpläne' entstehen jeden Tag neu aus dem Leben! Niemand weiß besser, was die Kinder brauchen, als diejenigen Menschen, die sie täglich begleiten und ihnen das Leben nahebringen. Kein Staat, kein Beamtentum, keine Vorgaben! Ach, wenn endlich Schluss wäre, mit diesen ganzen Plänen, Prüfungsordnungen und Standardisierungen; wenn endlich auf den einzelnen Menschen geschaut würde! Auf die jeweilige, einzigartige Individualität. Einzigartiges lässt sich nicht vergleichen und nicht standardisieren. Man verliert dann das Kostbarste, was man hat: die Vielfalt des jeweils Einzigartigen. Der Mensch weiß gar nicht, was er mit seiner Standardisierung und Vergleichbarkeit vernichtet...

Die Gleichheit dagegen gehört in das unmittelbar Zwischenmenschliche. Rein als Mensch sind alle Menschen gleich. Wenn man von ihren individuellen Begabungen und Fähigkeiten, Besonderheiten ihres Wesens und so weiter absieht und nur auf die Tatsache schaut, dass sich Mensch und Mensch begegnen, so muss dies vom Ideal der Gleichheit durchdrungen sein. Vor dem Gesetz sind alle gleich. Die

Unterschiede können spezifisch berücksichtigt werden, etwa wenn Kinder noch nicht voll verantwortungsfähig sind, aber gerade dies betont die Gleichheit sogar noch. Auch dies muss innerlich erlebt werden: dass man in dem anderen Menschen einem wahrhaft Gleichen begegnet – dass die Unterschiede zu der grundlegenden Gleichheit nur hinzutreten. Wir alle sind einzigartig, die Individualität ist etwas Heiliges. Dies vereint uns, dies begründet das Mysterium der Gleichheit...

Und nun die Brüderlichkeit. Ja, wo könnte diese das Ideal sein, wenn nicht in der Sphäre des Wirtschaftens, der Arbeit, der Produktion und des Verbrauchens dessen, was hervorgebracht worden ist? Wenn hier die ,Freiheit' waltet, wird sie zum Recht des Stärkeren: Kapitalismus, Herrschaft der Geldmacht. Gleichheit ist auch falsch, denn die Menschen haben unterschiedliche Bedürfnisse und Notwendigkeiten. Aber Brüderlichkeit! Bei aller Unterschiedlichkeit brüderlich füreinander arbeiten. Im Grunde geschieht dies ja schon, in unserer arbeitsteiligen Welt. Der Bäcker backt die Brötchen nicht für sich. Jeder arbeitet wirklich schon für den Anderen – aber es wird nicht so empfunden! Die ganze Arbeitswelt steht noch fast ganz unter dem Zeichen des Egoismus und des Kampfes. Wenn doch nur empfunden würde, dass der Mensch für den anderen Menschen arbeitet! Wenn doch das Ideal der Brüderlichkeit lebendig empfunden würde! Wenn der Einzelne voller Liebe tätig wäre – und mit dem vollen heiligen Bewusstsein von dem Sinn dessen, was er tut! Nun, gewiss müsste sich unendlich vieles in der Arbeitswelt umgestalten. Aber Brüderlichkeit – sie ist wahrhaft das Ideal für alles, was mit dem Wirtschaften zu tun hat. Wirtschaften, Arbeiten, Konsumieren – alles im Geist der Brüderlichkeit..."

Baumann schwieg. Auch die anderen stimmten in dieses Schweigen ein.

Schließlich sagte Sylvia:

„Auf einmal kann man sich unter alledem etwas vorstellen. Wir haben das vor einer ganzen Zeit einmal durchgenommen, die Französische Revolution. Das war trockene Geschichte. Und diese drei Ideale, ja, die klangen schön – aber wir wussten alle: das ist ein Traum. Seit zweihundert Jahren haben die Menschen davon geträumt, aber in Wirklichkeit ist vieles immer schlimmer geworden.

Mir ist schon lange klar, dass ich in eine Welt hineinwachse, in der man sich seinen Freiraum erkämpfen muss, die aber extrem ungerecht ist und in der eigentlich jeder gegen jeden kämpft. Ich habe gar nicht geglaubt, dass es je anders sein könnte. Ich habe mir überhaupt keine Gedanken darüber gemacht, weil alles so aussichtslos scheint. Die Gedanken an eine gerechte Welt, ja, die sind auch irgendwo im Kopf, aber man weiß gleichzeitig, dass es nur Träume sind."

Ihre Mutter unterbrach an dieser Stelle:

„Das ist doch eigentlich schrecklich, dass schon die jungen Menschen so denken – und denken müssen!"

Das Mädchen sagte:

„Ja, aber auf einmal ergibt alles einen Sinn! Auf einmal sind das nicht mehr nur Träume, sondern es steht ganz real vor einem. Man müsste es nur so *machen*! Warum wird es so nicht gemacht? Wenn Rudolf Steiner vor hundert Jahren gelebt hat, warum ist es nicht schon längst so geworden? Warum ist alles so anders?"

„Ja, warum?", wiederholte Baumann. „Weil allzu viele Menschen einen Menschen, der sich bedingungslos und mit seinem ganzen Leben für das wahre Menschenwesen einsetzt und seine Mitbrüder und -schwestern zum Aufwachen bringen will, lieber verlachen und im alten Trott weitermachen, die alten Phrasen weiterpflegen, die alte Routine weiterführen... Trotz des Ersten Weltkrieges hatte man nichts gelernt, nichts – und statt zu Freiheit, Gleichheit, Brüderlichkeit zu kommen, kam man zu Hitler: Unfreiheit, Diktatur, Blut und Boden, Massenmord.

Auch für mich ist das alles nicht zu fassen. Und dennoch gibt es eine Erklärung, einen Punkt, wo es doch wieder fassbar wird. Aber dann muss man wiederum das Übersinnliche mit einschließen. Und dies ist eine andere wichtige Facette der Anthroposophie: die Realität der Widersachermächte. Das Dritte Reich und auch schon die ‚normale Wirklichkeit' ist eigentlich ohne ein Verständnis dieser Ebene der vollen Realität absolut nicht mehr verstehbar. Aber so, wie gegenüber den lebendigen Ideen der Dreigliederung – dasjenige, was ich vorhin geschildert habe – die Phrase weiter wütete, so fehlte und fehlt noch immer der durchschlagende Mut, das Übersinnliche in sein Denken und sein ahnendes Erleben einzubeziehen. Dabei ist doch völlig klar, dass der Mensch selbst auch schon ein übersinnliches Wesen ist. Schon das *Leben* ist eine übersinnliche Tatsache. Dann Empfindungen, dann so etwas wie Hoffnung, Liebe, Erkennen. Alles absolut übersinnliche, nur jenseits von jeglichem Materialismus mögliche Tatsachen. Eine Wissenschaft, die dies nicht akzeptieren will, lügt sich etwas in die Tasche, begreift sich selbst nicht.

Nun aber die Frage des Bösen. Woher kommt der Hass? Woher kommt eine kalte, berechnende Ideologie, die bestimmte Menschen zu ‚Untermenschen' erklären und ohne jede Regung ermorden kann? Abstrakt kann man sagen, das stecke eben auch im Menschen drin, aber damit ist eigentlich gar nichts gesagt. Nichts – wirklich nichts. Der radikale Hass ist auf diese Weise ebensowenig erklärbar wie die radikale Liebe. Beides sind materialistisch und bloß psychologisch völlig unerklärliche Realitäten.

Aber man erhebe sich zu der Erkenntnis, dass der Mensch in realem Sinne ein seelisch-geistiges Wesen ist! Und dann zu der Erkenntnis, dass auf dem Schauplatz der Seele ein Kampf um die menschliche Seele stattfindet. Dass reale Wesenheiten fortwährend mit dem Ziel wirksam sind, die Menschenseele auf den Weg der Verhärtung oder den Weg des engen Selbstbezuges verführen zu wollen. Und dass andere höhere Wesenheiten dem Menschen helfen wollen, auf dem wahrhaft menschlichen Pfad zu bleiben, auf dem auch die Wirklichkeit der Liebe liegt.

Was sich für viele zunächst wie ein phantastisches Märchen anhören mag, verwandelt sich nach und nach völlig, wenn man damit zu *leben* beginnt. Man braucht damit nur lange genug leben – leben und immer wieder beobachten, nachdenken, Erfahrungen besinnen und so weiter –, und all dies wird immer mehr zu einer völligen Gewissheit. Es kann überhaupt nicht anders sein. Aber dafür muss man den Mut haben, sich nicht an die phrasenhaften Erklärungen zu klammern, die heute ihre Diktatur aufgerichtet haben und die doch nichts anderes als Nicht-Erklärungen sind!"

Baumann nahm den letzten Rest des ehemaligen Tortenstücks auf seine Gabel und aß ihn. Dann fuhr er fort:

„Das Ganze erscheint nur deshalb so phantastisch, weil die sogenannte ‚objektive Wissenschaft' jahrhundertelang Zeit hatte, aus dem Denken alles auszuschalten, was nicht materialistisch ist. Und alles, was ins Religiöse geht, wurde dem ‚Glauben' überlassen – und damit für immer mit dem Stigma ‚zweifelhaft' oder sogar ‚illusionär' belegt. Die Kirche ist daran nicht unschuldig. Auch sie beharrte jahrhundertelang darauf, dass man gar nicht wissen dürfe; dass man wirklich nur glauben müsse. Anthroposophie aber ist eine Wissenschaft von denjenigen Inhalten, die in die ‚Glaubensecke' abgedrängt wurden. Deswegen wird sie von allen Seiten bekämpft: von der Wissenschaft, aber auch von der Kirche, und natürlich von all denen, die sich innerlich gar nicht auf den Weg machen wollen, um wirklich etwas wissen zu können. Die Anthroposophie zu bekämpfen, ist leicht und bequem: Man muss nur bei den alten Phrasen bleiben und weiter die eigene Faulheit pflegen!

Wenn man aber bereit ist, sich in die Anthroposophie zu vertiefen, dann ergibt alles immer mehr einen Sinn, die Dinge schließen sich immer mehr zusammen. Und es entsteht ein unendlich hohes Bild vom Menschen.

Ja, es findet ein Kampf um die menschliche Seele statt! Aber nicht so, wie es die katholische Kirche ausgemalt hat, die forderte, dass man brav an seine Sündigkeit und die Dogmen glauben sollte und die Gebote zu befolgen hatte. Nein, sondern der Mensch ist ein geistiges Wesen, und so kann er sich wahrhaft zur Erkenntnis des Geistigen erheben. Er kann *selbst* erkennen, wie die Widersachermächte auf dem Schauplatz seiner Seele wirksam werden. Und er kann selbst im Geiste die Welt des Moralischen finden, die ihm das Heilmittel gegen alle Verführungen werden kann. Und er kann ohne Vermittlung der Kirche erleben, dass verbunden mit dieser Welt des Moralischen eine Welt göttlich-geistiger Wesenheiten ist, in deren Zentrum *ein* Wesen steht, das sich ganz mit der Menschheit verbunden hat, weil es selbst einst Mensch geworden ist – nicht in der Heiligen Nacht, sondern bei der Jordantaufe. Und seit seiner Auferstehung ist dieses Wesen ganz bei den Menschen. Man möchte Novalis zitieren:

Unter tausend frohen Stunden,
So im Leben ich gefunden,
Blieb nur eine mir getreu;
Eine wo in tausend Schmerzen
Ich erfuhr in meinem Herzen,
Wer für uns gestorben sei.

Meine Welt war mir zerbrochen,
Wie von einem Wurm gestochen
Welkte Herz und Blüte mir;
Meines Lebens ganze Habe,
Jeder Wunsch lag mir im Grabe,
Und zur Qual war ich noch hier.

Da ich so im stillen krankte,
Ewig weint und weg verlangte,
Und nur blieb vor Angst und Wahn:
Ward mir plötzlich wie von oben
Weg des Grabes Stein geschoben,
Und mein Innres aufgetan.

Wen ich sah, und wen an seiner
Hand erblickte, frage keiner,
Ewig werd ich dies nur sehn;
Und von allen Lebensstunden
Wird nur die, wie meine Wunden,
Ewig heiter, offen stehn.

Ach, man müsste stunden- und tagelang über Christus
sprechen, um alle Vorurteile wegzuräumen, die auch wieder
durch die Jahrhunderte sich angehäuft haben, und um zu einem tiefen Verständnis des Christus-Wesens zu kommen, das
wirklich zu einem inneren Erlebnis führt! Aber dieses Wesen
ist real gegenwärtig, es ist bei uns – und die Widersachermächte, die Seine Gegner sind, sind es auch.
Und das Wunderbare der Anthroposophie ist, dass sie wirklich immer und immer wieder alles differenziert. Denn die
Widersacher sind nicht einfach nur ‚böse Mächte'; am rechten Platz und in der rechten Weise ist ihr Wirken durchaus
sinnvoll und notwendig. Wir brauchen keine harten Herzen,
aber feste Knochen. Wir brauchen keine kalten Gedanken,
aber manchmal einen kühlen Kopf. Fieberhafter Fanatismus
ist falsch, Entzündungen sind ein Krankheitsprozess, aber
Fieber kann zur Heilung durchaus dazugehören. Entscheidend ist immer das rechte Gleichgewicht. Und es ist die Kraft
des Christus und der höheren guten Wesenheiten, die Ihm
dienen, durch die der Mensch immer wieder das rechte
Gleichgewicht finden kann. Das sage ich jetzt so – aber das

kann man immer lebendiger, immer tiefer, immer erschütternder erleben!"

„Wissen Sie, Herr Baumann", sagte nun Sylvia, „wenn Sie so darüber sprechen, wird mir erst klar, dass Erwachsene das wirklich auch glauben können! Ich meine, ich habe das in der Sonntagshandlung gehört, in der Konfirmation, von meinem Vater – aber es war immer irgendwie das Gefühl in mir: Das machen die Erwachsenen bloß wegen mir, wegen uns Kindern. Bei Papa nicht ganz, und doch war das alles auch bei ihm nichts, was ich wirklich glauben konnte. Bei Ihnen bekomme ich auf einmal einen völlig neuen Eindruck: Zum ersten Mal erlebe ich, dass dies jemand selbst wirklich glaubt – *und* dass man selbst auf einmal das Gefühl hat, es scheint wahr zu sein. Ich habe noch immer ganz viele Fragen. Aber ich habe auf einmal so irgendeine Art Sehnsucht, diese Dinge besser verstehen zu können. Ich habe das Gefühl, ich würde etwas Wichtiges verpassen, wenn ich dies nicht verstehe."
„Du meinst, an etwas sehr Wesentlichem vorübergehen, wenn du dir in Bezug darauf nicht genug Mühe machst, es besser zu verstehen?"
„Ja, genau."
Baumann lächelte.
„Ja – das genau ist das Grunderlebnis aller Menschen, die irgendwann das sichere Erleben bekommen haben, dass Rudolf Steiner von der Wirklichkeit spricht. Irgendetwas in der eigenen Seele, im eigenen Wesen, hat diese Gewissheit, und so ertönt irgendwo tief im eigenen Wesen diese Stimme: ‚Hier musst du dich vertiefen, hier stehst du vor der Wirklichkeit, hier kannst du etwas über dein wahres Wesen und das Wesen der Welt erfahren.'"
„Hatten Sie das denn auch?", fragte das Mädchen überrascht.
„Ja", sagte Baumann. „Ich sagte doch: Das ist das Grunderlebnis aller Menschen, die den Ernst der Anthroposophie irgendwann begreifen und empfinden. Hier sind wir Menschen

alle gleich. Ich vertiefe mich nun schon sehr viele Jahre in die Anthroposophie – aber mein grundlegendes Erlebnis ganz zu Beginn war ganz genau dieses. Auf dem Weg der Erkenntnis sind wir – wenn wir dieses Erlebnis zulassen – alle Brüder und Schwestern, egal wie alt wir sind."

„Das ist ein sehr schöner Gedanke", sagte das Mädchen leise.

„In der Schule ist es doch auch so. Auch deine Lehrer sind alle einmal zur Schule gegangen."

„Ja, aber die meisten tun so, als wären sie es nie, sondern hätten schon immer alles gewusst. Und in der Christengemeinschaft und so ist es ja eigentlich auch immer so."

Baumann nickte langsam.

„Ja, ich verstehe, was du meinst. Ja – das ist dann sehr schade... Ich glaube, das Wichtigste ist, dass man einerseits durch und durch überzeugt sein muss, sich selbst Erkenntnisse errungen haben muss, aber andererseits immer auf dem Weg bleiben muss – und dies müssen die Kinder auch erleben. Man kann viel wissen, aber je mehr man weiß, muss man auch sein Nicht-Wissen empfinden. Das macht trotz aller Weisheit zugleich bescheiden und demütig. Und zugleich darf man die Kinder nicht wie Kinder behandeln, das heißt, nicht von oben herab. Die Begegnung muss wirklich von Herzlichkeit durchdrungen sein. Echte Liebe und echte Bescheidenheit – dann darf auch echte Weisheit sein..."

„Ja!", strahlte das Mädchen tief zufrieden. „Ich glaube, genau das meine ich. Aber das habe ich so bei niemandem erlebt. Nur bei Ihnen."

Baumann blickte ganz kurz zu seinem Freund, dann sagte er ernst:

„Danke, Sylvia. Aber nun kommst auch du in ein Alter, wo du ganz eigenständig deinen eigenen Strebens-Ernst entfalten kannst. Wenn du einmal erlebt hast, in welche Richtung du streben willst, kannst du dich mit deiner ureigenen Entschlossenheit – die du ebenfalls noch entwickeln wirst – auf den

Weg machen. Du näherst dich dem Alter, wo du im Grunde keine Vorbilder mehr brauchst, sondern ganz und gar innerlich dein Vorbild und deinen Leitstern haben wirst – und mit deinem eigenen Sein und Leben und Streben anderen Vorbild werden kannst."

„Was, ich ein Vorbild?"

Baumann lachte.

„Warum nicht? Ich wollte damit nur betonen, dass sich die Dinge umkehren, wenn man erwachsen wird. Man kann dann immer mehr rein innerlich seine Orientierung finden und das Streben aus ganz eigener Kraft entfalten. Und in dem Maße, in dem dies gelingt, *wird* man wie von selbst zu einem Vorbild. Denn dies ist in unserer Zeit gerade so selten: Dass Menschen ein sinnvolles, geistgerichtetes Streben entfalten. Wer dies tut, tut etwas, woran dann wieder andere Menschen erwachen können – erwachen dafür, dass so etwas wirklich möglich ist. Kein Märchen, sondern ein Streben nach immer tieferer Erkenntnis und Wirklichkeit."

Das Mädchen nahm das Gesagte schweigend auf.

Baumann fuhr fort:

„Bleiben wir noch hier an diesem Punkt. Die Menschen wissen heute gar nicht, was sie für ‚Märchen' erklären! Sie unterliegen ganz dem Wirken der Widersacher – und machen sich über Menschen lustig, die dies erkennen, während sie selbst weiterschlafen. Die Welt amüsiert sich zu Tode und amüsiert sich sogar noch über den Gedanken, dass dahinter reale Wesenheiten, Widersachermächte stecken könnten, die genau dies wollen: Dass die Menschheit sie nicht erkennt, dass sie aber schlaftrunken vorbeigeht an jeder Erkenntnis des wahren Wesens des Menschen.

O, der Mensch ist so viel mehr als dieses chattende, im Sofa auf den Fernseher starrende, nach Genuss jagende intelligente Tier, das wir heute vor uns sehen. Ich drücke es extrem aus, aber was der Mensch heute tut, ist auch extrem. Mit aller Gewalt drängt er sich hinunter in Abgründe, die mit seinem wahren Wesen nichts mehr zu tun haben. Eigentlich ist der Mensch dazu berufen, mit göttlichen Wesen zu leben, sich zur Erkenntnis der Engel zu erheben, die Widersachermächte voll zu durchschauen und gemeinsam mit dem Christus-Wesen einen Weg zu wandeln, auf dem er alle Verführungen mit heiliger Vollmacht abweist und sich mit tiefster Liebe durchdringt, um die Erde zu einem Himmel zu verwandeln. Das ist der Mensch! Jenes Wesen, das die volle Geistwelt auf die Erde holen kann, weil er selbst sich zum Himmel erheben könnte. Und was tut er? Er macht all dies lächerlich, er stößt es von sich. Er holt mit den modernen Medien die Widersacher in seine Seele, die er zu einem billigen Schauplatz der profansten Genüsse macht – und sein heiliges Wesen, seine wahre Heimat, seine Geistnatur vergisst er vollkommen, restlos. Das ist der Mensch – der seiner selbst vollkommen entfremdete Mensch. Den Widersachern verfallen, die ihn auch nie mehr loslassen wollen, die immer noch weitere Wege ersinnen, um seine Gefangenschaft in ihrem Reich vollkommen zu machen. Genuss, Oberflächlichkeit, Trennung, Egoismus, Ablenkung, Sinnesreize, virtuelle Welten – das sind die Wege, auf denen die Widersacher das Menschenwesen an das völlige Vergessen seiner wahren Natur ketten wollen. Und der Mensch folgt ihnen willig, so willig..."

Drei Menschen hörten zu, wie von der vollen Wirklichkeit gesprochen wurde.

„Und jetzt kommt ein Mensch, Rudolf Steiner, und spricht von dieser höheren, geistigen Welt. Spricht davon, dass es geistige Wesenheiten gibt, die das Schicksal der Menschen begleiten, ja, massiv beeinflussen. Aber die guten geistigen Wesenheiten beeinflussen es nicht, damit der Mensch zur Freiheit erwachen kann – und sich in *Freiheit* mit ihnen verbinden kann, um die Widersacher in die Schranken zu weisen. Und Rudolf Steiner spricht von der Wesenheit, die

die christlich-esoterische Tradition den ‚Erzengel Michael'
nennt. Jenes höhere Wesen, das einst den ‚Drachen' aus dem
Himmel stürzte. Aber wo ist der Drache jetzt? Er wurde auf
die Erde geworfen. Aber wo ist er da? Er ist nun in den Köp-
fen der Menschen! Da ist er, und da verhärtet er die Gedanken, macht sie materialistisch, will sie ganz von dem Geistigen fortreißen. Aber Michael ist noch immer da. Er ist noch
immer der himmlische Drachenkämpfer – und der Mensch
kann sich mit ihm verbinden, wenn er im Denken nach dem
Geist strebt und sich bemüht, das Denken immer reiner,
kräftiger und geistähnlicher zu machen. Das ist der heutige
Michaelkampf gegen den Drachen!
Rudolf Steiner schildert Michael als den treuesten Diener des
Christus. Und wie feurig schildert er ihn! Michael ist in sei-
nem ganzen Wesen *Mut* und *Treue* gegenüber der geistigen
Welt. Ernst – auch Ernst ist er, in seinem ganzen Wesen. Und
wenn wir dies erleben können, und das können wir, dann ver-
binden wir uns mit dem Wesen Michaels. Mit genau dieser
Kraft können die Widersachermächte überwunden und in ihre
Schranken gewiesen werden. Diese Kraft Michaels kann das
Streben immer weiter in die Richtung des Geistes führen.
Auch das klingt jetzt vielleicht wie einfach so gesagt. Aber
auch hier kommt es darauf an, mit alledem *leben* zu lernen.
Was ich hier in gedrängtester Form andeute, das sind bei
Rudolf Steiner Welten. Alles immer wieder: Welten. Es eröffnen sich Welten vor der Seele – und die Vertiefung in diese
Welten führt wirklich in diese hinein. Hat man sich erst einmal mit der Anthroposophie verbunden, empfindet man sich
irgendwann tatsächlich als ein völlig neuer Mensch. Das, was
früher das gewöhnliche Denken und Weltbild ausgemacht
hat, empfindet man nun als blass und konturlos, man erkennt
überall das Phrasenhafte, das nicht Durchdrungene, das aus
bloßer Bequemlichkeit Geglaubte und nicht weiter Durch-
dachte.

Und immer reicher wird diese Welt. Denn jetzt müssen wir alles hinzunehmen, was Rudolf Steiner über die gesamte Menschheits-, ja Erdenentwicklung sagt. Wir müssen hinzunehmen, dass er ja von Reinkarnation spricht, von wiederholten Erdenleben. Die Geschichte ist also etwas, das sich nicht ohne uns abgespielt hat – und das auch künftig unmittelbar mit uns verbunden bleiben wird. Steiner schildert Entwicklungen, die das menschliche Bewusstsein durchgemacht hat. Er schildert sehr differenziert den Bewusstseinswandel durch die verschiedenen Epochen hindurch. Die Klarheit und Differenziertheit dieser Schilderungen ist ohnegleichen – sie hat keine Parallele in den heutigen Geschichts- und Kulturwissenschaften. Was sich dort in abstrakte Spezialwissenschaften und -studien verzweigt, das bringt Rudolf Steiner in einen großen, sinnhaften Gesamtzusammenhang, an dem man erleben kann: Das ist wahrhaft die Geschichte der Menschheit, das ist nichts Fremdes, das ist unsere Geschichte – die Geschichte einer Menschheit, in der alle Menschen im Grunde Brüder und Schwestern sind, auch wenn sie noch so tragisch verläuft, bisher verlaufen ist.

Und dies ist dann der nächste Aspekt, der alles überstrahlt. Dieses Gefühl des Sinnhaften, diese Auferstehung eines wahrhaft menschlichen Gefühls in der Seele. Man wird herausgehoben aus dem gewöhnlichen Fühlen. Man erlebt auf einmal die Würde des Menschen, weil man sie *erkennt*. Man versteht immer mehr und ahnt auch real immer mehr, was es heißt, eine geistige Individualität zu sein. Und dass geistige Individualitäten zusammenwirken, karmisch, schicksalshaft verbunden, wodurch Menschheitsgeschichte entsteht. Dass diese Menschheitsgeschichte durchdrungen ist von dem Wirken höherer Wesen, im guten Sinne wie im Sinne der Widersachermächte. Und dass der Mensch zu all diesem aufwachen kann – zu all diesem und zu noch ganz anderem. Dass es keine Erkenntnisgrenzen gibt. Sondern dass das wahrhaft menschliche Erkennen da überhaupt erst beginnt, wo die heutige materialistische Wissenschaft endet. Der Mensch ist ein Geistwesen – und sein Wesen ist es, zu erkennen. Damit hat der Mensch noch kaum begonnen. Doch die Geisteswissenschaft, die Anthroposophie, bringt ihm sozusagen sein eigenes Wesen entgegen. In der Anthroposophie begegnet der Mensch sich selbst – und dem Wesen der geistigen Welt. Deswegen kann dieses erschütternde Erlebnis entstehen, dass der Mensch sich sagt: Hier ist etwas, an dem ich keinesfalls vorbeigehen darf. Hier stehe ich vor dem Wichtigsten, was mir im bisherigen Leben überhaupt begegnet ist.

Und so ist es. Denn das, was jetzt hier vor einem steht, schließt alles zu einem wahrhaft sinnhaften Kosmos zusammen. Und inmitten dieses sinnhaften Kosmos findet der Mensch die höheren geistigen Wesen, und in ihrer Mitte Ihn, dem diese ganze geistige Welt, alle guten geistigen Mächte, dienen: das Christus-Wesen. Was damit gefunden wird, dem gegenüber versagen im Grunde alle Worte... Sie können es immer wieder nur profaner machen, als es ist. Man sollte bei Rudolf Steiner selbst nachlesen, es ist zu umfassend..."

Baumann schwieg und senkte den Kopf. Keiner der drei anderen Menschen wagte es, die Stille zu unterbrechen, keiner wollte es auch.

Schließlich blickte Baumann selbst wieder auf, sah jeden Einzelnen an und sagte dann:

„Ich danke euch, dass ihr so lange zugehört habt. Ich hoffe, man konnte zumindest ein kleines Erleben daran haben, was die Anthroposophie eigentlich ist. Es war nur ein winziger Versuch. Es gehört noch so viel dazu..."

„Es war ein wunderbarer Versuch, Michael", sagte Grunert.
„Ja", bestätigte Leonie, „vielen Dank."
Baumann schwieg. Er nahm den Dank an und reichte ihn gleichsam an die geistige Welt selbst weiter.

Dann sagte das Mädchen:

„Ich danke Ihnen auch. In mir ist auf einmal so viel in Bewegung. Ich weiß noch überhaupt nicht, wohin das führt. Ich weiß nur, dass ich Ihnen sehr dankbar bin und dass ich dies alles sehr aufregend finde. Es ist da etwas, an dem ich jetzt nicht mehr vorbeigehen will."

Nun lächelte Baumann.

„Danke auch dir, Sylvia. Weißt du, die Hoffnung der Welt – und auch die der geistigen Welt und ihrer Wesen – liegt doch immer auf so jungen Menschen wie dir. Vielleicht bricht überhaupt mehr und mehr die Zeit an, wo nicht die alten die jungen Menschen aufwecken müssen, sondern die jungen Menschen die alten. In jedem Fall kommt es auf ein brüderliches und geschwisterliches Zusammenwirken an..."

Das Mädchen strahlte ihm als Antwort entgegen.

Freiheit, Gleichheit und Brüderlichkeit waren als lebendiges Erleben anwesend, durchdrungen von dem Erleben der Liebe und einer tiefen Verantwortlichkeit, vor der Welt und vor dem Wesen des Menschen...

Bei seinem nächsten Besuch, es war bereits nach den Sommerferien, freute sich Baumann, Marcel wiederzusehen. Der Junge erzählte beim Essen eifrig aus der Schule.

„Wir haben gerade eine Praktikantin. Sie heißt Tamara und kommt aus Australien. Sie ist neunzehn, fast wie eine große Schwester, nur netter."

Er schaute zu Sylvia, und diese streckte ihm lachend die Zunge raus.

„Mit ihr macht die Schule auf einmal richtig Spaß. Sie hat auch von sich erzählt, von Australien. Weil sie noch nicht so gut deutsch kann, ist sie immer wieder ins Englisch gewechselt. Das war lustig. Natürlich habe ich dann kaum etwas verstanden. Sie spricht ‚richtig' Englisch. Wahrscheinlich sogar mit Dialekt, keine Ahnung. Aber auf einmal habe ich richtig Lust, Englisch zu lernen."

„Um deine liebe große Schwester besser zu verstehen?", neckte Sylvia.

„Vielleicht?", gab Marcel zurück.

„Das ist doch schön!", sagte Leonie. „Was führt denn Tamara von Australien hierher?"

„Sie war schon in Australien in einer Waldorfschule – und jetzt will sie hier in Deutschland Waldorflehrerin werden, also als Ausbildung."

„In Australien gibt es Waldorfschulen?", fragte Sylvia ganz entgeistert.

„Warum nicht?", erwiderte Grunert.

„Na ja – ich dachte ... ich weiß auch nicht."

„Was ist eigentlich das Besondere an einer Waldorfschule?", fragte der Junge nun. „Warum will Tamara Waldorflehrerin werden?"

„Ja, was ist das Besondere an einer Waldorfschule? Und wie kommen Waldorfschulen nach Australien?", fragte nun auch Sylvia.

„Warum Tamara Waldorflehrerin werden will, kannst du sie am besten selbst fragen", lachte Baumann. „Sie wird mit ihrer eigenen Schulzeit gerade erst fertig geworden sein – und diese muss ihr so wunderbar gefallen haben, dass ihr Entschluss ganz klar war."

„Wie kann man denn Lehrerin werden wollen?", fragte Marcel sichtlich verständnislos.

„Wieso?", fragte Baumann.

„Na ja, Schule ist einfach –"

„Pass auf, was du sagst!", warnte Baumann mit einem Lachen in den Augen. „Denk lieber daran, was du eben noch gesagt hast."

„Was?"

Marcel verstand den Zusammenhang überhaupt nicht mehr. Völlig verwirrt blickte er Baumann an.

Sylvia lachte aus vollem Halse los.

„Dass du bei deiner neuen lieben netten Schwester auf einmal furchtbar gern in die Schule gehst!"

Der Junge lächelte etwas schamhaft in die Runde und tat ganz unschuldig:

„Hä? Das habe ich gesagt?"

„Jaaa!", kam es im Chor von Grunert und seiner Frau. Dann sahen sich beide überrascht an und lachten.

Baumann ergriff wieder das Wort und sagte:

„Nun ja, Spaß beiseite. Schule scheint zwar oft zu den unangenehmen Zeiten des Lebens zu gehören, die Pausen abgerechnet, aber das ist doch keine Naturtatsache, sondern es hängt ganz von zwei Faktoren ab: Von der Art und Weise, wie der Lehrer wirksam wird und was für ein Mensch er überhaupt ist – und von dem eigenen Interesse, das dem Lehrer und seinem Unterricht entgegenströmt oder auch nicht. Das eigene Interesse ist in jungen Jahren noch ganz vom Lehrer abhängig – kann durch ihn erweckt oder durch ihn gelähmt und verschüttet werden. Später werden es wirklich immer mehr zwei unabhängige Faktoren. Der Lehrer wird immer mehr nur *Vermittler* von Weltinhalt. Man kann sich für diesen selbst interessieren. Dann lernt man trotz des Lehrers, nicht wegen des Lehrers.

Aber eine Waldorfschule – ja, die würde, da, wo sie gelingt, wo die Lehrerinnen und Lehrer die Waldorfpädagogik wirklich ergreifen, also wirkliche *Waldorf*pädagogen werden, das Interesse der Kinder so lebendig erwecken, dass die Freude am Lernen, die Lust am Entdecken, die Liebe zur Welt richtig aufblühen, sich wirklich in voller Schönheit und Stärke entfalten!

Waldorfpädagogik ist eigentlich das Ideal von Pädagogik überhaupt. Denn sie selbst entströmt einer vollen, umfassenden Liebe zur Welt und zu den Kindern, und einem tiefen Verstehen der Welt und des Kindes. Mit diesem Blick tritt der Lehrer dann den individuellen Kindern gegenüber – und wirkliche *Liebe* beginnt zu unterrichten... Und das Schönste ist, diese Liebe *lässt* sich auch fortwährend unterrichten – von den Kindern! Der Lehrer sieht an den Kindern selbst, was sie brauchen, und so unterrichtet er dann. Jeden Tag anders, jeden Tag neu, jeden Tag mit den Kindern mitlebend und mit ihnen mitwachsend. Das ist die Waldorfpädagogik, das ist ihr Ideal – es ist Erziehungs*kunst*!"

Baumanns Begeisterung hatte sich auf die Anderen übertragen, und in einer feierlichen Stille verklang das von ihm Gesagte, blieb als realer Gedanke anwesend.

Schließlich sagte Sylvia, noch immer andächtig:

„Wenn das wahr ist, dann ist es klar, warum es in Australien Waldorfschulen gibt. Es sollte überall *nur* solche Schulen geben! Aber ... warum merkt man davon in der Waldorfschule so wenig?"

„Vielleicht merkt man davon in eurer Schule so wenig", sagte Grunert. „Vielleicht in sehr vielen Schulen. Tamara *hat* in ihrer Schule etwas davon gemerkt – oder sogar sehr viel. Es hängt von den Menschen ab. Die meisten ‚Waldorflehrer‘ wollen heute gar nicht mehr wissen, was Waldorfpädagogik eigentlich ist – oder sie können es nicht verwirklichen. Ich nehme an, meistens beides. Es fehlt der volle Ernst, die volle Begeisterung, dann aber auch die Fähigkeiten. Diese könnten sich aber erst entwickeln, wenn mit der inneren Einstellung vollkommen Ernst gemacht würde. Dies würde die schönsten Fähigkeiten gerade erst hervorrufen!"

„Welche Fähigkeiten sind das?", fragte Sylvia.

„Begeisterung, Liebe zum Geist, Liebe zum wahren Wesen des Menschen, des Kindes, der Welt. Dann Phantasie, Kreativität, Freude am Gestalten – immer mit Blick auf die Kinder. Mut, Selbstvertrauen, zugleich auch Bescheidenheit, Offenheit. Und das alles kann aus der wahren Begeisterung, der wahren Liebe zum Geist, hervorgehen. Mit diesem Schritt erhebt man sich immer mehr zur vollen Wirklichkeit – und aus dieser entfalten sich dann all jene Fähigkeiten, die sonst schlafend und brach liegen bleiben würden."

„Hm, das klingt sehr schön", sagte Sylvia. „Aber dich würde ich auch nicht unbedingt gern zum Lehrer haben", fügte sie vorsichtig hinzu.

„Ich habe das ja auch selbst kaum verwirklicht", sagte Grunert. „Und ich bin ja zum Glück auch kein Waldorflehrer, denn ich könnte das vielleicht auch nicht sein."

„Aber du wärst sicher auch nicht schlechter als die anderen", ergänzte seine Tochter nun.

Grunert lächelte ihr dankbar zu.

Nach einer kleinen Pause sagte sie dann:

„Solche Lehrer wie Herrn Baumann bräuchte man! Da würde man gerne lernen wollen. Da würde man auf einmal wissen, warum man lernt..."

Baumann nahm auch diese Worte still in derselben Art auf, wie er dies immer tat.

Dann sagte Grunert:

„Ja, Michael, das stimmt. Warum wirst du eigentlich nicht Waldorflehrer? Nun ja, du hast eine leitende Funktion in einem größeren Unternehmen, hast viel Verantwortung und sicher auch einen großen Wirkungskreis. Aber hast du dir das nicht irgendwann einmal überlegt?"

Baumann nickte schweigend. Dann sagte er:

„Ja, natürlich habe ich das. Aber ich scheue mich davor, in eine solche Schule hineinzukommen, wo auch die Kollegen mit der Wahrheit der Sache nicht voll ernst machen. Es ist wie ein Verrat gegenüber dem Geist. Ich könnte das nicht ertragen. Und dann ... bezweifle ich auch, dass ich die Kinder wirklich erreichen könnte, wenn sich alle Widersacher in den uns bekannten Gestalten mit voller Macht dagegen wenden. Ihr wisst, was ich meine. Um dem entgegenzuwirken, bräuchte es gerade ein echtes Kollegium, nicht eine Schar von Einzelkämpfern."

„Ich denke, Sie würden die Kinder erreichen", sagte Sylvia. „Daran besteht doch gar kein Zweifel!"

„Vielen Dank", nickte Baumann. „Ja, du hast sicher Recht. Aber wie gesagt, ich bräuchte ein Kollegium, in dem wirklich dasselbe innere Feuer lebt und brennt. Ich würde das einfach erwarten. Das geht also nicht. Eigentlich müsste man bei der Ausbildung anfangen. Aber selbst da wäre man irgendwo Einzelkämpfer. Wo finden sich die, die gemeinsam begreifen, was Liebe zum Geist wahrhaft ist, in all ihrer Bedingungslosigkeit? Überall Halbherzigkeit, halbes Verständnis, Stehenbleiben auf halber Strecke, Sich-Einrichten in Halbheiten – und dann wird es dogmatisch, dann wird es bloßer Lehrinhalt, dann wird es ein Verwalten und bequemes Handhaben dessen, was nicht verwaltet werden kann und Bequemlichkeit nicht erträgt. Es fehlen die Menschen – es fehlen die brennenden Herzen! In letzter Konsequenz und voller Wahrhaftigkeit, auch voreinander."

Wiederum verklangen die Worte in einem Schweigen und fanden Herzen, die entweder selbst beschämt waren oder den Inhalt der Worte überhaupt erst ahnen konnten.

„Aber", griff Baumann den anderen Faden wieder auf, „Tamara hat an ihrer Schule etwas von dem erlebt – und so griff das Feuer, das in ihren Lehrern brannte, auch auf ihr Herz über ... und trug sie über den großen Ozean bis nach Europa. Und half Marcel, seine Freude am Englischen zu entdecken." Verschmitzt lächelte er dem Jungen zu.
„Und an der neuen netten großen Schwester!", neckte Sylvia wieder.
„Du bist blöd!", sagte Marcel.
„Ich meine es doch nicht so!", erwiderte die Schwester.
Der Junge war zufrieden. Seine Freude über den wunderbaren Gast aus Australien konnte nicht getrübt werden. Und in dieser Stimmung ging das Abendessen dann auch zu Ende.

*

Später folgte das Mädchen mit einer Frage, die sie auf dem Herzen hatte, erneut ihrem Vater und dessen Freund in das kleine Zimmer ihrer gemeinsamen Gespräche.
Dort angekommen sprach sie sie aus:
„Wie konnte Rudolf Steiner das alles eigentlich wissen? Ich meine, Sie haben ja selbst gesagt, dass Sie nur einen ganz kleinen Teil überhaupt nur andeuten konnten. Und von Ihnen oder Papa weiß ich auch, dass es über dreihundert Bücher von Rudolf Steiner gibt, oder von seinen Vorträgen. Wie ist das möglich? Und: Kann man das denn auch selbst wissen? Wie kommt man dahin, das zu wissen?"
Baumann blickte zu seinem Freund, dessen Blick überließ ihm einmal mehr die Antwort. Das Mädchen hatte ja tatsächlich auch ihn gefragt.

„Es ist wunderbar, dass du diese Frage hast. Genau in dieser Frage liegt das lebendige Interesse, die wirkliche Suche. Wenn die Seele wirklich berührt worden ist, muss sie zu dieser Frage kommen.

Die Antwort darauf ist einerseits sehr einfach, andererseits verweist sie auf einen langen Weg. Denn es ist ja offensichtlich, dass das, was Rudolf Steiner an Erkenntnissen gab, andere Menschen zunächst nicht haben. Aber genauso offensichtlich ist es irgendwann, dass er von der vollen Wirklichkeit spricht – die uns zunächst so verborgen ist. Woran liegt das? Die volle Wirklichkeit würden wir ebenfalls erleben und schauen können, wenn wir uns ganz zu unserer vollen Wahrheit als Geistwesen erheben könnten. Aber dieses Geistwesen ist in einem irdischen Leib inkarniert, verkörpert, und dieser Erdenleib verhindert dieses volle Erwachen zu sich selbst, seinem eigentlichsten, ganz und gar über-irdischen Wesen.

Alles, was wir wahrnehmen und erkennen, geschieht zunächst *durch* unseren irdischen Leib – und durch ihn wird alles Wahrnehmen und Erkennen selbst ins Irdische herabgezogen. Es wird etwas völlig anderes als das, was es in Wahrheit wäre. Es wird schwächer, es wird härter, ungeistiger, unreiner, liebloser und so weiter. Das alles ist eine Folge dessen, dass der Geist sich in den Leib inkarniert *und* dass er dort seine wahre Heimat und sein wahres Wesen vergisst.

Der Weg zur Erkenntnis der Wirklichkeit – der eigenen Wirklichkeit und auch der wahren Wirklichkeit der Welt – kann also nur darin bestehen, sich von diesen Täuschungen und Begrenzungen, Hemmungen, Lähmungen des Irdischen zu befreien. Das bedeutet nicht, sich vom Irdischen überhaupt zu befreien, aber im Irdischen das Geistige nicht zu verlieren, sondern hinzuzugewinnen. Das ist dann erst die volle Wirklichkeit. Und da beginnt erst das eigentliche Leben, das höhere Leben der Seele und des Menschenwesens, für das die Worte nicht ausreichen, um es zu beschreiben."

Das Mädchen schaute mit großen Augen und wartete schweigend. Baumann fuhr fort:

„Wir sind zum Glück noch nicht ganz im Irdischen versunken. Wir empfinden ja noch immer so etwas wie Hoffnung, Freude, Liebe. Sich dessen aber auch *bewusst* zu werden, ist ein wesentlicher Schritt zum Geistigen. Das ist wieder so ein Erwachen, ein ‚Sich-über-die-Schulter-Schauen', ein plötzliches Erkennen einer Wirklichkeit, die schon da war, die aber gleichsam noch schlafend einfach hingenommen wurde. Alles Aufwachen und Erkennen, in seinen immer höheren Stufen, geht aus von einer immer weitergehenden Entwicklung unserer eigenen seelischen und geistigen Fähigkeiten. Diese Fähigkeiten, die in sich immer mehr von wachem Bewusstsein durchdrungen werden, werden auf diese Weise zu Wahrnehmungsorganen für das Seelische und Geistige, das uns umgibt, in dem wir fortwährend leben. Selbst die höchsten Wesenheiten umgeben uns fortwährend – aber wir erkennen es zunächst nicht, weil wir unsere eigene Seele und unseren eigenen Geist noch nicht zu etwas wirklich Wahrnehmendem verwandelt haben.
Konntest du mir bis hierhin folgen?"
Das Mädchen nickte.
„Ja, ich glaube schon."

„Gut. Wenn die Seele nun eine Sehnsucht danach hat, sich zu dieser vollen Wirklichkeit immer mehr zu erheben und bereit zu machen, muss sie dasjenige tun, was sie selbst immer mehr wahrnehmend werden lässt. Sie muss also eine Art Offenheit, Empfänglichkeit entwickeln. Das tut nicht die Seele selbst, das tut dann dein eigenstes Wesen, dein Ich, indem es gleichsam die Seele an der Hand nimmt und sie heißt, ihm zu folgen. Von dem Ich geht dann das innere Tun aus, und die Seele geht mit, gibt sich hin und tut das, was sie soll und in jenem Teil, in dem ihre Sehnsucht lebt, auch will. Sie will sich vom Ich immer mehr erziehen und verwandeln lassen.

Aber was ist nun dasjenige, wodurch die Offenheit, die Empfänglichkeit und die Wahrnehmungsfähigkeit für das Seelisch-Geistige immer mehr wachsen kann? Der Mensch schließt sich von diesem durch alles ab, was seine Selbstbezogenheit und seinen Egoismus ausmacht und verstärkt. Vor allem muss also dieser in irgendeine Verwandlung kommen. Nur an einer Stelle darf er in dieser Hinsicht bleiben: In dem Streben nach innerer Entwicklung selbst. Wenn ich nach innerer Verwandlung meiner Seele strebe, ist das ja noch immer ‚selbstbezogen', es geht ja gar nicht anders. Aber diese Selbstbezogenheit ist gerade darauf gerichtet, sich selbst zu verwandeln. Die Selbstbezogenheit durchdringt sich selbst aktiv mit immer größerer Empfindsamkeit.

Das ist eigentlich auch das Wunder der Liebe – letztlich geht es immer darum, denn letztlich ist die Liebe die *eigentlich* erkennende Kraft im Weltenall. Aber wie kann ein Wesen, das scheinbar ganz mit sich selbst verwachsen ist und immer sich selbst ins Zentrum stellt, auf einmal zur Liebe kommen, die eigentlich alles umkehrt? Wo der Mensch sich selbst gleichsam vergisst – oder anders gesagt: wo das, was ihn umgibt, auf einmal absolut nicht mehr weniger wesentlich ist als er selbst? Wo er also die Welt wirklich ganz in seine eigene Liebe hineinnimmt? Wo die Eigenliebe sich weitet zur Weltliebe, und wo diese wirklich untrennbar werden? Das ist die zentrale Frage: Wie ist, wie wird das möglich?"

Baumann machte eine Pause und sah das Mädchen an. Dann fuhr er fort:

„All das ist nun in die volle Freiheit des Menschen gegeben. Das ist gerade das Wunderbare – dass die Liebe wirklich nur in voller Freiheit geboren werden kann ... und werden will.

Wenn man aber einen Weg gehen möchte, der die eigene Seele in eine solche Verwandlung bringt, dass sie sich immer mehr mit dem Geistigen verbindet – in dem auch die Kraft der höchsten Liebe erst ganz und gar bewusst zu finden ist –, dann gibt es sehr konkrete Schritte, die man tun kann.

Der erste Schritt, der die so starke Selbstbezogenheit, in die der Mensch im Irdischen hineingerissen wird, überwinden kann, ist die Ehrfurcht. Die Stimmung der Ehrfurcht, die die Seele in sich erwecken kann. Nicht um eine Ehrfurcht gegenüber etwas Irdischem, Äußerlichem geht es, sondern um etwas ganz und gar Innerliches. Man erkennt etwas um so tiefer, je mehr man sich ihm mit Ehrfurcht, Liebe und zarter Behutsamkeit nähern kann. Die Stimmung der Ehrfurcht lässt die Seele ihre Eigenliebe völlig vergessen. ‚Liebe' kann allzuleicht noch sehr viel von Selbstliebe in sich haben. Wirkliche Ehrfurcht macht wahrhaft selbstlos – das ganze Selbst kann sich demjenigen hingeben, dem es sich zuwendet.

Diese Ehrfurcht hat auch nichts mit Unterwürfigkeit oder so etwas zu tun. Man kann sich mit dieser Stimmung einem Zweig nähern, der im Frühling seine zarten Blättchen entfaltet. Nicht um Unterwürfigkeit geht es, sondern um Ehrfurcht, um eine heilige Verbindung von reinem Staunen, Lieben und eben Ehrfurcht. Es ist eine Art inneres Erzittern vor dem Wunder. Ein Sich-Berühren-Lassen, ein völlig reines Sich-Öffnen für ein inneres Berührtwerden durch das, dem man gegenübertritt. Und dies in der größten Tiefe, in einer heiligen Erwartung ... das ist die wahre Bedeutung von ‚Ehrfurcht'. In dieser Stimmung wird alles allzu gewöhnliche Empfinden aus der Seele hinausgewiesen, um ganz bewusst eine Wirklichkeit zu erleben, die weit, weit darüber hinausgeht. Bewusst erweckte Ehrfurcht geht hervor aus dem innersten Willen zu einer Begegnung, die man in einer Art heiligster Feierstimmung empfangen will..."

Baumann erhob sich vom Sofa und kniete auf dem Dielenfußboden nieder. Leicht senkte er sein Haupt und leicht breitete er die Arme aus, die Handflächen nach oben.

„Ehrfurcht", sagte er leise. „Heilige Erwartung, heilige Annäherung, heiliges Begegnen..."

Er stand auf und setzte sich wieder.

„Diese Heiligkeit ist eine innere. Sie besteht darin, dass die
Seele ganz von sich absehen kann, weil ihre Hingabe auf das
gerichtet ist, dem sie begegnet oder begegnen will. Heilig ist
diese Stimmung deshalb, weil die Seele darin wieder ganz
und gar unschuldig wird. Denn in ihrer Selbstvergessenheit
findet sie gerade ihr wahres Wesen – und vor allem die volle
Verbindung zu dem, dem sie dann gegenübertritt. Gerade
dadurch kann sie sich mit dem, was ihr dann begegnet, in
tiefster Weise verbinden. So wird auch die Begegnung, die in
dieser Stimmung geschieht, etwas Heiliges.

Ich will dies nicht überbetonen, aber es geht darum, alles in
ein wirkliches Erleben zu bringen. Heute drängt sich bei
allem Sprechen von etwas Heiligem sehr schnell die Vorstellung von *aufgesetzter* Heiligkeit auf. Davon muss wirklich
ganz abgesehen werden. Man muss durch dieses Hindernis –
auch in der eigenen Seele – hindurch durchdringen zu der
wirklichen Heiligkeit, der wirklichen heiligen Stimmung und
Empfindung. Nur wenn man *wirklich*, real, von sich weg-
kommt und die Hingabe findet, die in der wahren Ehrfurcht
liegt, ist man durchgestoßen zu jener Stimmung, die am Anfang des gesamten Entwicklungsweges liegt, von dem ich
hier spreche. Man muss diese Stimmung wirklich lieben lernen. Solange man dazu noch nicht bereit ist, sollte man sich
nicht auf den Weg machen. Wenn man aber dazu bereit ist,
wird die eigene Sehnsucht einem helfen, alle Hindernisse des
Bloß-Aufgesetzten zu überwinden und die wirkliche Stimmung der Ehrfurcht zu finden, damit aber auch das erste
Erlebnis des Heiligen in seiner Wirklichkeit."

Nach einer kleinen Pause, in der das Mädchen schweigend
abgewartet hatte, fuhr Baumann fort:

„Nun richtet sich diese Ehrfurcht, die man in sich erwecken kann, aber nicht nur auf alles, was einem äußerlich begegnen kann, sondern gerade auch auf die Frage der Wahrheit und der Erkenntnis selbst. Die Ehrfurcht führt einen in der Außenwelt zu einem viel tieferen Erkennen und Erleben – aber auch in der nicht-irdischen Welt der Gedanken, des Denkens, des Wahrheitsstrebens.

Ehrfurcht vor der Wahrheit und der Erkenntnis, das bedeutet: In heiliger Vorsicht Geduld haben, was sich der Erkenntnis offenbaren wird, was sich nach und nach als Wahrheit zeigen wird. Das ist die entgegengesetzte Bewegung zu derjenigen, die die Seele heute fast immer hat. Die Ehrfurcht urteilt nicht vorschnell, sie urteilt zunächst überhaupt nicht. Sie lässt in heiliger Erwartung die Dinge an sich herankommen – und empfindet die Wahrheit gerade durch ihr völliges Abwarten und Schweigen. Nicht *ich* urteile dann, sondern die Wahrheit selbst offenbart sich, wenn meine Seele bereit dazu ist.

Wie viele, unendlich viele Urteile werden heute jeden Tag gefällt! Und wie viele davon sind schlichtweg falsch, unwahr, ungerecht, lieblos, verletzend, fern der wahren Wirklichkeit. Aber die Seele kann lernen, die Wahrheit zu lieben. Sie kann lernen, zu erkennen, wie sehr sie sich täglich an der Wahrheit vergeht und an ihr schuldig wird, weil sie immer *selbst* urteilen will und immer viel zu schnell urteilt. Wenn aber die Seele eine wirkliche Liebe zur Wahrheit fasst, dann wird sie immer weniger urteilen wollen; ihre Sehnsucht, das eigene Urteil schweigen zu lassen, wird immer mehr wachsen – und dies gerade wird sie, die Seele, würdig machen, die Wahrheit zu empfangen. Die Wahrheit wird sich der Seele immer mehr schenken, je mehr diese zu schweigen vermag... Das ist der Weg zu immer höherer Erkenntnis: das immer tiefere Schweigenkönnen der Seele. In abwartender Hingabe, in Ehrfurcht vor der Wahrheit...“

„Das klingt sehr schön", sagte Sylvia. „Ich meine, *wirklich* schön. So, dass man es selber können möchte. Aber ich habe das Gefühl, dass ich das nie könnte."

„Doch, doch!", sagte Baumann lächelnd. „Aber das, was du verwirklichen kannst, reicht immer nur so weit, wie dein eigener Wille reicht. Und das ist auch gut so. Aber was ich beschrieben habe, das kann im Kleinsten ebenso verwirklicht werden wie im Großen. Jedes einzelne Urteil, das du zunächst zurückhältst, wenn du nicht völlig sicher bist, dass es vollkommen wahr ist, ist ein Schritt in die gemeinte Richtung. Mit jedem Mal, wo du erlebst, dass das *wichtig* ist – seine Urteile nur in vollkommener Übereinstimmung mit der Wahrheit zu bilden –, erlebst du etwas, in dem unmittelbar jene Ehrfurcht vor der Wahrheit lebt. Und diese Ehrfurcht, diese heilige Liebe zur Wahrheit, die zunächst oft unbekannt ist, kann auch immer bewusster gepflegt werden. Das heißt nicht, dass man nicht doch noch oft einfach zu schnell und zu umfassend urteilt – aber Tag für Tag kann die Ehrfurcht vor der Wahrheit langsam wachsen. Und diese Ehrfurcht selbst ist es dann, die das eigene Urteil immer mehr schweigen lässt. Man hört einfach auf damit... Das ist der Weg, der vor einem liegt, wenn man nur guten Willens ist. Man braucht nicht an einem Tag schon ans Ende zu gelangen. Wichtig ist, dass man einen Anfang machen will und weitergehen will..."

„Und heißt das, dass ich auch eine Ehrfurcht vor der Wahrheit habe, wenn ich Unwahrheiten entgegentrete?"
„Ja, das heißt es", erwiderte Baumann. „Du hättest dafür doch keinerlei Grund, wenn du nicht die Wahrheit lieben würdest?"
„Vielleicht will ich ja nur nicht, dass jemand an den unwahren Behauptungen leiden muss?"
„Ja, das auch. Aber das ist eigentlich gar nicht zu trennen. Der Mensch empfindet Unwahrheiten, wenn er sie erkennt, unmittelbar. Die Seele empört sich dann nicht nur gegen das

ungerechte Leiden eines Menschen unter den falschen Behauptungen Anderer, sondern auch gegen die Unwahrheit an sich. Jedenfalls sollte es so sein... Je selbstloser die Seele wird, desto mehr ist es so. Dann ist einem nicht nur der durch Unwahrheiten leidende Mensch nicht egal, sondern auch die Wahrheit ist es nicht – denn auch die Wahrheit leidet ja unter den Lügen, die ausgesprochen werden."

„Wie meinen Sie das?"

„Die Wahrheit ist immer eine Realität. Und die Unwahrheiten, die ausgesprochen werden, sind es auch. Im Geistigen verletzten die Unwahrheiten die Wahrheit, sie wollen sie ersticken, auslöschen. Das spürt die Seele unbewusst – und indem sie den Unwahrheiten entgegentritt, will sie ganz und gar real die im Übersinnlichen lebende und existierende Wahrheit verteidigen, vor den Angriffen der Unwahrheiten. Es ist wirklich dasselbe wie der übersinnliche Kampf Michaels gegen den Drachen. Der Drache will die guten geistigen Mächte vernichten. Michael stößt ihn aus dem Himmel und ist der Hüter der geistigen Welt. Der Mensch, der den Unwahrheiten entgegentritt, ist auch jedes Mal ein Hüter der geistigen Welt und der realen Wesenheit der Wahrheit. Die Wahrheit wird von ihm beschützt – der Mensch stellt sich vor sie und weist die Unwahrheiten ab..."

„Kann man sich das wirklich so real vorstellen?"

„Ja, man kann. Es ist eine Realität. Ebenso wie der übersinnliche Mensch eine Realität ist. Wäre es nicht so, würde einen eine Verletzung der Wahrheit nicht so tief berühren – sie würde einen überhaupt nicht berühren. Es wäre egal, ob die Wahrheit oder die Lüge in der Welt wären. Aber der Mensch ist ein geistiges Wesen, und die Wahrheit ist es auch. Deswegen *wird* der Mensch von Unwahrheiten zutiefst berührt – und deswegen kann er sich mit heiliger Entschiedenheit auch den Unwahrheiten entgegenstellen, selbst wenn er durch diese Tat selber leiden muss, ja, sogar wenn es ihn sein irdisches Leben kosten würde..."

Das Mädchen schwieg, ehrfürchtig...

„Aber die Stimmung der Ehrfurcht ist nur ein Schritt, selbst wenn auch sie allein schon immer tiefer gehen kann. Es gibt noch viele weitere Kräfte, die die Seele in sich entwickeln kann. Etwa den Mut, das Vertrauen... Und auch die Liebe.

Rudolf Steiner gibt einmal das Beispiel des Verbrechers. Wer ist ein Verbrecher? Ein Mensch, der in bestimmter Weise schuldig geworden ist. Aber man kann nun auch danach fragen, was dazu beigetragen hat, dass er schuldig geworden ist. In welchen Umständen ist er aufgewachsen? Vielleicht bin ich durch meine Erziehung allein davor bewahrt worden, ein Verbrecher zu werden. Vielleicht haben die Menschenbegegnungen, die mir zuteil geworden sind, mich davor bewahrt – und sind ihm aber gerade dadurch entzogen worden...

Worum es geht, ist, sich in tiefstem Sinne *mitverantwortlich* für alles zu fühlen, was geschieht. Das erst führt auch das ganze Urteilen in eine Richtung, die es sonst niemals genommen hätte – wodurch es doch immer wieder nicht die volle Wahrheit umfassen würde. Erst die tiefe Liebe zu allem, was um uns ist, führt uns zu richtigen Urteilen. Vorher bleiben die Urteile einseitig und noch immer unwahr.

Erst da, wo der Zusammenhang ganz geknüpft wird, wo wir den anderen Menschen wirklich als Mitbruder, als Mitschwester erleben können, beginnen wir, die Wirklichkeit zu ergreifen. Denn wir alle *sind* miteinander verbunden. Niemand kann sich vom Schicksal der Anderen abtrennen. Jedes Urteil, das einen Anderen völlig zurückstößt, ist unwahr – allein schon deshalb, weil es nicht *gut* ist, weil in ihm nicht die Liebe lebt. Selbst wenn ein Urteil völlig wahr wäre und ich das volle Recht hätte, meinen Mitbruder zurückzustoßen – was hätte ich davon? Ich würde eine lieblose Tat tun, ich würde die Liebe selbst verleugnen! Lass mich also doch die Hand ausstrecken und zur Wahrheit – wenn sie es denn ist – noch die Liebe hinzufügen und damit das Böse, das Verlorene, das Gefallene und Gestrauchelte *erlösen* helfen!

Und auch dies nicht, weil ich etwa so gut wäre, sondern weil auch ich schon vielmals gestrauchelt bin, mich an der Wahrheit und an meinen Menschenbrüdern und -schwestern versündigt habe. Worum geht es in der Welt? Einzig und allein um die Liebe. Nur diese kann uns alle in eine Zukunft führen, die wahrhaft menschlich ist. Ohne die Liebe verliert alles seinen Sinn – und ohne die Liebe bleiben wir auch vollkommen blind.

Alle innere Entwicklung zielt letztlich auf ein Vertiefen der Liebe. Mag dies am Anfang nicht immer voll bewusst sein, aber der Weg selbst führt den Menschen dahin. Denn jede innere Entwicklung zielt auf ein Auflösen des Egoismus, auf ein Zusammenwachsen mit dem, was einen umgibt. Man verliert sich selbst dadurch nicht – aber man gewinnt die ganze Welt hinzu. In der Liebe erst findet der Mensch sein wahres Selbst – und das wahre Selbst all dessen, was ihn umgibt. Mit der Ehrfurcht beginnt der Weg – und mit dem vollen Aufblühen der Liebe endet er. Und er ist nie zu Ende, die Liebe kann immer nur weiter wachsen...“

Baumann schwieg. Er hatte alles gesagt, was er für den Anfang sagen wollte. Das Mädchen schwieg. Ihr Vater, Baumanns Freund, schwieg.
Schließlich fragte Sylvia leise:
„Und mit dieser Liebe hat Rudolf Steiner erkannt?“
„Ja“, sagte Baumann. „Mit dieser Liebe und mit einem bis ins Innerste verwandelten Denken, Fühlen und Wollen; mit einem Geist, der zum Geistigen der Welt durchdrang und sich mit diesem vereinigen konnte.
Wenn das Denken so rein und stark wird, dass in ihm die Wahrheit selbst Wohnung nehmen kann; wenn das Wahrnehmen so rein und durchlässig wird, dass sich in ihr das Geistige mit offenbaren kann; wenn der Geist des Menschen sich auch zu den Wirklichkeiten erheben kann, die sich *nur* im rein Geistigen offenbaren, dann hat der Mensch die Grenzen

und Mauern des irdischen Erkennens wahrhaft überwunden.
Dann steht er vor der vollen Wirklichkeit, *in* der vollen Wirklichkeit – und in dieser stand Rudolf Steiner. Und in uns erwacht die Sehnsucht danach, wann immer wir erleben, wo überall die Wirklichkeit über das hinausgeht, was wir zunächst nur erlebt, erkannt, gedacht und gefühlt haben. Überall können wir die Grenzen dieses Bisherigen überschreiten, wenn wir es nur wollen und unsere Seele dafür bereit machen und darin üben..."
Das Mädchen nickte fast unmerklich.

Dann kehrte Baumann einen Schritt in das gewöhnlichere Leben zurück. Ganz ruhig fragte er nun:
„Und, Sylvia – wie ging es dir mit alledem? Hat es deine Frage zunächst beantwortet? War es das, was du gesucht hast?"
„Ja!", erwiderte sie. „Ich bin von allem irgendwie sehr berührt. Wissen Sie, vorhin hatte ich sogar so etwas wie einen Entschluss verspürt: Ich werde Waldorflehrerin! Das war sehr merkwürdig. Es war wie ein kurzes, sicheres Wissen. Es hatte nichts mit dem zu tun, was ich in der Schule erlebt habe, aber mit dem, was Sie darüber gesagt haben. Ich hatte gedacht: Das kann ich, das will ich! Ich werde es anders machen als meine Lehrer. Ich meine, sie haben sich sicher fast alle Mühe gegeben. Aber das, was Sie beschrieben haben – das wollte ich schaffen... Es ist eigentlich immer noch so. Obwohl ich jetzt nicht mehr so sicher bin wie vorhin.
Übrigens habe ich mit Philipp auch über das Handy gesprochen. Stellen Sie sich vor: Er hat es sofort verstanden! Ich war so glücklich darüber – denn ich hatte befürchtet, dass er es vielleicht gar nicht verstehen würde. Auch da hatten Sie wieder Recht: Man muss über seine Empfindungen einfach sprechen. Wenn man sich liebt, versteht man sich auch. Ach, es ist so schön, das zu erleben...

Was will ich eigentlich sagen? Ich will Ihnen eigentlich danken, weil ich über alles so froh bin. Es ist, als ob ich dem begegne, was genau richtig ist. Es fühlt sich alles so *richtig* an..."

Baumann schwieg tief berührt. Dann sagte er:
„Vielen Dank, Sylvia. Etwas Schöneres kannst du mir eigentlich gar nicht sagen. Es ist wunderbar, dass du das alles so erlebst. So sind wir also eigentlich gegenseitig dankbar...
Bleibe nur immer deinen innersten Erlebnissen treu – sie können nicht trügen. Mögen sie sich auch verwandeln; solange sie aus deinem Innersten hervorgehen, werden sie dir immer von der Wahrheit offenbaren. Habe also Mut, ihnen zu vertrauen und ihnen zu folgen, so folgst du dir selbst. Ich wünsche dir von Herzen alles Gute auf diesem Weg, der immer weiter führt..."
„Danke", sagte Sylvia leise.

*

Als Baumann und Grunert schließlich allein zusammensaßen, schwiegen sie eine ganze Weile, erfüllt von dem zuvor Erlebten.
Schließlich durchbrach Grunert die Stille mit den Worten:
„Habe ich dir eigentlich schon gesagt, dass Sylvia neulich ihr Zimmer aufgeräumt hat?"
„Nein", sagte Baumann, „was für ein weiteres wunderschönes Wunder..."
„Und habe ich dir eigentlich schon gesagt, dass ich immer wieder staune, was für einen wunderbaren Freund ich habe?"
Baumann lächelte.
„Ja, schon oft."
„Dann nimm diese Frage als kleinen Hinweis darauf, dass ich es gerne nochmals sagen wollte, ohne es zu wiederholen."

„Habe ich dir eigentlich schon gesagt, dass auch ich einen wunderbaren Freund habe – und dass dieser Freund noch dazu eine ganz wunderbare Tochter hat?"

„Nein!", lachte Grunert. „Ich glaube, das hast du noch nie gesagt."

„So nimm es als Hinweis darauf, dass ich es jetzt gerne sagen wollte und sicher gerne noch viele Male wiederholen werde."

Die beiden Männer lachten in herzlicher Verbundenheit.

Dann sagte Baumann, wieder ernst:

„Das ist das Mysterium der Anthroposophie. Sie ist so innig eins mit dem wahren Wesen des Menschen, und doch muss jeder einzelne Mensch in seiner Sehnsucht zu ihr erst erwachen! Dadurch wird es eine absolute Freiheitstat. Aber dadurch ist es so unendlich gefährdet. Einzeln und einzeln findet die Anthroposophie ihren Weg zur Seele des Menschen. Und was für ein Wunder, was für eine Feierstunde in den geistigen Welten, wenn wieder so ein Moment gekommen ist.

Rudolf Steiner sagte einmal, jeder Erdenabschied, jeder Tod, der für die Zurückgebliebenen so von Trauer durchdrungen ist, ist für die geistige Welt eine Feierstunde. Der Verstorbene wird in heiliger Freude empfangen, zurückgekehrt in seine wahre Heimat. Genauso aber müssen es die Engel wohl erleben, wenn schon im Erdenleib in einer Seele wieder das erste Wissen um ihr wahres Wesen aufleuchtet – und die Sehnsucht nach jenem Weg erwacht, der sie immer tiefer in ihre wahre Heimat hineinführt: in das bewusste Sein und Leben als Geistwesen und das bewusste, innige Einswerden mit dem lebendigen Geistigen des Weltganzen in all seiner Fülle."

Grunert nickte.

„Ja, die geistige Welt, die guten geistigen Mächte jubeln – aber die Widersachermächte werden auch nicht zögern, alles zu versuchen, um jede einzelne Seele wieder zurückzureißen, abzuhalten, erneut ihre Sehnsucht zu verschütten und zu überlagern."

„So bleibt uns nichts anderes, als unser eigenes Streben immer mehr in voller Stärke zu entfalten – und auch gegenüber der Welt den Mut zu haben, die Wahrheit nicht zu verschweigen. Um überall da unseren Mitbrüdern und -schwestern zu helfen, die Sehnsucht zu erwecken und zu entfalten, wo sie nur darauf wartet."

„Und wie weiß man dies?"

„Die Liebe sagt es einem. Meist fehlt doch wirklich nur der Mut. Auch wenn wir niemandem etwas aufdrängen wollen, so wissen wir doch selbst nur zu genau, dass wir eigentlich immer viel zu wenig tun, weil wir selbst zu wenig Mut haben."

Grunert nickte. Dann sagte er:

„Es wird für mich immer ein Rätsel bleiben, warum nicht *jeder* Mensch sich berühren lässt. Warum die meisten die Anthroposophie wirklich das ganze Leben lang abweisen."

„Es ist eine Menschheitstragik. Wenn die Hindernisse nicht so ungeheuerlich wären, wäre es keine Freiheitstat. Immer wieder müssen wir uns dessen bewusst werden, was die geistige Welt dem Menschen zutraut, ja zumutet. Sie traut ihm unendliche Mutkräfte zu! Eine unvorstellbare Stärke, mit der er einst alle Wirkungen der Widersachermächte zurückweisen wird, um sich zu seinem vollen, wahren Sein zu erheben. Und in diesem Moment wird er sein wahres Sein zum ersten Mal *verwirklichen*. Das wird diejenige Freiheitstat sein, über die die geistige Welt noch unendlich viel mehr jubeln wird, als über jede einzelne Rückkehr einer Seele im Augenblick des Todes. Denn dann erst wird dasjenige eine Wirklichkeit, worauf die geistige Welt seit undenklichen Zeiten hofft und wofür sie wirksam gewesen ist: das Offenbarwerden der ‚Kinder Gottes'!

Noch sind wir alle auf dem Weg. Aber dieser Weg führt in eine reale Zukunft. Es gibt ein hohes, ein heiliges Ziel. Dieses Ziel heißt: *der Mensch*. Die Anthroposophie ist die Sophia, die bewusste, leuchtende Erkenntnis dieses wahren Menschen.

Dass dies heute noch von den Wenigsten erkannt wird, ist kein Wunder. Denn wie sehr ist die Menschheit von ihrem wahren Wesen abgekommen. Aber es gibt nur einen Weg: Der immer weitergehende Abstieg ins Irdische muss umgekehrt werden. Er muss als Abstieg erkannt werden, und im Innern des Menschen muss die Sehnsucht nach einem neuen Aufstieg erwachen. Das bloß Irdische muss als Sackgasse, als Vernichtung des eigenen Menschenwesens empfunden werden.

Und wenn dieses Empfinden schließlich *bewusst* wird, dann beginnt der Aufstieg. Dann beginnt der Moment, in dem sich das Menschenwesen bewusst zur Wehr setzen wird und die Wirkungen der Widersachermächte in ihre Schranken weisen wird. Und in jedem einzelnen Menschen, in dem die Sehnsucht nach der Liebe, den Ehrfurchtskräften, nach Wahrheit und Erkenntnis erwacht, hat dieser Weg des Aufstiegs in einem ersten Anfang von neuem begonnen...“

„Ja“, sagte Grunert, „unterstützen wir diesen Weg mit all unserem eigenen Mut – und gehen auch wir ihn mit aller Kraft.“

Der September war angebrochen, als eine neue Entwicklung eintrat.

Nach dem gemeinsamen Abendessen war Marcel bereits wieder in sein Zimmer gegangen. Sylvia war mit Abräumen an der Reihe und lief zwischen Wohnzimmer und Küche noch hin und her, als Grunerts Frau Baumann ansprach:

„Michael, ich habe mit Karsten schon darüber gesprochen, und jetzt wollte ich dich etwas fragen...“

„Ja?“, erwiderte Baumann.

„Also es ist so...“, begann Leonie etwas zögernd. „Unsere letzten Gespräche haben so einiges in mir bewegt. Eigentlich nicht nur die letzten, aber diese dann doch wirklich. Mir ist bewusst geworden, dass ich um die Anthroposophie nicht länger einen Bogen machen will. Aber ich bin wirklich nicht der Typ Mensch, der wie Karsten oder vielleicht auch du Bücher von Steiner lesen kann. Ich kann das einfach nicht alleine – und will es auch nicht. Was ich will, ist, die Anthroposophie mindestens so praktisch zu verstehen und mich mit ihr zu verbinden, wie ich es in unseren Gesprächen mit dir immer erlebt habe.

Ich gebe zu, das macht jetzt nicht so einen vertrauenswürdigen Eindruck, denn ich habe doch immer von diesem Wolkenkuckucksheim gesprochen – die die Anthroposophie für mich lange aber auch wirklich war. Doch nun ist mir klar geworden, dass es um etwas geht, was ich bisher so nicht gesehen habe – vielleicht überhaupt nicht gesehen habe bisher. Dieses ‚Menschliche‘, von dem du immer sprichst, darin scheint mir etwas zu liegen, was wir alle absolut vernachlässigen. So, wie du darüber sprichst, klingt da eine Verheißung an, die man wahrmachen könnte, wenn man sich auf einen Weg macht. Und ich habe das Gefühl ... diesen Weg suche ich. Ich will keine Theorie, ich will keinen Dogmatismus, ich will kein Wolkenkuckucksheim.

Kannst du mit uns an diesem Weg praktisch arbeiten? Ich meine, ist es möglich, gemeinsam etwas zu tun, was mindestens die Tiefe der bisherigen Gespräche hat, was aber doch auch noch mehr in das wirkliche Tun hineinführt, in ein Üben? Du deutest das doch auch immer an. Können wir das gemeinsam machen? Ich bin auch nicht der Mensch, der allein zu meditieren beginnt – und doch ist in mir jetzt eine Sehnsucht da, dies gemeinsam unter deiner Anleitung zu versuchen, zu tun. Ist das ... kannst du dir das vorstellen?"

Baumann war von diesem Anliegen völlig überrascht. Fragend schaute er zu Grunert und sagte:
„Und du, Karsten, willst du das etwa auch?"
„Ja, durchaus. Ehrlich gesagt, hat Leonie mich mit ihren Gedanken darüber erst auf die Idee gebracht. Ich wäre da nie drauf gekommen. Aber nun liegt es auf einmal völlig auf der Hand. Warum sollten wir dies nicht tun? Ich meine, wir *sollten* gemeinsam beginnen, daran zu arbeiten. Das ist das Einzige, was weiterführt, oder nicht?"
„Ja", sagte Baumann, „das ist wohl wahr. Alleine und gemeinsam innerlich arbeiten. Und du ... willst du dies etwa auch? Ich meine, soll ich wirklich versuchen ... eine Art Anleitung zu geben?"
„Ja, Michael. Wir wollen gemeinsam etwas tun. Ich habe genug Erfahrungen mit Arbeitsgruppen, wo alle herumsaßen und gemeinsam etwas wollten und nichts zustande kam, weil keiner ,den Hut aufhatte', aber auch niemand jemandem den Hut zugestanden hätte. Du kannst es, und gerade das wäre schön. Lass uns gemeinsam arbeiten. Dem Ansatz, den du wählst und gestaltest, werden wir folgen. Ich vertraue dir und deinen Fähigkeiten voll und ganz."

Baumann nickte. Bevor er etwas sagen konnte, war Sylvia wieder an den Tisch getreten und zog dadurch die Blicke auf sich.

Jeder sah, dass sie ein Anliegen hatte, und in das allgemeine Schweigen hinein fühlte sie sich aufgefordert zu sprechen.

„Ich ... wollte nicht stören, aber ... ich habe auch nur die Hälfte mitbekommen, aber ... wenn ihr gemeinsam ‚übt', kann ich ... kann ich vielleicht mitmachen?" Sie wandte sich an Baumann. „Wahrscheinlich müsste ich Sie fragen, oder...?"

Eine überraschte kurze Stille trat ein.

Dann sagte Baumann:

„Nun, das wäre sicher schon möglich, Sylvia. Aber wie kommt das, dass du mitmachen möchtest?"

„Na ja – ich weiß ja gar nicht genau, was Sie vorhaben, wie das geht und so. Aber Sie haben doch neulich davon gesprochen, wie man dahin kommt, *auch* zu wissen, was Rudolf Steiner alles erkannt hat. Ich meine, ich glaube nicht, dass ich dahin kommen kann, das ist es nicht, was ich will. Aber das, worüber sie da gesprochen haben, hat mich nicht mehr losgelassen. Dieses Wort vom Menschenbruder... Daran und an diese Dinge musste ich immer wieder denken. Und ich will, wenn Sie mit Mama und Papa üben, auch mitmachen. Wenn ich darf..."

Baumann sah seinen Freund und dessen Frau an. Diese zeigten mit ihrer fragend zustimmenden Mimik, dass von ihrer Seite aus nichts dagegen spräche.

„Also gut", sagte er dann. „Ich habe auch nichts dagegen. Wir müssen es einfach probieren. Sicher hast du verstanden, dass die Sache eine ernste ist. Was wir hier dann versuchen, ist nicht etwas, was man probiert und dann doch wiederum sein lässt. Natürlich hast du diese Freiheit. Ich spreche nur von der ganzen Stimmung und Empfindung, mit der eine solche Arbeit begonnen werden muss. Aber ich höre in deinen Worten schon auch eine wirkliche Suche – du wirst diesen Ernst also gewiss haben..."

Er wandte sich dann zugleich auch wieder an die beiden Erwachsenen.

„Wollen wir dann damit in zwei Wochen beginnen?"

„Ja, das wäre wunderbar", sagte Leonie, bekräftigt von Grunert.

Das Mädchen nickte freudig.

„Gut", sagte Baumann. „Dann wollen wir uns bis dahin jeder für sich in die Ehrfurcht vertiefen. Unsere Arbeit wird von dem leben, was wir gerade auch in der Zwischenzeit dafür tun..."

„Vielen Dank!", sagte Sylvia nun.

„Dafür braucht es keinen Dank", sagte Baumann. „Du hast sicher auch verstanden, dass wir selbst ebenfalls sehr dankbar sind für alles, was von diesen Dingen verstanden wird. Es ist etwas Großartiges, wirklich Großartiges, Sylvia, wenn ein junger Mensch wie du danach zu fragen beginnt, weil er in sich selbst etwas von einer Sehnsucht danach erlebt.

Und auch was das Üben, das gemeinsame innerliche Arbeiten angeht, so ist ganz gewiss heute die Zeit gekommen, wo die älteren und die jüngeren Menschen dies zusammen tun sollen und auch können. Die Zeit ist vorbei, wo man sich nach den Generationen abschließen muss – die verschiedenen Lebensalter *sollen* zusammenarbeiten. Es ist nichts schöner und auch bedeutsamer als das! Sei uns also herzlich willkommen. Wir sind darüber genauso froh wie du."

„Danke", war nochmals leise die beschämt-freudige Antwort des Mädchens...

Als sie sich zu viert zwei Wochen später in dem kleinen Arbeitszimmer trafen, hatte Grunert noch einen Stuhl dazugeholt. Auf diesem saß nun Baumann, während Mutter und Tochter sich das Sofa teilten und Grunert in seinem gewohnten Sessel Platz nahm.

Keiner lehnte sich an, alle saßen erwartungsvoll aufrecht und warteten darauf, dass Baumann beginnen würde.

Dieser schaute jeden kurz an und durchbrach dann die Stille: „Ja, ich bin nicht ganz sicher, wie ich nun anfangen kann. Ich möchte eigentlich wirklich von Beginn an mit einem *sehr* ernsten Üben anfangen. Was ich vor zwei Wochen zu Sylvia sagte, gilt ja für uns alle: Dies ist kein Probieren, kein Maleben-etwas-Üben – das könnte es auch sein, aber so will ich es nicht gestalten. Sondern ich würde gerne versuchen, es so zu tun, dass wirklich etwas von dem Ernst *erlebt* wird, den diese Dinge haben. Wir werden es ohnehin immer nur sehr unvollkommen tun können. Aber in dieser Unvollkommenheit sollte zumindest unser Ernst und unser Ringen so vollkommen wie möglich sein...

Wir brauchen diesen Ernst zum Glück nicht unmittelbar auf unser ganzes Leben übertragen – und das soll auch gar nicht sein. Aber hier, wo wir üben, sollten wir uns vollkommen dessen bewusst sein, dass wir etwas *erreichen* wollen: eine Umwandlung unserer Seele. Diese wird aber nur mit einem großen, inneren Ernst möglich sein.

Ein solcher Ernst ist heute ganz und gar unüblich. Deswegen ist er nur schwer aufzubringen, gerade auch in einer Gruppe, einer Gemeinschaft. Ganz leise innerlich schämt man sich immer irgendwo, einen solchen, heute ganz unüblichen Ernst in sich zu erwecken. Und immer ist dann die Tendenz da, dies leise abzuwiegeln, einen Witz zu machen, die Sache doch nicht vollkommen ernst zu nehmen und so weiter. Da wird die *Furcht* vor diesem Ernst unmittelbar sichtbar. Furcht und auch Unwille – das sind in uns wirkende Kräfte. Diesen müssen wir von Anfang an entgegentreten, wenn wir den rechten Ernst wirklich erreichen wollen.

Ich sage dies alles jetzt am Anfang deshalb, damit wir von Anfang an den Mut dazu fassen und erkennen, was sich dem entgegenstellen will. Ich bitte euch also nun darum, liebe Freunde, mit mir zusammen diesen Ernst wirklich innerlich zu erwecken und ihn all unserer gemeinsamen Arbeit zugrunde zu legen. Diese Arbeit möge also eingetaucht sein in den Ernst, mit der wir sie für uns, für die Welt und vor den Augen der geistigen Welt tun wollen..."

Baumann wandte sich an das Mädchen.

„Sylvia, für dich gilt ganz besonders: Wann immer du etwas befremdlich findest oder nicht verstehst, darfst und sollst du fragen. Es geht nicht darum, dich mit etwas zu überwältigen. Keinen Augenblick sollst du das Gefühl haben, etwas zu tun, was du nicht tun willst – sondern in jedem Augenblick sollst du, sollen wir alle, das Gefühl haben, dass wir genau das tun, was wir *wollen*, wonach wir suchen." Er wandte sich an die beiden anderen Erwachsenen. „Das gilt also auch für euch. Mit unserem freien Willen wollen wir etwas tun, was unsere Seele in Verwandlung bringt. Sobald dieser Wille nicht mehr ganz frei ist, sobald sich innerlich etwas wehrt oder nicht mitkommt, muss es ausgesprochen werden. In Ordnung?"

„Ja", bestätigten alle drei.

„Beginnen möchte ich immer mit dem Sprechen eines von Rudolf Steiner gegebenen Spruches. Dieser kann unsere Arbeit immer gleich zu Beginn in dasjenige Licht stellen, um das es geht. Ihr könnt innerlich so intensiv teilnehmen, wie es euch möglich ist."

Baumann machte eine kleine Pause und sprach dann mit geschlossenen Augen die Worte:

„Gottes schützender, segnender Strahl
erfülle meine wachsende Seele,
dass sie ergreifen kann
stärkende Kräfte allüberall.
Geloben will sie sich,
der Liebe Macht in sich
lebensvoll zu erwecken
und sehen so Gottes Kraft
auf ihrem Lebenspfade
und wirken in Gottes Sinn
mit allem, was sie hat...“

Nachdem die Worte und ihre ernste Bedeutung in den Seelen nachgeklungen waren, begann Baumann von neuem:
„Also, die Ehrfurcht. Beginnen wir einmal damit, die Seelenstimmung der Ehrfurcht in uns zu erwecken. In aller Stille und Einsamkeit, jeder für sich, ganz allein, ich meine, innerlich in der Seele ganz allein. Etwa drei Minuten. Danach werde ich ein Zeichen geben, dass wir aus der inneren Versenkung langsam wiederkehren wollen.“
„Was für ein Zeichen?“, fragte Sylvia vorsichtig.
„Einen Hinweis“, sagte Baumann, „ich werde wahrscheinlich so etwas wie ‚gut‘ oder so sagen...“
„Ah.“ Das Mädchen nickte.
Baumann schloss die Augen, und die Anderen folgten ihm, versuchten, das Beabsichtigte zu tun...

*

„Gut...“, sagte Baumann schließlich.
Langsam öffneten alle wieder die Augen, kehrten schweigend wieder in die gemeinsame Anwesenheit zurück. Dann fragte Baumann:
„Und? Wie ist es euch gelungen? Lasst uns unsere Erfahrungen mit unserem Bemühen kurz austauschen.“

Leonie sagte:

„Also ich stand wie der Ochs vorm Berge. Ich dachte, es würde mir leicht gelingen. Aber letztlich habe ich fast nichts zustande gebracht. Schließlich habe ich mich in die Vorstellung einer großen Kirche geflüchtet, wo ich dann in der Vorstellung niedergekniet bin, um zu beten. Das ist überhaupt nicht mein Ding. Aber die Vorstellung hat dann geholfen, so etwas wie die Stimmung der Ehrfurcht wirklich zu haben. Dann war sie auf einmal doch da."

„Danke, Leonie", sagte Baumann. „Ich will noch etwas sagen. Es fällt mir wirklich sehr schwer, weil das etwas höchst Schwieriges ist. Aber wenn ich unser Üben anleiten soll, muss ich es doch wiederum sagen. Unser Ernst muss wahrlich erkämpft werden. Bis in jeden einzelnen Moment hinein, und bis in das einzelne Wort hinein. Nimm es mir bitte nicht übel, Leonie. Es geht nicht gegen dich – sondern wir müssen uns vor allen Tendenzen hüten, die den Ernst herabziehen wollen in etwas Gewöhnliches. Eigentlich müssten wir zugleich mit der Ehrfurcht auch die Demut üben. Das ist wirklich das, was wir zuallererst tun müssen.

Bitte lasst uns uns über diese Übungen nicht wiederum gewöhnlich austauschen. Lasst uns auch in diesem Austausch den vollen Ernst bewahren. – Was ich sagen will, ist sehr schwer in Worte zu fassen, und doch muss ich versuchen, es deutlich zu machen. Nochmals Leonie, es ist nicht gegen dich. Bist du bereit, dass ich etwas sagen kann?"

„Ja, sag es ruhig, was ist es denn?", erwiderte sie.

„Die Macht, die alles heilige Streben herabziehen will, ist wirklich überall, sie sitzt in den feinsten Verästelungen unserer Seele – und wir können ihrem Wirken nur entgehen, wenn wir es und damit sie selbst erkennen. Ich meine das, was du zu Beginn sagtest, Leonie. ‚Also ich stand wie der Ochs... Letztlich habe ich fast nichts zustande gebracht.' Darin lebte eine Art Jovialität. Man kann das manchmal bei Stammtischen und so weiter erleben: Eine Art kumpelhaftes Heischen nach Verständnis und Übereinstimmung bei dem, was man *nicht* kann. Nach dem Motto: ‚Also, ich hab's einfach nicht zustande gekriegt' – und dann stimmen die anderen gleich bei: ‚Ich auch nicht', und: ‚Ja, mir ging's auch so'. Es ist ein wohliges Sich-Genießen in der eigenen Ohnmacht und in dem Gefühl: So ist es eben, das ist nicht schlimm, sondern normal. Man zeigt sich in dieser Ohnmacht geradezu so, wie man sich in der neuesten Mode zeigt – man gefällt sich darin. Was ich sagen will, ist: Wir können uns die notwendige Verwandlung der Seele nicht groß genug vorstellen. Vor allem nicht den Ernst, der walten muss, wenn wir überhaupt *irgendetwas* zustande bringen wollen.

Wenn wir dies nicht von Anfang an radikal ändern, bleibt alles im Unverbindlichen. Dann können wir vielleicht üben, können vielleicht sogar einiges erreichen – aber das, was wir erreichen wollen, das werden wir nicht erreichen. Das werden wir nur erreichen, wenn wir von allem Anfang an durch das heilige Tor des Ernstes schreiten. Die wirkliche Ehrfurcht, die wirkliche Demut und alles andere, was wir uns erringen wollen, ist erst dahinter zu finden."

Mit friedvoll-ruhigem Ernst schaute Baumann Leonie an.

Diese erwiderte:

„Was für eine Analyse! Aber gut, Michael, ich nehme es hin, wie es ist. Du hast sicher recht. Nein, du *hast* recht. Ich habe das, was du beschrieben hast, in meinen Worten wiedererkannt. Es geht also wirklich ans Eingemachte. Da ist die Anthroposophie von Anfang an kein Wolkenkuckucksheim, da wird alles sehr konkret. Und auch die Widersacher gewinnen auf einmal eine Konkretheit, die sie vorher für mich nie hatten. Jetzt wird mir klar, *wie* konkret das wird. Und du kannst von Glück sagen, dass ich von der Anthroposophie so viel zumindest verstanden habe, dass ich dies wirklich begreife – sonst wäre ich natürlich jetzt gleich aufgesprungen und gegangen."

Baumann erwiderte:

„Die Widersacher sind noch immer unter uns, Leonie. Besinne dich auf das, was du wirklich willst! Willst du wirklich durch das Tor des Ernstes und der Demut schreiten? Dann lege allen Stolz ab, der dich daran hindert. Nicht ich habe Glück, sondern du hast Glück, wenn du nicht aufspringst und gehst. Wir alle sind uns nichts schuldig – und Glück ist nur, wenn wir in der Lage sind, alle Prüfungen durchzumachen und zu bestehen, um die furchtbaren Versuchungen der Widersacher abzuwehren, die uns mit aller Macht abhalten wollen, durch diese Tore zu schreiten. Wir sind durch und durch durchtränkt von Hochmut, von Profanität, von Jovialität und Furcht vor dem Geist. Wir müssen den stärksten Kampf gegen uns selbst kämpfen, um mit demjenigen Ernst zu machen, womit der beste Teil unserer Seele Ernst machen *will*.

Es geht ,ans Eingemachte', ja. Aber dieses ,Eingemachte' ist keine Notration oder so etwas, es ist gerade das Schlechte; dasjenige, was geglaubt hat, in unserer Seele für immer und ewig konserviert zu bleiben, um für immer unerkannt wirken zu können. Es geht an das Eingemachte der Widersachermächte. Wir steigen in den Keller der Seele und sorgen dafür, das alles, was bisher unerkannt war und bleiben wollte, ebenfalls verwandelt wird. Wir wollen unsere Seele rein machen. An Stelle des ,Eingemachten', das nichts anderes ist als die Wirkung der Widersacher in den feinsten Verästelungen unserer Seele, wollen wir die Heiligkeit setzen, wirkliche Heiligkeit. In vollem Bewusstsein dessen, dass wir dies niemals vollkommen tun werden können, dass aber unser *Streben*, unser Ernst des Willens, so vollkommen wie möglich sein möge."

Leonie atmete einmal hörbar aus.

„Du bist ein strenger Lehrer, Michael. Aber das ist gut. Danke für deine Deutlichkeit. Ich werde tun, was ich kann – hoffe ich."

„Gut", sagte Baumann. „Karsten, möchtest du als nächstes schildern, wie dein Erleben in der Übung war?"

„Ja, das kann ich tun. Für mich war es auch erstaunlich schwer, ich meine, ich selbst habe gestaunt, wie schwer es war. Ich erinnerte mich dann an Steiners Schilderung eines Kindes, das zum ersten Mal das Zimmer eines von ihm ehrfürchtig verehrten Mannes betreten soll – oder darf. Aber damit wollte er ja auf die Anfänge, die guten Voraussetzungen hindeuten. Ich habe dann an die Hierarchien gedacht, an Michael ... und dann bin ich ein wenig in die Stimmung hineingekommen. Aber ich schäme mich eigentlich, *wie* wenig..."

Baumann nickte.

„Hast du an die Hierarchien gedacht, die selbst in Ehrfurcht leben – oder an die Ehrfurcht, die du gegenüber den Hierarchien empfinden könntest?"

„Ja, an das Letztere."

„Gut. Lassen wir das erst einmal so stehen... Und du, Sylvia? Wie ging es dir?"

Das Mädchen war sichtlich befangen, als es nun an die Reihe kam.

„Also ... ich habe an das gedacht, was Sie neulich sagten. Ehrfurcht vor der Wahrheit..."

„Natürlich!" Grunert schüttelte den Kopf über sich selbst.

Ein strenger Blick von Baumann ließ ihn verstummen.

„Tut mir leid..."

Als das Mädchen wieder die volle Aufmerksamkeit fühlte, fuhr sie, noch immer unsicher, fort:

„Ich habe mir vorgestellt, dass die Wahrheit mir unendlich wichtig wäre und wie ich versuchen würde, ihr treu zu sein und aller Unwahrheit entgegenzutreten, und wie ich ... ja ... Ehrfurcht vor der Wahrheit hätte..."

„Wie fühlt sich diese Ehrfurcht an?", fragte Baumann.

Sylvia überlegte.

„Wie etwas – Heiliges?"

„Was ist heilig? Die Ehrfurcht? Oder die Wahrheit?"

„Beides!", lächelte das Mädchen.

„Also auch die Wahrheit konntest du wirklich als etwas Heiliges erleben?"

„Na ja, ich weiß nicht, ob ich das so deutlich konnte. Ich habe versucht, die Ehrfurcht zu erleben – und dadurch *wurde* die Wahrheit sozusagen etwas Heiliges."

„Ja ... das ist gut...", sagte Baumann langsam.

Dann schwieg er eine kurze Weile, um schließlich sein eigenes Erleben zu beschreiben:

„Ich bin innerlich ganz in die reine Stimmung der Ehrfurcht eingetaucht. Diese hatte erst einmal gar keine klare, bestimmte ‚Richtung', worauf sie sich gerichtet hätte. Es war eine innere Stimmung der Seele, verbunden auch mit der Stimmung der Demut. Mit der Zeit wird dann schon deutlich, dass sich diese Stimmung auf eine geistige Welt richtet, dass die Ehrfurcht sozusagen Ehrfurcht ‚nach oben' ist, und nun auch wieder verbunden mit dem Ernst, mit der Verantwortung für den Entwicklungsweg, das Streben überhaupt. Ernst, Demut und Ehrfurcht kommen sozusagen zusammen, und so lebt und webt die Ehrfurcht zunächst als reine Stimmung in der Seele, und die Seele in ihr, und richtet sich ganz allgemein auf eine geistige Welt und alles, was höher ist als man selbst. Es ist sozusagen ein ‚Aufblicken an sich', Ehrfurcht an sich, zunächst als Empfindung innerlich erweckt..."

Nach einer kleinen Weile fragte Sylvia:

„Darf ich etwas fragen?"

„Natürlich", sagte Baumann.

„Geht das denn ganz ohne ‚Gegenüber'? Ich kann mir das irgendwie noch nicht vorstellen."

„Schön, dass du fragst", erwiderte Baumann. „nun, ich habe ja angedeutet, dass es gar nicht ganz ohne Gegenüber ist. Aber wenn man auf diesem Weg ist, weiß man natürlich längst, was alles diese Ehrfurcht ‚verdient', wem gegenüber alles man sich eigentlich nur in Ehrfurcht nähern kann. Der Wahrheit als etwas Heiligem. Den höheren Wesenheiten der geistigen Welt; der geistigen Welt überhaupt; jenem Wesen, dessen Diener die Engelwesen sind... Das alles steht im Hintergrund. Man muss nicht etwas Bestimmtes vor sich haben, um diese Stimmung zu erwecken – es steht sozusagen vereint im Hintergrund. Wesentlich ist dann zunächst, dass die Seele ‚weiß‘, was Ehrfurcht ist und wie sie diese Stimmung erwecken kann. So ist es auch mit anderen Stimmungen. Wenn man den Übungsweg ein wenig gegangen ist, kann man auch Freude, Traurigkeit und andere Färbungen der Seele in ihr lebendig werden lassen, ohne an etwas Bestimmtes denken zu müssen. Die Seele kann diese Stimmungen *an sich* in sich erwecken.“

„Aber“, wandte Leonie ein, „besteht dann nicht auch wieder die Gefahr, dass man diese Stimmungen um ihrer selbst willen genießt?“
„Du meinst, dass man sich in dem allgemeinen Gefühl der Ehrfurcht einfach wohlfühlt?“
„Ja, genau.“
„Ja, diese Gefahr besteht natürlich immer – auch wenn die Ehrfurcht ein Gegenüber hat. Man kann sich auch in der Wahrheitsliebe oder in der Ehrfurcht in der Kirche oder wie auch immer selbst lieben und stolz auf das Erreichte sein. Diese Gefahr ist immer da – und muss also immer erkannt und bekämpft beziehungsweise vermieden werden. Deshalb sind die Demut und der Ernst so wichtig. Man kann sich natürlich immer belügen – das heißt, der Widersacher, Luzifer, kann einen immer versuchen zu belügen. Deswegen ist nichts so wichtig wie volle, volle Wahrhaftigkeit gegen sich selbst, in voller Demut, mit vollem Ernst. Allein diese Seelenstimmungen, Gesinnungen und Fähigkeiten können die Widersacher noch in den letzten Winkeln aufspüren. Die Gefahr der Selbstliebe kann man nicht vermeiden. Man kann

sie nur erkennen und dann ‚mittenhindurch' gehen. Parzival...
Man kann den Widersachern nicht ausweichen, man muss
sich ihnen stellen – und muss *wissen*, wann man sie besiegt
hat und wann noch nicht. Überall da, wo man die Selbstliebe
erkannt und dann aber auch völlig abgelegt hat, ist wieder ein
Stückchen Seele gewandelt, gereinigt und geheiligt worden.
Die Selbstprüfung kann einem aber niemand abnehmen. Sie
ist nur möglich, wenn der Ernst radikal ist und wenn der innerlich übende, aktive Mensch völlig bei sich ist. Dann gibt
es eine Sicherheit. Der Mensch, wenn er weit genug gegangen ist, weiß, wann er sich selbst belügt. Und irgendwann
hört er damit auf."
Leonie nickte, von der Antwort völlig befriedigt.

„Gut", sagte Baumann. „Wir wollen uns noch weiter in die
Ehrfurcht vertiefen. Rudolf Steiner nennt sie die Grundbedingung jeder inneren Schulung. Er spricht davon, dass in
unserer Zeit die Ideale herabgezogen werden und dass der
‚Geheimschüler', also derjenige, der seine Seele in innerer
Arbeit verwandeln will, die Stimmung der Devotion, der
Ehrfurcht, energisch in sich erwecken muss, wo immer dies
möglich ist. Gegenüber was allem aber ist diese Stimmung
möglich? – Es gibt eine dreifache Ehrfurcht. Wir können die
Ehrfurcht erwecken gegenüber dem, was über uns ist, zu dem
wir also wirklich in innerster Ehrfurcht aufschauen können;
dann gegenüber dem, was unter uns ist, alle Naturreiche,
denen wir uns in Ehrfurcht und Dankbarkeit zuneigen können; und gegenüber dem, was uns gleich ist, das Mysterium
des anderen Menschen..."
Baumann machte eine kleine Pause, während die Anderen in
voller Aufmerksamkeit warteten.
„Lasst uns damit beginnen, die erste Ehrfurcht zu empfinden.
Was ist es, wohin wir ehrfürchtig aufblickend unsere Seele
wenden können? Es ist zum einen die Wahrheit." Baumann
schaute Sylvia an. „Wir können die Wahrheit heiligen und

immer mehr zu empfinden versuchen, dass die Wahrheit viel mehr ist als eine Summe von Richtigkeiten, von Übereinstimmung mit den Tatsachen. Wir können dazu kommen, zu erleben, dass die Wahrheit selbst wesenhaft ist, ein Wesen ist, und dass wir immer mehr die Sehnsucht fühlen, uns in ihren Dienst zu stellen. Dass wir, indem wir unsere eigenen Seelen heiligen und uns mit einer immer reineren, stärkeren Wahrhaftigkeit und Wahrheitsliebe durchdringen, würdig werden, der Wahrheit zu dienen, oder, sagen wir, Gefährten und Gefährtinnen der Wahrheit zu werden, die sich schützend vor sie stellen, wenn Lügen, die ebenso wesenhaft sind, herankommen und die Wahrheit vernichten wollen, in den Schmutz ziehen wollen, sich an ihr vergehen wollen.

All dies wird in der heutigen Welt völlig verlacht, für Unsinn erklärt. Es wird gedacht, dass man sich damit in eine pseudoreligiöse Illusion versteige, in ein Erlöserdenken, in eine Art Schwarz-Weiß-Denken und so weiter. Ohne zu denken, behaupten die Leute all diese Dinge, weil sie eine ungeheure Furcht vor dem Geist und eine ungeheure Abneigung gegen jede Heiligung der Seele haben. Diese gerade wird abgelehnt. Man glaubt nicht daran, man will unbedingt an einer profanen, gottlosen, geistleeren Welt festhalten, und man verurteilt alle, die einen Weg zur realen Heiligung ihrer Seele suchen, als Träumer und Hochmütige.

Aber genau diesen Weg suchen wir. Wir sind nicht hochmütig, sondern wir erringen uns gerade die Demut. Aber zugleich fassen wir auch den Mut, unsere Seele zu läutern und immer reiner zu machen; den Mut, die Wahrheit zu lieben und als wesenhaft zu erkennen; ihr zu dienen, ihr zu folgen und sie zu schützen. Und diejenigen, die dies als Hochmut und Träumerei ansehen, sind selbst hochmütig und schlafend, denn sie erkennen nicht, wie sehr sie alles Geistige verleugnen und verspotten – darin besteht sowohl ihr Hochmut als auch ihr Schlaf.

Wir folgen einem realen Weg – und gerade die Realität dessen, was wir üben, werden wir immer mehr empfinden, je mehr wir es wahrmachen und je mehr wir darum ringen, uns der geistigen Welt würdig zu nähern. Wir brauchen uns von niemandem verspotten zu lassen; wir können den Spott der Welt an uns abperlen lassen, als nutzlose Versuche der Widersachermächte. Wir wissen, dass zur Wahrheit nur die Ehrfurcht führen kann, während alle spottenden oder gar geifernden, wütenden Urteile immer wieder nur beweisen, wie eigentlich die Wahrheit selbst gehasst wird. Spott geht einher mit Furcht und mit Hass, mit einer Verleugnung des eigenen Wesens und des Wesens des Anderen.

Urbildlich wurde dies offenbar in dem Spott, der dem Christus-Wesen selbst entgegenschlug. Und letztlich zielt aller Spott auf eine Abwehr des Christus-Wirkens. Denn Sein Wesen umhüllt und erfüllt alles, was verspottet werden kann – das Wesen der Wahrheit, das wahre Wesen des Menschen, die ganze Welt der höheren Hierarchien.

Das Christus-Wesen ist das hohe Licht-Liebe-Wesen der geistigen Welt, dem alle Engelshierarchien dienen, allen voran Michael, der zugleich ein so enges Verhältnis zur Wahrheit hat, zur kosmischen Intelligenz, zu dem, was der Mensch als eigentliches, geist-lebendiges Denken in sich aufnehmen soll, in innerster, heiligster Aktivität aus sich hervorbringen soll. Früher dachte der Mensch Göttergedanken. Heute kann er diese nicht mehr denken, und soll es auch nicht mehr. Aber er soll in seinem eigenen Denken wieder göttliches Geistesleben entfalten, um sich selbst wieder zur geistigen Welt erheben zu können.

Diesen Weg suchen wir. Den Weg eines wirklichen, innerlichen Zusammenlebens mit dem Christus-Wesen, dessen Realität und dessen unbeschreibbare allgegenwärtige Anwesenheit wir immer mehr erleben können, je mehr wir unsere Seele läutern. Sie nämlich, die heilige Seele, wird zur Wohnstatt des Christus. Er ist immer bei uns – aber erst wenn auch wir *bei Ihm* sind, werden wir seine Gegenwart erleben können. Die Läuterung der Seele ist also kein Hochmut – es ist der einzige Weg hin zu Ihm..."

Baumann machte eine Pause. Er sah, dass dem Mädchen eine Frage auf dem Herzen lag. Indem er sie ruhig anschaute fühlte sie, dass sie sie aussprechen sollte.

„Das sind ... ich würde das so gerne alles glauben, nein, ich *glaube* es, aber ich würde so gerne ... das ist noch immer alles so neu, und Christus..."
Sie sprach den Satz nicht zu Ende. In ihrer Hilflosigkeit, ihr Erleben auszudrücken, wurde sie von Baumann dennoch völlig verstanden.
„Ja, ich weiß nur zu gut, was du meinst, Sylvia. Die Seele kann die Wahrheit von etwas empfinden und zugleich mit aller Macht daran glauben wollen, oder mehr noch, wirklich zu einem Erleben dieser Wahrheit durchdringen wollen – und trotzdem in ihren Gedanken und ihren vorstellungsmäßigen Zweifeln, in ihrem Noch-nicht-wirklich-Erleben, wie durch einen Abgrund davon abgehalten werden, dem auch nur einen Schritt näherzukommen. Ist es das, was du meinst?"
„Ja, woher wissen Sie das alles so genau? Sie können es besser ausdrücken als ich selbst, *so* genau! Ja, Christus – ich konnte damit nie etwas anfangen. Es wehrt sich alles in mir gegen dieses Christentum, aber bei Ihnen höre ich auf einmal etwas völlig anderes. Wie geht das zusammen?"
Baumann lächelte.
„Nun, woher ich ‚das alles' so genau weiß – ich selbst habe diese Zustände ja auch durchgemacht. Eigentlich muss sie ein Jeder durchmachen, weil unser abstraktes Intellekt-Denken zunächst gar nicht anders kann, und weil wir das wirkliche *Erleben* der Seele und des Geistes erst erringen müssen. Dadurch aber wird es auch wahrhaft unser Eigentum. Das gehört zur Freiheit. Die göttliche Welt hat sich selbst zurückgezogen, damit wir als Freie wieder zu ihr kommen können, damit

auch alles, was wir an unserer Seele tun, aus freiem Willen und aus freier Tat hervorgeht. *Alles* ist heute in das Mysterium der Freiheit getaucht. Das bedeutet aber eben auch, dass wir zunächst mit leeren Händen dastehen, mit Nichts – nichts als unserer intellektuellen Ohnmacht und unserem Nicht-Erleben...

Was nun das Christentum angeht ... so ist auch dieses ganz in diese Entwicklung hineingeraten. Auch das Christentum ist eine Geschichte voller Unvollkommenheiten, Irrtümer und Sündenfälle. Aus diesem Grund wird die ganze äußere Geschichte des Christentums ein so ungeheures Hindernis für die Seele, die nach Christus, nach dem realen Christus-Wesen sucht. Je wahrhaftiger die Suche, desto mehr Fragen und desto mehr inneres Zurückschrecken vor dem bisherigen Christentum und den Formen, die es angenommen hat.

Wie kann man nun mit diesem Hindernis umgehen? Indem man sich ganz klar macht, dass all dieses Äußere, was man heute als ‚Christentum' findet, einen nicht beeinflussen darf. Im Grunde müsste man es völlig fallenlassen können, gar nicht daran denken. Stattdessen muss man den starken Gedanken fassen können, dass das wirkliche Christus-Wesen an all diesen Formen, die unter seinem Namen auftreten, am allermeisten leidet – weil all dies verhindert, dass die Seelen zu Ihm selbst finden, in unmittelbarem Erleben, in ureigenstem Wollen, in innerster Seelenbewegung. Christus leidet, weil die heutigen Formen des Christentums für die Seelen immer unüberwindlichere Mauern werden, zum lebendigen Erleben des auferstandenen Christus zu kommen. Lasse also alles fallen, was du über das Christentum aufgenommen hast!

Und wie kommst du dann wirklich zu Ihm, zu einem Erleben des Christus-Wesens, wie es real da ist? In den innersten Tiefen der Seele lebt eine heilige Liebe zum Guten... Wenn du ganz und gar in dir selbst suchst, wirst du diese innerste Liebe in dir finden, diese innerste Sehnsucht, in der unser wahres Wesen lebt. In dieser heiligen Substanz, in diesem

Heiligtum der Seele – da findest du das Band zu Christus. Denn diese heilige Liebe zum Guten lebte nicht in der Seele, wenn *Er* nicht wäre... So, wie wir in unseren reinsten Seelentiefen diese Liebe zum Guten finden, so *ist* Er diese Liebe, ist das Wesen dieser Liebe, in göttlich-allumfassender Größe. Das weltall-erfüllende Wesen dieser Liebe ist Er. Aber dieses Wesen hat sich nun zutiefst mit der Erdenmenschheit verbunden. Die Erde ist gewissermaßen Sein Leib geworden. Er ist uns näher als je zuvor – und wir sind in unserem Erleben Ihm näher als je zuvor. Nur müssen wir darum ringen, auch noch den letzten Schritt zu einem Erleben Seiner Gegenwart zu tun. Und dieser Schritt umfasst die Läuterung unserer Seele..."

Baumann sah Sylvia fragend an.
„Konnte dies dir helfen?"
Dankbar sagte das Mädchen:
„Ja, sehr!"
„Gut. Nun sind wir damit mittendrin in der Ehrfurcht vor der geistigen Welt, vor dem Wesen der Wahrheit, vor dem Christus-Wesen und den Ihm dienenden Hierarchien. Und man könnte dies mit Hilfe Rudolf Steiners immer mehr vertiefen, wenn man durch ihn erfährt, wie dieses Gotteswesen sich vor der Zeitenwende immer mehr der Erde näherte, um schließlich bei der Jordantaufe Mensch zu werden. Wie es schon in langen Zeiträumen zuvor den Sündenfall-Wirkungen der Widersachermächte die Spitze nahm und dadurch das Menschenwesen immer wieder so weit geheilt wurde, dass es im Leiblichen und Seelischen nicht völlig zugrunde ging und auch nicht völlig in die egoistische Selbstherrlichkeit versank. Dann kam das Mysterium von Golgatha, und die damalige Menschheit hatte in den ersten Jahrhunderten nach Christus noch die Möglichkeit, dieses geistig zu begreifen. Zwei, drei Jahrhunderte noch konnte man begreifen, dass hier wirklich ein Gotteswesen, nämlich das höchste Gotteswesen

überhaupt, das als Logoswesen alles geschaffen hatte und noch immer lebendig durchdrang, zur Erde herabgestiegen war. Ein geistiges, lichtvolles, tiefes und wahres Begreifen des Christus hatte man noch wenige Jahrhunderte lang. Dann erstarrte alles in Dogmen und Unverständnis. Leerer und leerer wurde das, was man von Christus wusste, zu wissen meinte. Wir kennen den weiteren Gang des Katholizismus, des Protestantismus.

Aber worauf es ankommt, ist das lebendige Erleben dieses Gotteswesens; das lebendige Begreifen, dass dieses Wesen unvorstellbare Liebe *ist*, unvorstellbare Realität ist. Der Mensch scheitert, wenn er sich das Göttliche vorstellen und nicht nur vorstellen, sondern sich ihm lebendig annähern soll. Die frommen Hirten auf dem Felde stürzten schon bei dem Erleben des Engels nieder – doch heute macht es sich der Mensch furchtbar bequem in blassesten Vorstellungen und Glaubensüberzeugungen, die nichts mehr von der Erschütterung haben, die die Seele haben *muss*, wenn sie an die Wirklichkeit des Göttlichen überhaupt von ferne herankommen will.

Zuerst suchen wir überhaupt irgendeine Lebendigkeit – suchen Empfindungen wie Ehrfurcht, Andacht, Demut überhaupt in uns irgendwie lebendig zu machen. Dann aber müssen wir auch suchen, diese Empfindungen immer stärker zu machen! Stellen wir uns einmal vor, wir würden an den Niagarafällen stehen – und diese unvorstellbare Naturgewalt erleben! Eine solche Kraft muss auch unser inneres Erleben bekommen. Und wir selbst dürften nicht nur ruhig oben stehen, sondern wir wären mittendrin – und würden uns dennoch im Tosen der unfassbar starken Empfindungen aufrecht erhalten können! Das sind Vergleiche, die wir brauchen, um uns vorstellen zu können, wonach wir eigentlich streben. Davon machen wir uns heute keine Vorstellung...

Aber man braucht sich davon nicht abschrecken zu lassen. Denn es geschieht nur das, was wir selbst wollen – wir selbst sind diejenigen, die unsere innere Entwicklung vorantreiben. Unsere Entwicklung richtet sich nach unserer eigenen Willenskraft, nach unserem eigenen Mut – und dann natürlich auch nach der Gnade, die uns entgegenkommt, wenn wir aufrichtig streben..."

Leonie sagte:
„Ein so extremes Erleben möchte ich vielleicht wirklich nicht..."
„Vielleicht ist dieses Beispiel auch irreführend", sagte Baumann. „Denn auf der anderen Seite bleiben es Wirkungen der geistigen Welt, des Christus-Wesens, die man erfährt, wenn man sich bereit dazu gemacht hat. Das Wesen der Liebe kann doch niemals überwältigen! Man kann sich andererseits also zarteste Wirkungen vorstellen, die man nur deshalb so stark erlebt, weil man seine eigene Seele empfindsam genug gemacht hat. Man hat also einerseits seine Seele unendlich empfindsam gemacht – und dann tritt auf einmal das Wirken des Christus-Wesens bewusst in die Seele ein und wird erlebt... Wie kann dies einen nicht erschüttern? Aber wie gesagt, alles geschieht nur in dem Maße, in dem man sich selbst dafür bereit gemacht hat. Und das bedeutet, dass man voll bewusst weiß, was man will. Das wird ein Teil des Weges. Man weiß, wem man entgegengeht – und darin liegt immer mehr eine absolute Sicherheit.
Als ein sehr schlechtes Beispiel möchte ich dich einmal daran erinnern, was man in manchen Filmen erleben kann, die einen bis ins Innerste rühren, so dass man zutiefst mitfühlt und die Tränen nicht aufhören zu strömen. Das ist doch auch unsäglich erschütternd? Und davor hat man doch auch keine Angst? Es ist doch ein wunderbarer Schmerz, dieses unmittelbare Mitleidenkönnen? – Wenn wir also eine solche Vorstellung fassen und uns bewusst sind, dass das innerste Wesen des realen Erlebens des Auferstandenen immer die *Liebe*

ist, können wir in letzter Hinsicht doch keine Angst mehr davor haben..."

„Es kann aber auch das strenge Erleben eines Richters sein", sagte Grunert.

„Ja", erwiderte Baumann. „Aber auch das nur in dem Maße, indem man dafür bereit ist und dies zugleich auch selber will. Das eigene höhere Wesen ist *auch* bereits immer der Richter über die eigenen Taten, und zwar jede Nacht, vereint mit den höheren Hierarchien und mit Christus selbst. Wir *selbst* wollen doch uns selbst in strengster Weise beurteilen und nichts von dem übersehen, was wir getan oder unterlassen haben. Aber auch dieser strenge, wahrhaftige Blick strömt aus der Liebe – diese wollen wir immer mehr und mehr verwirklichen, und deshalb kann der Blick unseres eigenen höheren Wesens so streng sein.

Diese Strenge hat niemals die Absicht, uns am Boden zu zerstören, obwohl der erste Eindruck dies sehr wohl sein kann. Aber aus dieser Strenge soll uns der Mut zu einem unsäglichen, unvorstellbaren Streben erwachsen! Der Abstand zu unserem wahren, höheren Wesen soll uns voll bewusst werden, und wie sollte dies anders möglich sein, als dass wir ihn wirklich erschütternd deutlich erleben? Aber dieses Erleben soll uns gerade die Kraft geben, den Abstand zu überbrücken, die Kluft zu überwinden. Strenge in der geistigen Welt will immer dreierlei geben: Wahre Erkenntnis, wahre Reue und wahre Umkehr – und in dieser Umkehr wahren Mut zu dem, was notwendig ist.

Jede Zerknirschung oder Zerschmetterung gehört eigentlich schon zu dem, was die Widersacher daraus machen wollen. Sie wollen Verleugnung, Zerknirschung und ein Bleiben-wie-man-ist geben. Ein untätiges und unfruchtbares Schwanken zwischen Selbstmitleid und Selbstbehauptung, zwischen ohnmächtigem Sündenbewusstsein und Trotz gegen jede göttliche Welt.

Die Seele, die wirklich auf dem Weg ist, nimmt mutig auch das strengste Urteil noch hin, weil sie weiß, dass es *wahr* ist und weil sie im tiefsten Sinne über sich auch selbst so urteilt. Zugleich aber fasst sie den Mut und den Willen, ihr bisheriges Leben und Seelensein radikal zu ändern, sich selbst radikal zu verwandeln – und so dem Wesen der Liebe freudig und treu entgegenzugehen."

„Aber", sagte Sylvia, „wenn dies so wenige Menschen tun, noch dazu so ernsthaft, wie kann dann die Welt besser werden?"
Baumann lächelte.
„Wie kann sie *ohne* diese Menschen besser werden?"
Das Mädchen wurde von dieser Antwort sehr berührt, schien aber noch nicht befriedigt.
„Ich verstehe deine Frage schon", sagte Baumann. „Auch diese Frage hat gewiss jeder in seiner Seele, wenn er sich auf diesen Weg macht. Doch zugleich ist sie nutzlos, denn sie führt bloß wieder in die Spekulation, in das Vorstellen, das aber der Gegenpol zum wirklichen Wollen, zum Tätigwerden ist. Das merkt man doch? Die Vorstellung, es würde gar keinen Unterschied machen, ist doch bereits unmittelbar schon wieder eine halbe Lähmung des Willens – wenn nicht noch mehr. Wenn aber dieser leise Zweifel, und sei es sogar ganz unbewusst, in unserer Seele lebt, wird diese die nötige Kraft gar nicht aufbringen können. Immer wird dieser unerkannte Zweifel ihrem eigenen Streben die Spitze brechen – und so wird sehr, sehr vieles an diesem Streben wirkungslos bleiben. Weil der letzte Wille fehlt. Der letzte Glaube – Glaube an die absolute Notwendigkeit dieses Weges, und an die absolute Notwendigkeit, dass man selbst, gerade man selbst, dafür den größten Einsatz gibt!
Sieh es einmal genau andersherum: Ja, die übrige Welt, insofern sie noch ganz von den Widersachern beherrscht wird, nicht durch und durch, aber so, dass diese die Seelen in ihrer

Hand behalten, mit Abstraktheit und Schwachheit, mit Zweifeln und Bequemlichkeit – diese übrige Welt treibt also weiterhin alles in einen Abgrund. Aber helfen kann dagegen nur, dass möglichst viele Menschen mit aller Kraft innerlich an dem Notwendigen arbeiten. *Diese* Menschen, die sich entschlossen haben, in der richtigen Richtung zu arbeiten, müssen ihre Seele auch dadurch heiligen, dass sie nach und nach lernen, jeglichen Zweifel aus ihrem Herzen zu verbannen, erkennend, dass auch dieser von den Widersachern gesandt wird, um die Kräfte zu schwächen, um ein entscheidendes Maß zu schwächen.

Es ist also nicht etwa Naivität, keinen Zweifel zu haben, sondern es ist ein vollbewusstes Verbannen dieses Zweifels aus dem Herzen – wohl wissend, dass jede Kraft gebraucht wird, die eigenen Kräfte anzuspannen; dass nicht das Kleinste diese Kräfte lähmen darf. Es ist also ein volles Wissen um die Tatsache, dass die Dinge schlecht stehen. Aber es ist zugleich der kräftigste Willensentschluss, sich davon nicht ablenken zu lassen, sondern alles, wirklich alles einzusetzen, was in der *eigenen* Macht steht.

Es ist, wie wenn man auf den Niagarafall zutreibt, während alle Leute untätig im Boot sitzen oder sogar auf den Abgrund zurudern, während man mit aller Kraft dagegen rudert. Kein Zweifel, sondern arbeiten! *Diese* Entschlossenheit muss man haben! – Und wiederum hinkt dieses Beispiel, denn wir müssen wirklich und wahrhaftig die geistige Ebene mitberücksichtigen. Im Geistigen ist es möglich, dass der Niagarafall, der in den Abgrund reißen will, durch das Wirken der richtigen Kräfte zum Stehen gebracht werden kann. Und zudem kommen dem eigenen Streben die geistigen Mächte entgegen. Die geistige Welt selbst kommt dem menschlichen Streben entgegen, wenn es stark genug wird! Ich sage dir wahrhaftig, dass – im Bild bleibend – selbst durch Einzelne die Niagarafälle zum Stehen gebracht werden können! Wir dürfen nur nicht auf die scheinbar, irdisch, hoffnungslose

Realität blicken – denn die *wirkliche* Realität ist eine ganz andere. Und mit *dieser* wollen wir immer mehr lernen zusammenzuwirken. Das gerade ist unser Weg..."

„Ich verstehe nicht, wie Sie das machen...", sagte das Mädchen. „Bei Ihnen bekommt man immer wieder neuen Mut..."

„Das ist gerade das Geistige, was wir suchen und erstreben. Der Geistesschüler lernt immer mehr, seine Seele ganz in die eigene Hand zu nehmen und im Einklang mit der geistigen Welt zu wirken. Es geht wirklich darum, immer wieder, die Wirkungen der Widersacher zu erkennen und zu überwinden. Auch hier musst du wieder erleben, *wie* real das alles ist. Zweifel ist eine reale Wirkung der Widersachermächte. Mut und ein Von-sich-Weisen allen Zweifels kann eine reale Wirkung deines eigenen Geistwesens in deiner eigenen Seele sein, wenn du dir die entsprechende Stärke errungen hast. Und dann noch einmal: Die guten geistigen Mächte werden dir dabei zusätzlich entgegenkommen und mit dir Seite an Seite streiten – gegen den Zweifel, gegen die Lüge, gegen alles, was diese Welt in den Abgrund führen will. *Du* wirst Teil derjenigen Menschen sein, die die Wirkung der Widersacher überwinden – zuerst in sich, und dann immer mehr auch im Weltganzen. Das ist der Weg, den wir hier versuchen..."

Das Mädchen nickte mit ehrlicher Ehrfurcht.

„Wir sehen hier, wie wahre Ehrfurcht, verbunden mit ganz konkreten Gedanken, zu einer wirklichen Treue gegenüber der geistigen Welt führt, die den Willen immer mehr zu stärken vermag. Es ist ein lebendiges Zusammenwachsen mit der geistigen Welt – und zwar schon lange, bevor man sie bewusst erlebt und erkennt, allein schon durch den Willen, sich auf den Weg zu machen. Und aus diesem lebendigen Zusammenwachsen und Zusammenleben strömt einem der notwendige Mut zu – den man auch selbst immer mehr zu fassen lernt. Wunderbare Durchdringung ist das!"

„Aber wie kommt das, dass man sich da nicht selber etwas einredet?", fragte das Mädchen.

„Das ist ganz einfach", sagte Baumann. „Was in den Tiefen unserer Seele geschieht, das kann der Mensch seiner vollen Bedeutung nach zunächst nicht bewusst begreifen. Aber unser Fühlen und unser Wille sind in vielerlei Hinsicht viel weiser als das Denken, das heute so blass und abstrakt geworden ist, dass es überhaupt keinen Zugang zur Wirklichkeit mehr hat. Fühlen und Wollen haben diesen Zugang noch. Das ist auch das Geheimnis des ‚Glaubens', der so oft nur als ein bloßes Für-wahr-Halten diffamiert wird. Da, wo er aber wirklich lebendig ist, ist er viel mehr. Er ist bereits ein wirkliches In-Verbindung-Sein mit der Wirklichkeit, um die es geht. Der Glaube ist eigentlich eine geistige Tastbewegung, ähnlich der Sehnsucht. Fühlen und Wollen wirken hier ineinander – und die geistige Wirklichkeit kommt ihnen entgegen. Was da vorliegt, wird zunächst nicht bewusst erkannt, das Erkennen kann dieser Wirklichkeit also zunächst noch nicht gegenübertreten – deswegen eben ist es zunächst ‚nur' Glaube. Aber es sollte klar geworden sein, dass bereits dieser Glaube viel mehr ist, als nur ein theoretisches Für-wahr-Halten.

Es gibt Intuitionen, es gibt Gefühlsgewissheiten, es gibt Liebe. Wenn ich einem Menschen vertraue, dann erkenne ich auch nicht unbedingt klar und bewusst, warum ich das tue – und doch bin ich sicher, dass das Vertrauen berechtigt ist. Ich ‚weiß' es einfach – und doch ist es nach herkömmlicher Betrachtung nur ein ‚Glaube'. Weil man die Unterschiede und die verschiedenen Ebenen der Wirklichkeit eben nicht erkennt. Das ist *auch* ein Glaube, aber ein falscher. Man glaubt, nur das bewusste Erkennen könne eine Sicherheit geben, und alles Andere wäre Phantastik und Suggestion. Dass es noch ganz andere Ebenen gibt ... glaubt man nicht.

Das Fühlen und das Wollen haben auch eine erkennende Kraft – das Denken kann das Erkannte dann in die völlige Klarheit heben, es ist aber nicht das einzige Seelenglied, das erkennend tätig ist. Darin liegt gerade der Hochmut des abstrakten Denkens, dass es die Wirklichkeit dessen, was im Fühlen und im Willen webt, so wenig erkennt und anerkennen kann."

„Ich verstehe", sagte Sylvia dankbar.

Baumann fuhr fort:
„Dies sind eben die zwei völlig grundverschiedenen Betrachtungsweisen. Wenn wir einmal die Sehnsucht im Menschenherzen nehmen. Die einen sagen, diese Sehnsucht, zum Beispiel nach dem Guten, träumt etwas herbei, was ohnehin nie sein wird – es ist der bloße Drang des Menschen, etwas herbeizuträumen, was keinerlei Realität hat. Viel wahrheitsgemäßer aber ist eine ganz andere Anschauung. Denn woher könnte eine Sehnsucht überhaupt kommen, der nichts entspricht? Eine solche Sehnsucht wäre gar nicht möglich! Träumerei, ja, vielleicht, irgendwelche Gedankenspielereien vielleicht, aber echte, reale Sehnsucht? Diese hat immer einen Ursprung, eine Realität, auf die sie sich bezieht – und sei es eine *mögliche* Realität, aber diese Möglichkeit als wirkliche Möglichkeit.

Oder nehmen wir einmal kleine Kinder, die noch nichts von dem Bösen wissen, die in allem das Gute sehen und durch und durch vertrauen. Da sagen die abstrakten Erwachsenen: Ja, das Kind ist noch naiv, es weiß noch nichts von der Welt. Seine Haltung hat noch keinerlei Entsprechung zur wahren Wirklichkeit. – Aber woher kommt eine solche ‚Haltung' dann? Sie wäre doch evolutionär wirklich dumm. Die abstrakten Erwachsenen sagen dann: Das Kind begreift einfach noch nichts. Es ist wie ein Dummling, der in die Welt kommt und erst einmal lernen muss, was Realität ist. Im Grunde wird durch eine solche Anschauung ein Kind wirklich für ein blödsinniges Wesen gehalten, das mit einer völlig sinnlosen Naivität blind für alles Böse ist. Für dumm und blind wird so ein kleines Kind eigentlich gehalten.

Was man aber nicht sieht, ist, dass diese abstrakte Auffassung selbst dumm und blind für die Welt ist, aus der das Kind eben herkommt. Es kommt als reales geistiges Wesen aus einer geistigen Welt, in der es wahrhaftig nur das Gute gibt! *Deswegen* ist das Kind so ganz und gar davon durchdrungen, aus keinem anderen Grund! Es ist keine Naivität, es ist die Fülle der geistigen Welt, die in dem Kinde noch lebt.

Der Glaube an das Gute ist kein Blindsein für das Böse oder den Mangel an Gutem, sondern es ist eine reale Kraft, eine reale Substanz und Essenz. Und wir alle wissen doch, wie der ‚bloße Glaube' an das Gute einen Menschen verwandeln kann? Wir wissen doch, wie die bloße Anwesenheit eines kleinen Kindes seine ganze Umgebung real verwandelt? Wie können wir da noch glauben, dass der ‚bloße Glaube' eine Illusion wäre? Er ist vielleicht die allerstärkste Kraft, die im Weltenall existiert – denn letztlich ist er eine Form der Liebe selbst! Das Kind ist so gesehen der stärkste Träger einer reinen Liebe, in ganz unbewusster Form!

Der ‚bloße Glaube' ist wirklich ein Un-Wort. Das Kind hat in all seiner Unwissenheit unendlich viel realere Kräfte an sich als der Erwachsene mit seinem abstrakten Denken, das nämlich der Inbegriff der Kraft*losigkeit*, der Wesenlosigkeit ist. Wir sollten also endlich aufhören, diese Dinge auch nur irgendwie als Illusion anzusehen. Das, was heute Illusion genannt wird, ist das Wesenhafteste, was es gibt – und eine Illusion ist es, dies nicht zu erkennen.

Und diese Illusion gründet auch wiederum auf einer Furcht vor dem Geist. Auf einem Weglaufen davor. Man flüchtet sich in die Abstraktheit, man will den Geist als bloße Illusion aufrechterhalten – der Geist darf um Himmels willen nicht *mehr* werden als Illusion. Die ganzen ‚Argumente' des abstrakten Verstandes mit seiner Furcht vor der Illusion sind in Wirklichkeit ein Kämpfen gegen den Geist. Man fürchtet nicht die Illusion, man fürchtet in Wirklichkeit, dass sich die ‚Illusion' eines Tages als Wirklichkeit offenbaren könnte.

Man fürchtet das Geistige, weil dann alles bequeme Leben des abstrakten Verstandes und überhaupt alles bequeme Leben vorbei wäre. Davor flüchtet man.

Und deswegen klammert man sich mit aller Kraft an die Illusion, alles Geistige sei Illusion – und spottet sogar noch hochmütig darüber, weil gerade der Spott zusätzliche Sicherheit gibt. Man realisiert gar nicht, wie wenig innere Kraft man mit alledem hat. Man beweist nur tagtäglich wieder, dass einem alle innere Kraft fehlt – dass man nur durch das fortwährende Abwehren des Geistigen überleben kann, sich als Ich identifizieren kann, das aber auf Nichts gebaut ist. Auf bloßer Lebensklugheit, die sich als ein Nichts erweist, weil sie nicht einmal das kleine Kind versteht...“

Die vier anwesenden Menschen durchdrangen sich mit dem Gesagten. Erst nach einer längeren Pause fuhr Baumann fort: „Wir aber wollen die geistige Welt nicht verleugnen – wir wollen sie immer stärker empfinden, ahnen, erleben. Und wir wollen uns dieser Welt, die die wahre Heimat des Menschenwesens ist, in Ehrfurcht zuwenden. Die Welt des Christus und der ihm dienenden Wesenheiten; die Welt, in der die Wahrheit wesenhaft lebt; die Welt aus der die kleinen Kinder kommen, die dort wie wir ewige Individualitäten sind und sich dann verkörpern, mit einzigartigen Zielen und Absichten, Impulsen der Liebe und des guten Willens. Die Welt, in die auch wir jede Nacht aufsteigen und in der wir all unsere Taten mit wahrhaftigen Geistesaugen anschauen und beurteilen. Es ist die Welt, ohne die es nur Niedergang und allmählichen Seelentod geben kann. Wir brauchen die Auferstehungskräfte dieser Welt. Wir müssen wieder lernen, mit den Wesenheiten dieser Welt zusammenzuwirken – mit den Verstorbenen, mit den Engeln, mit dem Christus-Wesen...
Wir werden über diese Welt noch oft und immer ausführlicher sprechen müssen. Doch wollen wir uns ihr in diesem Moment noch einmal mit jener Ehrfurcht, die wir jetzt in uns

erwecken können, zuwenden, jeder ganz und gar innerlich, wiederum für etwa drei Minuten, vielleicht auch etwas länger..."

Vier Menschen tauchten ein in ihre Seelentiefen, erweckten dort die Ehrfurcht und wandten sich mit dieser jener Welt zu, der sie sich immer mehr verbinden wollten...

Als sie auf Baumanns vorsichtiges Wort hin wieder zueinander zurückkehrten, fragte Baumann leise:
„Ist es gelungen? Wir wollen nicht darüber sprechen ... nur kurz einander mitteilen: War mehr da als zuvor...?"
Ein Jeder nickte, noch immer in einer bisher so nicht gekannten Atmosphäre lebend...

*

„Gut..."
Noch einmal schwiegen sie eine Weile. Dann sprach Baumann weiter.
„So wollen wir jetzt die andere Ehrfurcht kennenlernen – die gegenüber jener Welt, die unter dem Menschen steht, gegenüber der ganzen übrigen sichtbaren Schöpfung. Lasst uns auch diese zu Beginn unmittelbar in unserer Seele suchen und lebendig machen..."
Erneut tauchten die vier Menschen in ihr Innerstes ein...

Als sie wiederum beieinander waren, fragte Baumann:
„Leonie, möchtest du wieder anfangen, zu beschreiben, was du erlebt hast?"
„Nun ja", erwiderte diese zögernd und nachdenklich, „ich fürchte, ich war wieder nicht sehr erfolgreich. Ich dachte daran, dass wir Tiere essen, dass sie sich für uns opfern. Dass wir Tiere nicht nutzlos töten und quälen sollen. Ich versuchte, meine Verantwortung für die Tiere zu fühlen – und fühlte

232

diese auch. Auch Dankbarkeit und Mitleid für ihre Opfer. Aber ob das schon Ehrfurcht war? Ich glaube es eigentlich nicht..."

Baumann nickte langsam.

„Danke, Leonie."

Schweigend sah er zu seinem Freund. Dieser sagte:

„Ich kenne natürlich das, was Rudolf Steiner über die Erdenentwicklung gesagt hat, und so auch sozusagen das Opfer der Naturreiche. Hier habe ich versucht, Ehrfurcht zu empfinden. Aber auch ich muss gestehen, dass ich eher ein Versagen gefühlt habe. Ich erlebe da wirklich sehr stark auch den eigenen Intellekt – ich fühle mich da manchmal regelrecht amputiert, wirklich so ohnmächtig..."

„Ja...", sagte Baumann leise. „Das ist unser Schicksal, unser Zustand..."

Er sah Sylvia an. Sie sagte:

„Na ja, ich ... bin ja wirklich in der Stadt aufgewachsen. Ich mag Tiere sehr, aber freilebende Tiere habe ich dann doch nicht so oft gesehen. Im Film viel mehr. Trotzdem fühle ich mich den Tieren nahe. Wenn irgendwo Tierquälerei gezeigt wird, oder Massentierhaltung, oder Walfang, finde ich das sehr, sehr schlimm und kann das nicht verstehen. Daran habe ich gedacht und dann habe ich den Tieren sozusagen meine Liebe geschickt. Dann habe ich auch versucht, das in Ehrfurcht zu verwandeln – aber ich wusste nicht, wie das gehen soll..."

„Und wie groß war deine Liebe?", fragte Baumann.

„In einem Moment war sie sehr groß, wie ein helles Strömen..."

„Das heißt, du fühltest dich da den Tieren sehr verbunden?"

„Ja, wirklich sehr."

Wiederum nickte Baumann langsam.

„Ich möchte meine Erlebnisse auslassen und sie gleich in das Allgemeine heben. Nur so viel: Man kann eben auch gegenüber der Tierwelt, aber auch der ganzen Schöpfung, dasjenige empfinden, was ihr angedeutet habt, und dies unendlich vertiefen. Vor allem kann auch dies immer konkreter werden – einerseits durch das, was wir selbst bereits wissen, und andererseits durch das, was wir dank Rudolf Steiner wissen können. Wir können sicher sein, dass diese Ehrfurcht bereits da sehr, sehr wachsen würde, wo wir solche Besinnungen öfter üben würden; wo wir immer wieder einmal die Tierwelt, die ganze Schöpfung in unsere Seele hereinnehmen oder uns ihr mit unserer ganzen Seele zuwenden und dasjenige in uns lebendig machen, was wir jetzt ein einziges Mal getan haben. Hier wird sehr deutlich, dass wir an der Realität, obwohl sie diesmal sogar auch sinnlich sichtbar ist, eigentlich ganz vorbeileben – denn der Intellekt ist abstrakt und ohne Gefühl, und das Gefühl schweigt und kümmert sich sonst vor allem um sich selbst und das Näherliegende. Die Tierwelt und ihr tagtägliches Opfer ist also für unser gewöhnliches Bewusstsein tagtäglich vergessen und verdrängt.

Was ich damit zunächst sagen will, ist, dass wir hieran empfinden können, wie *bedeutsam* diese Besinnung ist. Was wir hier tun, ist nur eine schwache Vorstufe zu dem, was man wirklich Kontemplation und Meditation nennen könnte. Und besinnen wir uns einmal darauf, was wir bereits in dieser schwachen Vorstufe erleben – und was wir bereits erahnen, wohin dies führen könnte, wenn wir es noch einige Male wiederholen. Und dann stellen wir uns vor, wohin uns die Meditation führen könnte!

Wir brauchen also dieses vertiefte, intensivierte Erleben, um in die Wirklichkeit zu kommen! Wir erreichen sie ohne dieses überhaupt nicht. Wo wir sie aber nicht erreichen, werden wir täglich schuldig an der Schöpfung, denn sie opfert sich *tatsächlich* – und wir empfinden es nicht einmal..."

Baumann machte eine kleine Pause, bevor er fortfuhr.

„Und damit nähern wir uns bereits der Sphäre, in der die Ehrfurcht lebt. Mit diesem Innewerden unserer eigenen Ohnmacht und Fühllosigkeit, unseres Vergessens und Verdrängens des realen Zusammenhanges, der uns mit unserer ganzen Mitwelt verbindet. – Aber wenn wir dies realisiert haben, können wir beginnen, uns auf den Weg zu machen, unseren Zusammenhang mit dieser lebendigen und sogar leblosen Mitwelt wiederzufinden und wieder zu empfinden.

Denn natürlich – beginnen wir bei den Tieren – sind die Tiere empfindende Geschöpfe, empfinden sie Schmerz und Angst, sie leben und sie leiden für uns und wegen uns. Jetzt spreche ich von den Tieren, die der Mensch tötet und quält. Wir verdrängen das – und die Tatsache, dass wir meist nur mit den Produkten konfrontiert werden, mit der Wurst, mit dem Ei, mit dem echten Lederprodukt und so weiter, macht es uns leicht, die Augen davor zu verschließen, dass es hier um echte Tiere geht, die unter bestimmten Bedingungen ihr Leben fristen, bis sie dann sterben müssen, alles für den Menschen...

Tiere gelten heute als Produkt. Es gibt die Fischerei, es gibt die Fleischindustrie, alles wird in bloße Zahlen gegossen, in Tonnenangaben, in Umsätze, in Handelsgrößen – und dahinter verschwindet das lebendige einzelne Tier! Das einzelne Rind, die einzelne Henne, der einzelne Fisch. Und sie alle leiden und sterben für den Menschen und seine unersättliche, von Werbung und Wohlstand hochgezüchtete Gier nach Fleisch...

Das einzelne, empfindende Tier... Zu diesem brauchen wir wieder eine Beziehung. Es geht nicht nur um allgemeine Gedanken an die unzähligen Tiere, die schon fast in der Masse der täglich leidenden und sterbenden Tiere verschwinden – es geht um das einzelne Tier, das wir vor uns sehen müssen. Die Masse überfordert uns und drängt selbst ins Abstrakte. Aber wenn wir das einzelne Tier vor uns sehen und uns fragen: Will ich, dass du leiden musst, dass du sterben musst? dann fühlen wir wieder die Wirklichkeit. Und *diese* können wir uns dann unendlich vervielfältigt vorstellen, und wir werden selbst erleben, dass dies eigentlich unmöglich ist.

Im Grunde ist der ganze Massenfischfang und die ganze Massentierzucht nur möglich, weil der Mensch durch die absolute Übertreibung den Wahnsinn überhaupt nicht mehr begreifen kann. Er macht sich dadurch selbst unempfindlich, weil der Wahnsinn zum Alltag wird. Und ja, dann ist das Tier wirklich nur noch Produkt. Bei Tausenden von Legehennen und Schweinen oder Zehntausenden Fischen im Netz ist alles nur noch ein Gewimmel – man ekelt sich selbst, man stumpft ab, man tut einfach, was man tut, und es hat nichts mehr mit der empfindenden Kreatur zu tun, erst recht nicht mehr mit der einzelnen Kreatur, mit einer Begegnung zwischen dem Menschen und dem empfindenden Tier... Wie sehr versündigt sich der Mensch!"

Wieder schwieg Baumann eine Weile und mit ihm die anderen drei Menschen.

„Aber nun blicken wir einmal auf die einzelne Kreatur, das einzelne Tier – und nicht in seiner Gefangenschaft und Versklavung durch den Menschen, sondern in seiner Freiheit. Suchen wir nun einmal die Begegnung mit dem Tier in seiner ureigenen Heimat, in der freien Natur. Versetzen wir uns einmal etwa in einen nebeligen Herbstmorgen, an dem wir zwischen den Feldern entlanggehen, und auf einmal sehen wir unweit vor uns ein Reh stehen. Wir erstarren lebendig beglückt – hat es uns gesehen oder nicht? Noch steht es da, schaut in unsere Richtung ... und dann springt es weg.

Aber in diesem Moment vorher! In dieser kurzen Begegnung – was fühlen wir da? Vielleicht fühlt es nicht jeder, jedenfalls nicht bewusst. Aber was man fühlen kann, das ist ein heiliger Schauer unerwarteter tiefer Freude, fast die Berührung eines Wunders. Die Begegnung mit einem Wesen, das uns sonst so fern ist, das sonst und auch jetzt so scheu ist – und dem wir in diesem Moment doch so nah begegnen dürfen. Und wie oft haben wir uns nicht, zumindest als Kind, gewünscht, dass diese scheue Kreatur *nicht* so viel Furcht vor uns hätte, sondern dass wir uns ihr nähern könnten, unendlich vorsichtig, um sie zu berühren.

Und warum *wollen* wir dies? Darüber kann man auch einmal tief, tief nachsinnen. Über diese tiefe Anziehung, die uns zu den Tieren hinzieht. Über diese tiefe Liebe, die wir in uns tragen, ohne es eigentlich wirklich zu bemerken. Es ist eigentlich reinste Liebe, die uns diese Sehnsucht gibt, das Tier möge keine Angst haben und wir dürften es streicheln, es würde dies zulassen...

In dieser Liebe steckt aber noch mehr. Wir empfinden in dem Tier seine ganze Unschuld. Das Tier weiß nichts von Gut und Böse, oder vielmehr, es weiß vielleicht davon, aber es ist selbst nicht böse. Es hat Angst vor dem Menschen und vor anderen Feinden. Ich spreche jetzt natürlich von den ‚friedlichen' Tieren, die selbst nicht töten, sondern immer nur von anderen gejagt werden. Ein Reh ist wirklich ein Urbild von Unschuld. Aber ebensogut könnten wir ein Kaninchen vor uns sehen, ein Murmeltier, einen Delfin, ein Pferd. Wann immer wir tief das Wesen eines solchen Tieres erleben, in seine Augen schauen, dann sehen wir Unschuld – unwissende Unschuld, die nur empfinden kann, die nur ihr Leben leben kann und irgendwann sterben wird.

Diese Unschuld ist es, die wir in den Tieren empfinden – eine gefangene Unschuld. Das Tier ist gefangen in seiner Kreatürlichkeit, in seinem bloßen Empfindenkönnen, in seiner fortwährenden Fluchtbereitschaft und Furchtsamkeit. Dies empfinden wir, und in uns lebt unbewusst ein großes Mitleid und eine große Liebe zu diesen Geschöpfen, die mit uns leben, gleichzeitig mit uns und vielleicht auch am gleichen, ganz ähnlichen Ort, oft ungesehen, aber uns ganz nahe. Eine große Liebe empfinden wir zu diesen Geschöpfen, wann immer wir ihnen begegnen.

Und stellen wir uns vor, dieses scheue, ängstliche Reh würde tatsächlich einmal stehenbleiben, und wir würden uns sachte nähern, dürften noch einen Schritt vorsetzen und noch einen... Es würde trotz seiner Furcht unsere Nähe bis zu einem bestimmten Moment dulden... Machen wir uns einmal bewusst, dass wir uns einem so ängstlichen Tier eigentlich *noch* behutsamer nähern würden als einem Säugling – dann erkennen wir eigentlich, dass wir uns da längst in einer Stimmung der Ehrfurcht befinden! Ehrfurcht vor diesem Moment der Begegnung und scheue Vorsicht, in der wir uns nähern, um das wundersame Geschöpf vor uns nicht zu schrecken.

Man muss sich auf diese Momente, die man vielleicht nur aus der Kindheit kennt oder sich überhaupt ganz neu vorstellen muss, einmal tief besinnen und versuchen, sich deutlich zu machen, was man da eigentlich alles empfindet, welches Erleben dann in der Seele eigentlich da ist. Dann *wird* man auf diese tiefe Liebe stoßen, die uns mit der unschuldigen Kreatur verbindet..."

Wieder machte Baumann eine Pause, in der alle diesem Erleben nachspürten und nachlauschten...

„Und in dieser Liebe lebt so viel... In dieser Liebe lebt eigentlich das ganze Wissen um das wahre Schicksal der Tierwelt und die wahre Beziehung, die der Mensch zu den Tieren hat. Unendlich verwandt und hingezogen fühlt sich der Mensch zu den Tieren. Das Tier kann empfinden und leiden wie der Mensch, aber es hat kein klares Bewusstsein, es kann sich seiner Lage und seines Schicksals nicht bewusst sein. Es ist wie verurteilt, in einer Art Verzauberung zu leben, in der es dumpf empfinden kann, vor allem Furcht, immer wieder Furcht, Angst, Flucht und Scheu – das ist das Leben des Tieres, der Kreatur. Das empfinden wir unbewusst *auch*, und so lebt in unserer Liebe zu den Geschöpfen unbewusst auch ein tiefes Mitleid, ein tiefes Wissen um dieses größere Schicksal, dieses Opfer der Tierwelt...

Aber erhellt wird dieser unerklärliche Zusammenhang, den wir zu den Tieren empfinden, nur durch eine geistige Anschauung. Die materialistische Sicht der Dinge kennt keinen Zusammenhang. Die Evolution kennt nur den Kampf ums Dasein. Keine Tierart ist einer anderen besonders nahe – vielmehr sind die, die sich besonders nahe sind, oft die ärgsten Feinde. Aus der rein evolutiven Verwandtschaft kann also kein Zusammenhang kommen. Und auch, dass der Mensch auf einmal denken kann, kann diesen empfundenen Zusammenhang nicht erklären. Die biologische Evolution kann die Liebe überhaupt nicht erklären. Gäbe es nur den Darwinismus, so gäbe es die Liebe überhaupt nicht. Bei den Tieren gibt es Instinkt. Der Mensch aber kann die Essenz der Liebe finden – und diese Liebe kann sich nicht nur über alles Leibliche erheben, sie kann damit auch jegliche Artgrenzen überwinden. Der Mensch kann nicht nur seinesgleichen lieben, er kann auch das Tier lieben, ja sogar den Stein – die ganze Schöpfung, alles. Das ist das wahre Wesen der Liebe! Es ist absolut grenzenlos. Und es geht *nicht* aus der biologischen Evolution hervor...

Trotzdem empfinden wir doch die Verwandtschaft mit dem Tier. Woher kommt diese? Wir empfinden uns keineswegs als aus der Tierwelt hervorgegangen, aber wir empfinden ein tiefes Verbundensein. Wir würden am liebsten das scheue Reh behüten, wir würden sein Beschützer sein wollen, auf dass ihm nichts geschehe und es nicht fortwährend solche Angst haben müsse... Das ist unsere Verwandtschaft mit der Tierwelt! Eine unerklärliche Verbundenheit, aus der die Liebe aufsteigt."

Baumann holte aus seiner Hemdtasche ein zusammengefaltetes Blatt Papier.

„Und es gibt ein wunderbares Wort von Christian Morgenstern, in dem diese rätselhafte Verbundenheit ausgedrückt ist. Hier spricht er sogar von den Pflanzen. Er schreibt:

‚Hast du noch nie empfunden: es muss anders werden! Wenn du zum Beispiel im Wald saßest und die lieben Bäume und Gräser um dich herum sahest, von denen dich doch so ein Weltabgrund der Nichterkenntnis schied! Was waren sie eigentlich, wo war ihre Seele, wo war der Punkt, in dem ihr euch brüderlich treffen konntet, nicht nur in dumpfer Liebe von deiner Seite, sondern euch gleichsam ins gottgeschwisterliche Auge schauend? Wäre es nicht unsinnig, wenn es in einer Welt, so weit und verschwenderisch angelegt, immer so bliebe, nie anders würde? Muss es nicht anders werden? Und löst diese Not und Notwendigkeit nicht etwas in dir, das sagt: Ja, es muss besser werden, und ich will Tag um Tag dem Geist und den Geistern der Dinge entgegengehen, sind sie doch gewiss auch schon längt auf dem Wege zu mir.'"
Baumann schwieg einen Moment. Dann sagte er:
„Das ist Morgenstern, unser geliebter, so naher Menschenbruder. Wie kaum ein anderer hat er darum gerungen, sein innerstes Erleben mit aller Schöpfung zu verbinden – und hatte gleichzeitig selbst ein so schweres, leidgeprüftes Leben. Und war ein enger Schüler und Freund Rudolf Steiners..."
Er faltete den Zettel wieder zusammen und steckte ihn wieder in die Brusttasche seines Hemdes.

„Und was er hier anspricht, dieses wahre Wesen der menschlichen Sehnsucht, das ist es, worauf wir uns einmal besinnen können. In der Seele lebt die tiefe Sehnsucht, sich mit der Kreatur, ja sogar mit der Pflanzenwelt, die ja auch *Leben* in sich trägt, noch ganz anders verständigen zu können, als wir es vermögen, da wir es doch *gar* nicht vermögen. Aber die Sehnsucht ist da – die Sehnsucht nach einer Wesensbegegnung, nach einer erkennenden, sich verbindenden Wesensbegegnung, in der wir nicht durch einen Abgrund von dem anderen Geschöpf getrennt sind... Wir fühlen leidvoll diesen Abgrund, diesen Abstand, und fühlen doch so innig die Verwandtschaft, den Zusammenhang. Was ist der Grund dafür?"

Nach einem längeren Schweigen sagte Baumann schließlich: „Und nun schildert Rudolf Steiner die *geistige* Seite des Ganzen – und damit erst die volle Wirklichkeit. Er beschreibt die Weltenentwicklung von ihren Ursprüngen an – wie sie aus dem *Geistigen* heraus entstanden ist. So, wie kein Leben aus etwas Totem entstehen kann, sondern immer nur umgekehrt, so kann auch kein Geistiges aus einem Lebenden entstehen, sondern immer nur umgekehrt. Geistig war der Anfang von allem – und der Stoff und der Tod steht an des Weges Ende. Mit Hilfe von Stoff und Tod gewinnt der Mensch ein irdisches Bewusstsein – dasjenige Bewusstsein, was wir heute kennen, wo wir frei sind von allem Göttlichen, aber auch in dumpfem Erkennen und dumpfer Liebe getrennt von allem, zu dem wir eine Verbindung doch ahnen und ersehnen. Unser Erkennen und unser Erleben muss also wieder Leben bekommen. Und indem wir uns von den Dogmen des Materialismus, diesen so festverwurzelten Halbwahrheiten lösen, können wir immer mehr erleben, dass es gar nicht anders sein kann, als dass die geistige Realität zuerst da war – und dass erst aus *dieser* Realität heraus alles Andere geworden ist...

Das wahre Menschenwesen ist also nicht aus dem Affen hervorgegangen, sondern es war da, lange, lange bevor überhaupt irgendetwas Irdisches da war. Das Menschenwesen stand am Beginn von allem – es ist der ‚Erstgeborene der Schöpfung'! Dies wird im Brief des Paulus an die Kolosser von Christus gesagt – Er ist das Bild des unsichtbaren Gottes und der Erstgeborene der ganzen Schöpfung. Aber Er hat dann alles Übrige geschaffen – und der Mensch ist wiederum nach dem Bild Gottes geschaffen! Die Realität des Menschen am Urbeginn der Schöpfung ist der göttliche Urmensch. Der Mensch war eine Realität, lange bevor es einzelne Menschen gab und lange, lange bevor es die übrige Schöpfung gab – und erst recht lange bevor es die irdische Entwicklung gab, die dann zu jener Evolution führte, die die Wissenschaft heute ausschließlich kennt.

Und dies schildert dann auch Rudolf Steiner. Im Urbeginne war der Mensch – geschaffen von dem göttlichen Wort, dem Christus, jenem höchsten Gotteswesen, das ungeschaffen aus dem ewigen göttlichen Urgrund hervorgeht und mit ihm eins ist und das alles Geschaffene geschaffen hat. Und der Mensch als geistiges Wesen war mit allem noch vereint, war noch ungetrennt von allem anderen, was dann getrennt werden sollte.

Aber um der weiteren Entwicklung willen musste der geistige Mensch dann etwas aus sich heraussondern, heraussetzen. Nur indem er dies tat, konnte er sich selbst höher entwickeln. Das Erste, was er aus sich heraussetzte, war dasjenige, was dann die physische, tote Natur wurde. Man muss sich vorstellen, dass dieses Herausgesonderte zunächst selbst auch ganz geistig war, später noch immer lebendig – und erst ganz zuletzt wirklich tote Materie. Goethe hatte davon eine lebendige Ahnung: dass auch das Gestein ursprünglich aus Lebensprozessen hervorging. Der Vulkanismus kann davon vielleicht noch eine Ahnung vermitteln, aber die bloß physische Wärme, ja Hitze, gibt doch wieder einen ganz falschen Eindruck und ist selbst nur noch ein Endprodukt einer langen, langen Entwicklung und fortwährenden Verwandlung von Geistigem in Physisch-Stoffliches.

Damit begann aber sozusagen die andere, die physische Evolution. Indem der Mensch etwas aus sich heraussetzte, was letztlich das Mineralreich, die stoffliche Materie wurde, begann die Evolution, wie die heutige Wissenschaft sie kennt. Auf einer nächsten Stufe setzte der Mensch etwas aus sich heraus, was schließlich das Pflanzenreich wurde. Und dann begann das Heraussetzen dessen, was die niederen Tiere, schließlich die höheren Tiere wurden. Und das, was in der Evolution zuletzt erschien, war dasjenige, was der Mensch zuletzt aus sich heraussetzen musste, um selbst noch immer in einem rein geistigen Zustand zu bleiben, um der eigenen Entwicklung willen, während sich im Physischen längst die physisch bekannte Evolution vollzog. Und dann, erst ganz zum Schluss, trat der Mensch selbst in die Entwicklung ein. Der physische Menschenleib erschien – und in diesen trat der Menschengeist ein: die sich verkörpernden Individualitäten. Die ganze übrige Schöpfung ging also aus dem *Menschen* hervor – und die Menschenaffen sind sehr wohl die engsten Brüder des Menschen, aber nicht, weil der Mensch aus ihnen hervorgegangen wäre, sondern weil sie zuletzt aus *ihm* hervorgegangen sind. Auch sie musste er noch aus sich heraussetzen, um sich noch weiter entwickeln zu können und zuletzt als *Mensch* in der Erdenwelt zu erscheinen.

Und jetzt sehen wir die volle Bedeutung der Verwandtschaft des Menschen mit aller Schöpfung! Die ganze Schöpfung ist ein Teil des Menschen – und zwar jener Teil, den der Mensch aus sich heraussetzen musste, um wahrhaft Mensch zu werden so, wie er jetzt ist. Die übrige Schöpfung musste also in demselben Maße so unter dem Niveau des jetzigen menschlichen Bewusstseins verbleiben, wie der Mensch höhersteigen durfte. Alles, was der Mensch also aus sich abgesondert hat, das hat er geopfert und das hat *sich* geopfert, damit der Mensch werden konnte, was er ist."

Noch einmal holte Baumann sein Blatt Papier hervor. „Und dies hat Christian Morgenstern wiederum in einem Gedicht ausgedrückt, das den Titel trägt: ‚Die Fußwaschung'. So, wie das höchste Gotteswesen sich in Liebe vor den Jüngern beugte und jedem von ihnen die Füße wusch, um für immer das Dienen zur höchsten Liebestat zu machen, so kann sich auch der Mensch vor aller Schöpfung beugen, in Liebe, in Ehrfurcht und in Dankbarkeit. Das beschreibt dieses Gedicht:

Ich danke dir, du stummer Stein,
und neige mich zu dir hernieder:
Ich schulde dir mein Pflanzensein.

Ich danke euch, ihr Grund und Flor,
und bücke mich zu euch hernieder:
Ihr halft zum Tiere mir empor.

Ich danke euch, Stein, Kraut und Tier,
und beuge mich zu euch hernieder:
Ihr halft mir alle drei zu Mir.

Wir danken dir, du Menschenkind,
und lassen fromm uns vor dir nieder:
weil dadurch, dass du bist, wir sind.

Es dankt aus aller Gottheit Ein-
und aller Gottheit Vielfalt wieder.
In Dank verschlingt sich alles Sein."

Wieder steckte er das zusammengefaltete Papier in seine Brusttasche.

„Indem der ursprüngliche, geistige Mensch, der noch die ganze Schöpfung in sich umfasste, das spätere Mineralreich aus sich heraussetzte, konnte er sich hinaufentwickeln zu einem schlafenden, pflanzenartigen Bewusstsein. Dann opferte er das, was die spätere Pflanzenwelt wurde, um sich selbst zu einem träumenden, tierartigen Bewusstsein zu erheben. Und schließlich schied er von sich ab dasjenige, was dann die Tierwelt wurde, um zu dem menschlichen Bewusstsein aufzusteigen – und sich als Geistwesen in den dem Geist gemäßen Menschenleib zu verkörpern. Der Mensch verdankt sein Wesen wirklich allen drei Naturreichen, die er aus sich herausgesetzt hat, auf dass er ohne sie aufsteigend wahrhaft Menschenbewusstsein erlangen konnte. Stein, Pflanze und Tier aber mussten zurückbleiben, auf dass einst auch sie in einer zukünftigen Schöpfungsepoche aufsteigen mögen dürfen, während der Mensch seinen kreatürlichen Brüdern und Schwestern weiter vorangehen werden wird...“

„Dann fühlt sich der Mensch also eigentlich der ganzen Natur über wie ‚Brüderchen und Schwesterchen'? Das Reh ist eigentlich der Bruder des Menschen?", sagte Sylvia ergriffen.

„Ja", sagte Baumann. „Natürlich hat das Märchen ganz andere Aspekte, denn da geht es vor allem darum, wie der Mensch sein eigenes Wesen vergisst und sich wieder erinnern oder aber dieses erst erwecken muss. Und in allen Märchen werden immer nur Menschen in Tiere verwandelt, und wieder zurück. Selbst in den Märchen wird nie ein wirkliches Tier ein Mensch. Das ist viel größeren Schritten der künftigen Entwicklung vorbehalten, in denen der Mensch längst weitergeschritten sein wird – und dann das Schicksal der Tiere, die dann die Menschenstufe erreichen – auf eine vielleicht völlig andere Art –, so begleiten und hüten wird, wie es jetzt die Engel für den Menschen tun...

Aber allein schon die Tatsache, dass in den Märchen Menschen in Tiere verzaubert werden können, lässt doch auch wiederum den ganzen tiefen Zusammenhang erfühlen, den die Menschheit immer geahnt hat. – Aber im Menschen lebt eben auch noch vieles, was nicht ganz menschlich ist, oder was die Menschlichkeit immer wieder verlieren kann. Das Bild des Märchens bezeichnet dann die Gefahr, dass der Mensch wieder auf eine tierische Stufe zurückfallen kann. Nicht vollkommen, aber in der Wachheit oder eben Nicht-Wachheit seines Bewusstseins. Wird er von den Widersachern überwältigt, dann wird er eben von dem wahrhaften Menschensein wieder zurückgedrängt, auf eine Stufe, die er nicht haben sollte. Davor wollen die Märchenbilder eigentlich warnen, davon sprechen sie. Immer geht es um den Unterschied der Bewusstseinsstufe zwischen Tier und Mensch. Der Mensch muss sein wahres Sein hüten – denn es ist nach wie vor bedroht, fortwährend."

Baumann sann kurz nach. Schließlich fuhr er fort:

„Und wenn wir es so betrachten, dann haben wir gerade dann die rechte Ehrfurcht vor der Tierwelt, die sich für uns geopfert hat, wenn wir dieses Opfer nicht umsonst geschehen sein lassen, sondern unser Menschsein wirklich bewahren – oder vielmehr: wirklich immer mehr erringen. Denn in dem ersten Wort Morgensterns klingt ja an, dass wir noch immer sehr in einem dumpfen Bewusstsein leben – während wir doch ahnen, dass es ‚anders werden muss'. Also auch um der Tierwelt und der ganzen Schöpfung und ihres Opfers willen müssen wir sagen: Streben wir mit aller Kraft, damit dieses Opfer wirklich einen Sinn hat und damit wir dasjenige wahr machen können, was uns dank dieses Opfer ermöglicht worden ist. Seien wir nicht träge, sondern machen das Menschenbewusstsein, unseren menschlichen Geist, immer klarer, reiner und tiefer, auch unsere Liebe immer reiner und tiefer – das ist der einzige Weg, der Schöpfung, die sich für uns geopfert hat, zu danken und sie vielleicht einst zu erlösen und zu uns heraufzuerheben...“

Nun schwieg Baumann eine längere Weile. Dann sagte er: „Wir könnten uns auch den Pflanzen und der Mineralwelt noch mehr zuwenden. Überlegen wir uns nur einmal, welche unendliche Bedeutung es für uns hat, dass wir festen Boden unter den Füßen haben können! Dass die Steine uns tragen – selbstlos und ohne eigenes Bewusstsein, wirklich tief schlafend, aber sich opfernd für uns... Und die Pflanzen – lebend wie wir, ihnen verdanken wir wiederum alles, bis hin zu der Luft, die wir in jedem Moment atmen... Können wir nicht schon hinter diesen wenigen Andeutungen die unermessliche Bedeutung dessen empfinden?
So lasst uns jetzt uns noch einmal tief darauf besinnen, welches große Opfer hinter der Menschwerdung steckt. Darauf, was wir als Mensch erreichen können, wenn wir uns einem heiligen Streben zuwenden – und wem wir dies verdanken und damit eigentlich auch schulden. Und fühlen wir vor *die-*

sem Hintergrund gerade unser inniges Verwandtschafts-Sehnsuchts-Gefühl gegenüber der Tierwelt, unsere innige Liebe zu dieser in dumpfer Empfindung und zugleich in so tiefer Unschuld gefangenen Kreatur.

Und jetzt lasst uns in diesem Erleben unsere Ehrfurcht lebendig machen in einem erneuten Schweigen der Seele..."

Als sie wieder zueinander zurückkehrten, brauchte Baumann nicht zu fragen, ob es einen Unterschied zum ersten Mal gab – überdeutlich war er in eines Jeden Augen zu lesen...

„Und dieses Geheimnis des Menschen...", begann Baumann, „ist wiederum bei Paulus zu lesen, in seinem Brief an die Römer..."

Ein drittes Mal holte er das Papier aus der Brusttasche.

„Das achte Kapitel, wo er davon spricht, dass in Christus das geistige Leben, das Leben des Geistes zu finden ist. Und dann sagt er: ,Mit großer Sehnsucht erwartet die ganze Schöpfung das Offenbarwerden der Söhne Gottes. Der sinnlosen Nichtigkeit wurde die Schöpfung unterworfen, nicht aus sich selbst, sondern um dessentwillen, der sie unterworfen hat, aber in der Erwartung, dass auch sie, die Schöpfung befreit werden wird von der Knechtschaft der Vergänglichkeit zur Freiheit des Offenbarwerdens der Kinder Gottes. Wir wissen, dass die ganze Schöpfung seufzt in Schmerzen der Neugeburt bis auf den heutigen Tag.'

In diesen Worten ist eigentlich die ganze Verantwortung des Menschen ausgesprochen – und das ganze ,ängstliche Harren der Kreatur', wie es bei Luther heißt. Wenn wir dies immer tiefer empfinden, dann werden wir die Ehrfurcht der Fußwaschung lebendig in uns tragen können..."

Vorsichtig fragte Sylvia mit stiller Begeisterung:

„Und *das* steht in der Bibel?"

Baumann lächelte.

„Bei Paulus, ja. Bei ihm finden wir viele tiefe Geheimnisse, ein ganz tiefes Verstehen des Christus-Impulses; in vielerlei Hinsicht war er ein ‚Frühgeborener', als der er sich ebenfalls selbst bezeichnet. Er hat vom lebendigen Wirken des Christus so viel begriffen, wie es Jahrhunderte nach ihm nicht mehr erfasst haben. Und ja, ihm verdanken wir diese wunderbaren Worte des Römerbriefes."

Er faltete das Papier nun endgültig und steckte es zurück.

*

Nach einem längeren Schweigen sagte er:
„Und nun wollen wir uns der dritten Ehrfurcht zuwenden: jener vor dem anderen Menschen, der uns gleich ist...
Machen wir auch hier einen ersten Versuch mit allem Ernst, der uns möglich ist."
Wiederum schlossen die vier Menschen die Augen und kehrten ein in ihr Inneres, sich bemühend, die dritte Ehrfurcht zu finden...

Zurückkehrend aus dem inneren Schweigen sagte Leonie, wiederum von Baumanns Blick zuerst eingeladen:
„Eigentlich mag ich die Menschen. Ich habe versucht, zu empfinden, wie verschieden jeder Mensch ist – und wie einzigartig. Wenn man sich das deutlich macht, dann kann man auf einmal eine große Liebe fühlen. Aber zu einer Ehrfurcht bin ich kaum gekommen..."
Grunert, dem Blick Baumanns folgend, sagte:
„Ich habe mich auf die ewige Individualität besonnen. Darüber fand ich dann zu einer Ehrfurcht. Aber ich habe da an die geistige Welt gedacht, bevor der Mensch sich verkörpert. Wenn ich dann an die konkreten Menschen hier und jetzt denke, in der Welt, fällt es mir schwer, diese ewige Individualität dann noch immer dabei zu haben. Sie entgleitet mir – und mit ihr die Ehrfurcht."

Baumann nickte. Dann wandte er seinen Blick dem Mädchen zu. Und Sylvia sagte nun leise:
„Ich habe Ihnen ja gesagt, dass ich von dem, was Sie über den Menschenbruder und die -schwester gesagt haben, so berührt gewesen bin. Deswegen bin ich ja vielleicht auch nur hier. Das hat in mir *so* etwas berührt! Und als ich mir die Menschen vorgestellt habe, innerlich, einfach als Menschen, und mir dann vorgestellt habe: Dies sind eigentlich deine Brüder, deine Schwestern ... da musste ich fast weinen, weil ich so berührt war... Es ist etwas anderes als mit echten Geschwistern, ich meine –"
Sie musste kurz überlegen.
„Ich meine, das Berührende ist gerade, dass sie *nicht* meine wirklichen Brüder und Schwestern sind, dass die Menschen untereinander nicht wirklich näher verwandt sind – und sich ja überhaupt auch in Wirklichkeit ganz fremd sind, ganz egal und so weiter; und nun aber zu denken: *Doch*, das ist dein Bruder, das ist deine Schwester... Sie haben das mit dem Verbrecher erzählt. Sich verantwortlich fühlen für seinen Bruder ... für den, den man selbst als Bruder erkennen kann und der gar nicht *allein* Schuld hat..."
Sie lächelte entschuldigend, auf einmal etwas beschämt.
Baumann sagte berührt:
„Danke, Sylvia, vielen Dank. Das ist wunderbar..."
Ein Schweigen hüllte die kleine Gemeinschaft ein.

Schließlich begann Baumann wieder zu sprechen.
„Das, was Sylvia da als Erleben beschrieben hat, enthält wie ein Kern schon das ganze, große Geheimnis, wie auch ihr es angedeutet habt. Das Geheimnis des einzelnen, einzigartigen Menschen, und das Geheimnis der wirklichen Verwandtschaft, der innigen Verbundenheit, die wir untereinander empfinden können; das Geheimnis der wirklichen Liebe. Das Wissen ist eines, das wirkliche Erlebenkönnen aber ist immer wieder dasjenige, worauf es ankommt. Aus dem Herzen he-

raus den anderen Menschen als einen Bruder, eine Schwester empfinden können – vielleicht sollte es damit beginnen, vielleicht sollte es überhaupt keinen anderen Weg geben...''
Eine kleine Pause ließ das Mädchen einwerfen:
„Aber bei den echten Menschen kann ich das auch noch nicht. Nur in Gedanken habe ich das erlebt...''
Baumann nickte.
„Ja, das verstehe ich natürlich gut. Und dennoch ist es dann ja *da*, es ist in dir dann zutiefst lebendig. Andere Menschen haben selbst dies nicht, zunächst nicht... Und, ja, dann muss es doch auch bis in die Wirklichkeit, das wirkliche Erleben und die wirkliche Begegnung mit dem anderen Menschen kommen. So brauchen wir also doch wiederum eine umfassende Annäherung, einen großen Bogen, auf dem wir die Liebe in uns erwecken können, bis in die irdische Realität hinein. Die Liebe und die Ehrfurcht...''

Nachdem er sich einen Moment besonnen hatte, sagte er:
„Beginnen wir doch in dieser Realität. Um uns leben diese einzelnen Menschen, jeder für sich. Sie alle leben ihr Leben, hinter verschlossenen Türen, in Büros, wir begegnen ihnen auf der Straße, aber auch da bleibt uns ihr Leben, ihr Sein, ihr Wesen verschlossen. Ein kurzer, flüchtiger Moment der Begegnung, und vorbei sind wir gegangen, aneinander vorbei.
Und doch wissen wir, wie vielfältig die Leben und die Lebensbedingungen sind. Wir wissen, wie jeder andere Mensch auch eine Mutter, einen Vater hat, Freunde, Bekannte, vielleicht auch nicht; vielleicht hat jemand seinen Vater nie gekannt, seine Eltern schon verloren; vielleicht hat jemand keine Freunde mehr, oder hat noch nie welche gehabt. Vielleicht hat jemand Freunde, aber keine engen Freunde. Vielleicht weiß jemand gar nicht, was wirkliche Freunde sind...
Und dann haben viele Menschen einen Beruf – manche sind darin glücklich, manche erfolgreich, aber nicht glücklich, manche weder noch. Wie viele Menschen leiden heute in der

Berufswelt! Und wie verschieden ist das Leiden, wie verschieden schwer auch... Manchem ist ein schwieriger Chef ganz egal, und einem anderen Menschen zerstört es seine Seele, und er stirbt langsam unter der Last der Kritik und des Gefühls des Versagens oder des Nicht-erkannt-Werdens.

Das ist es eigentlich. Ein ungeheures Grundgefühl des Menschen, fast nie wirklich bewusst, aber ungeheuer stark anwesend: Das Bedürfnis, *erkannt* zu werden. Und dann allzu oft das Erlebnis, *nicht* erkannt zu werden. Die Welt rollt weiter, wie sie ist; sie überrollt einen. Man wird nicht erkannt... Das ist das Grundgefühl unzähliger Menschen, und es kann bis zum Tod das Grundgefühl bleiben... Oft erkennen die Menschen dieses Gefühl selbst nicht, aber es ist da. Eine große Einsamkeit, eine große betrogene Hoffnung, eine ungeheuer tiefe Wehmut, die vielleicht nicht einmal bis an die Oberfläche der Seele dringt...

In der Seele aber lebt sie, und die Seele macht sie hoffnungslos. Und dann sitzen diese Menschen vor dem Fernseher oder trinken Alkohol oder unternehmen dies und das, oder, oder, oder ... und sie wissen gar nicht, wonach sie zutiefst auf der Suche sind oder wonach sie die Suche längst aufgegeben haben... Die Tragik des modernen Menschen – eine ungeheure, eine erschütternde Tragik. Die Tragik der verborgenen Individualität, des verborgenen ewigen Menschenwesens, das *nicht* erkannt wird. Mit all seinen Zielen, seinen Hoffnungen, seinen ursprünglichen Absichten, mit seinem Wesen nicht erkannt wird – und sich selbst auch nicht mehr erkennt..."

Baumann schwieg. Erst nach einer ganzen Weile sprach er wieder weiter.

„Erkannt werden – das ist die allertiefste Sehnsucht, die selbst überhaupt nicht verstanden wird, aber dennoch da ist. Geliebtwerden, das auch, ja. Aber erkannt werden, das ist noch größer, noch tiefer. Geliebtwerden ist auch möglich, wenn das Erkennen nicht so weit geht. Deswegen kann man sich ja geliebt fühlen und trotzdem noch tief schmerzlich darunter leiden, dass man dennoch nicht erkannt wird. Das wirkliche Erkanntwerden ist erst der Moment, der die tiefste Sehnsucht befriedigen kann – und ganz sicher ist auch erst da die tiefste Liebe möglich und wird sie erst da erweckt: Da, wo ein Mensch vom anderen in tiefstem Sinne wirklich erkannt wird... Mag dieser Mensch äußerlich noch so ,gewöhnlich' sein, mag er gute und schlechte Seiten haben, das alles wird belanglos, wenn man bis zu seinem wirklichen Wesen vordringt und von diesem berührt wird. Diese Berührung kann nur die Liebe erwecken – das *Wesen* kann nur geliebt werden, denn sein Kern wird immer ganz und gar gut sein, ganz und gar gut und ganz und gar einzigartig...‘‘

„Wenn aber ein Mensch nun *sehr* böse ist? Ganz voller Hass und Brutalität?‘‘, fragte Sylvia.

Baumann nickte.

„Es gibt Menschen, die sich so sehr dem Bösen verschrieben haben, dass möglicherweise ihr ganzes Wesen fast unrettbar verloren ist – aber das ist etwas, an das du nicht einmal denkst und das man sich kaum wirklich vorstellen kann, denn es geschieht dann durch und durch mit bewusstem Willen. Wenn wir dies einmal erleben würden, würden wir davor unendlich viel stärker zurückschrecken als vor purem Hass und purer Brutalität an sich.

Ein Mensch, von dem *du* sprichst, Sylvia, der wird zum Beispiel zu einem Verbrecher. Aber sein Wille wird geführt von einem irregeleiteten, in Hass und Brutalität abgeglittenen Fühlen. Er will nicht böse sein, sondern er ist böse, und der Hass nährt auch wieder den Selbsthass und umgekehrt, dadurch kann das alles so extrem werden. Aber es beginnt mit einem Verführtwerden des Gefühls, mit einem allmählichen Abgleiten. Jeder Verbrecher und überhaupt jeder Mensch, der hassen muss und brutal geworden ist, ist ein *gefallener Menschenbruder*.

Und an uns ist es dann, ob wir ihn dann endgültig fallenlassen, ob wir das Urteil über ihn sprechen, ob wir ihn zum Abschaum erklären und ihn wie Abschaum behandeln – oder ob wir uns diesem gefallenen Menschenbruder annehmen können, in Liebe ... die er mehr braucht als jeder andere, der nicht gefallen ist. – Und denken können wir dies noch relativ einfach. Aber wie können wir dies in der Realität wahrmachen? In der *Realität* müssen wir, vor diesem rohen, brutalen Menschen stehend, den gefallenen Bruder sehen!

Wir müssen unseren Blick weit machen – dann wird auch unser Herz weit werden. Wir müssen gleichsam hellsichtig oder aber mit realistischer Phantasie sehen lernen, wie das Leben dieser Individualität verlaufen ist. Und beginnen wir mit dem Geistessein vor der Geburt! Auch diese Individualität ist mit hohen Zielen und Impulsen, die den Willen zum Guten in der diesem Menschen einzigartigen Gestalt in sich trugen, zur Erde gekommen und hat sich verkörpert. Und dann musste sie diese Ziele zunächst, wie wir alle, vergessen. Und die ewige Individualität arbeitete, gemeinsam mit den Hierarchien, an der Gestaltung und Umgestaltung des vererbten Leibes.

Und was geschah noch? Vielleicht wurde dieses Kind nicht in eine Familie hineingeboren, sondern wurde von einer alleinerziehenden Mutter aufgezogen. Vielleicht begegnete ihm nicht die Liebe, die es gebraucht hätte. Vielleicht kam es sogar in ein Heim, wo ihm selbst bemühte Menschen nicht geben konnten, was es gebraucht hätte.

Und vielleicht hätte dann eine Waldorfschule da sein müssen, in der die Pädagogen wirklich um das innerste Geheimnis des Menschen wissen und alles in ihrer Kraft Stehende tun, damit dieses langsam gedeihen und schließlich in einem gegebenen Moment – der dann auch aus vielen verschiedenen Momenten bestehen kann – das Menschenwesen in aller Grandiosität zu sich selbst aufwachen kann, weil es sich im Innersten erkannt und hervorgerufen fühlt, weil es in Freiheit in die volle

Offenbarung treten kann, erwartet, willkommen, geschätzt, geliebt... – Aber ganz sicher war es keine Waldorfschule, sondern eine ganz andere Schule, in die dieser Mensch kam und in der er ein ganz anderes Gefühl kennenlernte, das er aber eigentlich schon vorher kannte: nämlich, *nicht* erwartet zu sein, nicht willkommen, nicht geschätzt, nicht geliebt ... sondern egal, vielleicht sogar störend, einer mehr von ‚denen', die nicht wichtig sind..."

Das Mädchen war wiederum sichtlich tief berührt. Schließlich sprach Baumann weiter.

„Und so lernte dieser junge Mensch nie dieses Gefühl kennen, dass man auf ihn wartete; dass man darauf wartete, dass er sein wahres Wesen offenbaren würde; dass auch die geistige Welt immer darauf wartet, dass ein Mensch dies vermag. Sondern statt dessen lernte dieser junge Mensch, dass es eigentlich egal ist, was man tut. Dieses Nicht-Willkommensein nährte in ihm Hass und Selbsthass gleichermaßen. Und er stellte fest, dass er mit Hass und Brutalität zum einen die Welt für sich leichter erträglich machte und dass er zum anderen auf diese Weise manchmal bekam, was er wollte – was er nun nur noch wollen konnte. Er wollte nun nichts Gemeinsames mehr, er wollte nur noch für sich dies und jenes erreichen, denn wirkliche Gemeinsamkeit hatte er ja niemals erlebt. Die Menschen gaben ihm nicht, was er brauchte – nun gab auch er nichts mehr, er nahm nur noch. Und wenn er etwas ‚gab', so das, wovon er glaubte, dass er damit ein wenig alles Schlimme heimzahlen konnte, was man ihm angetan hatte.

Mangel an Liebe, Sylvia, Mangel an Liebe ist der Urquell alles Bösen, und Hass nährt dann weiter Hass. Auch wir haben stets nur Abneigung gegen ‚böse', brutale, hassende Menschen, in Antipathie wenden wir uns ab, und diese Antipathie ist manchmal auch nur eine Vorstufe des Hasses. Im besten Falle ist sie ein Zurückschrecken vor dem Dunklen. Aber dieses Dunkle verdient nicht unsere Ablehnung, sondern es verdient unsere Annahme, unser Mitleid. Denn alles Dunkle geht hervor aus einem Mangel an Liebe. Durch einen Mangel an erfahrener Liebe kommt einer unserer Menschenbrüder zu Fall; das ist es, was ihn fallen ließ. Und ... lassen auch *wir* ihn fallen...?"

Baumann wartete nicht auf eine ausgesprochene Antwort, dennoch sagte das Mädchen in seiner Berührung leise: „Nein..."

„Die Liebe zu unseren Mitmenschen, die unsere Brüder und Schwestern sind, geht immer aus einem Erkennen hervor. Und wo es kein Erkennen ist, kann es zumindest ein lebendig erlebtes Wissen um diese erschütternden Schicksale sein. Jeder Mensch taucht als einzigartige Individualität in ein einzigartiges Schicksal ein, jeder Mensch macht vielfaches Leiden durch, vielfache Enttäuschungen seiner Hoffnungen, seiner Sehnsucht. Der eine Mensch strebt innerlich, der andere vergisst sein Streben schon sehr früh. Doch im Grunde ringen wir alle, ohne Ausnahme; wir alle ringen darum, ans Licht zu kommen. Unser wahres Wesen ringt in uns darum, sich ganz offenbaren zu können. Und doch sind viele, fast alle, in dieser Hinsicht eigentlich Ertrinkende, sie schaffen es nicht alleine. Wir alle brauchen gegenseitig Hilfe, der Bruder braucht die Hilfe der Schwester, die Schwester die Hilfe des Bruders...

Sehen wir mit diesem Blick das Schicksal unseres Nebenmenschen! Die einsame Hausfrau, die nichts weiß von Anthroposophie; die an der Supermarktkasse über die lange Schlange schimpft und deren Seele täglich wieder durch Zeitung, Radio und Fernsehen von der wahren Suche nach dem eigenen wahren Wesen abgehalten wird. Der Mann im Büro, der nichts kennengelernt hat, als den Anforderungen zu genügen und seine Aufgaben zu erfüllen. Der junge Mann, gerade erwachsen, der den Genüssen des Lebens folgt: Drogen, Disco, Musik, Frauen. Sie alle wissen nichts von dem wahren Wesen des Menschen – sie suchen ganz woanders, oder sie suchen gar nicht mehr, längst nicht mehr. Aber es ist immer auch die Welt, die sie verführt, die sie innerlich tötet, und sie sterben, weil sie nichts anderes kennen – und weil keiner ihnen half und sie rettete, bevor sie fielen..."

„Was ist das für eine traurige Welt!", sagte Leonie laut.

„Ja", sagte Baumann. „Und doch kann uns gerade dies zur Liebe führen. Wenn wir in jedem Menschen diesen ringenden Keim sehen – diesen so oft scheiternden Keim, dessen Scheitern erst dann vollkommen wird, wenn er nicht mehr ringt. Wenn wir *diesen* Keim im Menschen sehen – der wirklich immer ringt oder zumindest immer die Möglichkeit hätte und hat, wieder ein ringender zu werden; wenn wir diesen Keim sehen, und zwar nicht nur vorgestellt und empfunden, wenn wir allein sind, sondern auch wirklich in der Begegnung, in den Augen des anderen Mitmenschen... Wenn wir unserem Mitmenschen in die Augen sehen und in diesem Moment und in diesen Augen sehen: Ja, auch du bist einzigartig, auch in dir lebt diese einzigartige Essenz; ich sehe, dass deine Suche dich auf sehr verlorenen Wegen führt, aber ich sehe, dass du ebenso wie ich eine Essenz in dir trägst – dann kann die wahre Liebe zum Mitmenschen erwachen, den wir dann auch wirklich als eine Schwester, einen Bruder erkennen. Und man *kann* dies in den Augen sehen! Ein einziger Augenblick kann das volle Erlebnis des Menschenbruders, der -schwester, der realen Individualität des Anderen erwecken!"

Nach einem Moment des Schweigens sagte Baumann leise: „Üben wir also diese Fähigkeit: In den Augen des anderen Menschen lebendig zu erkennen, dass in diesem Menschen eine ewige Individualität inkarniert ist."

„Aber", begann Sylvia zögernd, „warum *sind* die Schicksale so schwer? Warum muss die Welt so traurig und schwer sein?"

Längere Zeit schwieg Baumann erneut. Dann sagte er:
„Der Einschlag der Widersacher ist enorm gewesen, mit dem Sündenfall – und er wirkt bis heute mit nahezu ungebrochener Kraft. In *sich* muss der Mensch aufwachen, aus dem Egoismus und der Ohnmacht der Hoffnungslosigkeit; und gemeinsam muss die Menschheit ebenfalls aufwachen, damit sie jene Welt gestalten kann, die ihrem wahren Wesen entspricht. Was wir heute haben, ist ein gewaltiges Fortwirken dessen, was unter dem Einfluss der Widersacher gestaltet wurde und sich noch täglich erneuert. Darunter leidet und ächzt und harrt nicht die Kreatur, sondern der Mensch selbst. Und die Kreatur auch! Und doch hätte es der Mensch in jedem Moment in der Hand, alles zu verändern. Doch allein hat er nur begrenzte Kraft. Und doch muss er bei sich selbst beginnen. Aber das Wissen darum ist ja meist schon nicht da. Daran sieht man, wie erfolgreich die Widersacher in der bisherigen Menschheitsgeschichte gewirkt haben.
Zwar führte diese Entwicklung auch zur Freiheit des Menschen, aber natürlich auch in eine neue völlige Gefangenschaft. Allerdings hat der Mensch die Möglichkeit, sich aus dieser selbst zu befreien! Und genau das muss er tun, um seine Freiheit vollends zu verwirklichen. – Die Entwicklung hätte auch anders verlaufen können. Man stelle sich vor, dass zum Beispiel das Christentum nicht schon nach wenigen Jahrhunderten ganz vom Impuls der Macht ergriffen worden wäre. Und doch musste dies wohl geschehen, weil die Möglichkeit, den Christus zu verstehen, in dieser Zeit einfach abnehmen musste, um auch hier in die Freiheit zu führen. Wir können nur jetzt, aus der vollen Ohnmacht heraus, auf alles Gewesene zurückschauen und *erkennen*, was der Sinn von allem gewesen ist und was wir dadurch erreicht haben und von nun an erreichen können.
Das ist das eine. Und das andere ist eben genau dies: Was ist durch all dies möglich geworden? Wir leben mitten in einer tief traurigen Welt – aber was ist in dieser möglich? In Liebe,

in tiefster Liebe können wir uns unseren Menschenbrüdern und -schwestern zuneigen! Und gerade um diese Liebe geht es, um nichts anderes. Wir denken noch immer viel zu gering von dieser Liebe, wenn wir uns nicht deutlich machen, durch wie viele Opfer und Leiden diese Liebe errungen wird. Wenn sie aber errungen ist, ist sie das Heiligste im ganzen Weltenall – und dasjenige, was *alles* vergangene Leiden erlöst. Wir selbst sind es, die durch alles Leid hindurchgehen, wir Menschen, in wiederholten Erdenleben; und wir selbst sind es, die durch dieses Leiden hindurch uns die wirkliche Liebe erringen, immer mehr und mehr. Jede Mühe wird nicht umsonst sein, sondern jede Mühe wird uns am Ende unendlich kostbar sein, weil wir durch sie dasjenige gefunden haben, wofür kein Leid der Welt zu groß gewesen sein wird! Nun leiden wir, als Menschheit, aber nun haben wir zugleich die Möglichkeit, uns einander, als Brüder und Schwestern, zum Licht hinaufzuhelfen, zum Licht der Liebe! Und ich sage euch – jene Liebe, die durch dieses Leid hindurch errungen werden wird, ist noch nie zuvor im ganzen Weltenall dagewesen. Die Liebe, die der Mensch erringen wird, ist einzigartig im Weltganzen, ist etwas vollkommen Neues!"

„Warum ... warum wird sie das sein?" fragte Sylvia schließlich.

„Weil sie gerade aus dem Leid hervorgeht, das die geistige Welt nicht kennt. Weil sie aus dem Ringen um Gut und Böse, um Mut und Ohnmacht, um Egoismus und Liebe hervorgeht. Aus der Freiheit! Der Mensch könnte gerade auch das Böse wählen, die Lieblosigkeit, den absoluten Eigennutz. Um aber die Liebe zu wählen, muss er sich frei und mit ganzem Willen damit vereinigen.

Die höheren Wesenheiten *sind* bereits, was sie sind. Ihr ganzes Wesen dient dem Guten – oder dem Widerstand dagegen. Die höheren Wesenheiten brauchen sich nicht erringen, was sie schon sind. Aber sie sind auch nur das, was sie sind. Sie dienen alle dem Höchsten, in Vollkommenheit. Sie verehren und preisen und lieben Gott – aber sie können nicht anders. Und vor allem können sie das Böse nicht lieben. Dieses können sie nur bekämpfen und abwehren, so dienen sie der guten, von Gott gewollten Entwicklung.

Aber der Mensch, um dessentwillen diese ganze Entwicklung geschehen ist, um dessentwillen es überhaupt die Widersacher gibt, der Mensch kann inmitten dieses Kampfes die Freiheit finden; er kann inmitten dieser Freiheit dann die wirkliche Liebe finden – und er kann mit dieser Liebe, die er im Unterschied zu all seinen höheren Brüdern hat, sogar das Böse lieben! Er kann selbst das Böse wieder gut lieben und erlösen... Und das wird *seine* Aufgabe sein..."

„Aber ... Christus konnte das doch auch?", fragte Sylvia.

„Ja, denn Er ist der Erstgeborene, in Ihm lebt also auch die höchste Liebe, die Er selbst *ist*. Aber während alle höheren Hierarchien Ihm dienen, hat Er zu den Menschen gesprochen: ‚Ich will euch von nun an Brüder nennen.' Die Menschen können Ihm also näher sein als alle Wesenheiten, die über dem Menschen stehen. Denn Er selbst hat das Menschenherz als seine Wohnstätte erwählt. Mit ihm will er ganz eins werden. Das ist das Geheimnis der Liebe. Indem wir jene Liebe finden, die selbst das Böse noch lieben können wird, *sind* wir mit Christus ganz und gar eins.

Wir können den Mitmenschen als Bruder empfinden, weil Christus selbst uns Seine Brüder und Schwestern nannte. Durch das, was Er uns geben will – sich selbst –, werden wir im Mitmenschen den Bruder, die Schwester sehen, immer mehr. Es ist Seine Liebe, es ist Er, mit dem wir unseren Mitbruder und unsere Mitschwester erkennen und lieben werden. Und zugleich wird es *unsere* Liebe sein. Seine Liebe wird sich in uns vervielfachen – und so wird dann auch in uns sein, was im Weltenall sonst nur in Ihm war..."

Die vier Menschen schwiegen in innigem Empfinden.

Schließlich sagte Baumann:

„Ich wollte eigentlich noch vieles über die ewige Individualität des Menschenwesens sagen. Aber vielleicht kann jetzt auch diese durch alles Äußere hindurch wirklich lebendig empfunden werden. Seien wir uns also bewusst, dass sie es ist, die uns durch die Augen unseres Mitmenschen anblickt – oder dass sie es ist, die uns immer mehr durch diese Augen anblicken will, wenn sie sich denn ganz offenbaren und inkarnieren dürfte. Und helfen wir unseren Menschenbrüdern und -schwestern, dass ihre Seele nicht von Irdischem, von Hoffnungslosigkeit und Schwere und zeitlichen Genüssen und Sorgen beherrscht wird, sondern von einem immer mehr wachsenden Bewusstsein des ewigen Geistwesens, das in die Seele und in den Leib einziehen will. Verlieren wir nie, in keinem Augenblick, dieses Erleben, dass das wahre Wesen jedes einzelnen Menschen *dieses* ist, das sich oft nur so wenig offenbaren darf.

Und mit diesem Erleben, das all dies zusammennimmt, suchen wir nun noch einmal die volle Ehrfurcht vor dem Mitmenschen, der ewigen Individualität in unserem Mitbruder, in unserer Mitschwester...“

Als sie wieder die Augen öffneten, offenbarten eines Jeden Augen, dass sie alle auch diese Ehrfurcht tief empfunden hatten.

„Danke für diesen Abend!“, sagte Baumann nun feierlich. „Lasst uns hier unser gemeinsames Ringen für heute beenden.“

„Nein, dir sei Dank!“, sagte Grunert bewegt.

„Ja!“, stimmte Leonie ihm bei.

Das Mädchen schwieg, erfüllt von tiefer Dankbarkeit.

Baumann lächelte.

Noch immer umhüllt von einer ganz besonderen Atmosphäre gingen sie nach unten.

„Na endlich!", sagte Marcel, der aus seinem Zimmer kam. „Es ist total leer hier ohne euch, und irgendwie total langweilig! Was habt ihr da oben so lange gemacht?"
Sylvia blickte besorgt zu Baumann, weil der Unterschied zu der nun zerstäubten Atmosphäre nur allzu stark spürbar war.
Dieser jedoch lächelte und sagte:
„Das hat dein Papa dir doch vorhin beim Essen erklärt. Wir haben geübt, gute Menschen zu werden..."
„Ach ja? Und woran sieht man das?"
Leonie lief auf ihren Bruder zu und drohte humorvoll:
„Daran, dass ich dich gleich verprügeln werde!"
Mit einem freudigen Schreck lief Marcel schreiend in sein Zimmer, gefolgt von der Schwester, und gleich darauf hörte man die Geräusche einer vergnügten Kissenschlacht...

Die Erwachsenen begegneten sich mit lachenden Blicken und verabschiedeten sich in großer Herzlichkeit...

Zwei Wochen später, nachdem sich Baumann mit der Familie seines Freundes beim Abendessen wieder angeregt unterhalten hatte, sagte Marcel schließlich:
„Und – geht ihr jetzt wieder alle hoch und übt, gute Menschen zu werden?"
„Ja", sagte Grunert. „Du kannst dir doch bestimmt auch etwas Schönes vornehmen."
„Ich würde aber auch gerne mal mitkommen."
„Nein, du bist dafür wirklich noch zu jung."
„Kann ich denn kein guter Mensch werden?"
Leonie lachte.
„Doch, das bist du doch schon!"
„Und ihr nicht?"
„Nein, so ist es nicht..."
Sie sah zu Baumann hinüber. Dieser sagte nun:
„Sieh mal, man kann immer in einem bestimmten Alter auf eine bestimmte Weise üben. So wie wir das versuchen, wirst du das noch nicht können – das meiste davon wird gerade für dich etwas Langweiliges sein, weil du es noch nicht so verstehen kannst. Verstehst du? Für dich ist doch vieles von dem langweilig, was Erwachsene tun, und du kannst gar nicht verstehen, wieso sie das tun. Aber das ist eben *ihr* Weg, noch nicht deiner. Dir können es deine Eltern sicher auf ganz andere Art zu beschreiben versuchen, was wir auf unsere Art versuchen zu üben. Aber es ist ja deutlich, dass man einerseits ein guter Mensch sein will und das andererseits aber auch üben kann oder sogar muss – oder auch versäumen kann, es zu üben, wodurch man dann nicht ganz so ein guter Mensch ist, wie man es wäre, wenn man es wirklich immer wieder üben und sehr stark wollen würde. Und bei den Erwachsenen besteht das Üben darin, dass sie über verschiedene Dinge sprechen und sich dann auch darin vertiefen. Beides finden Kinder noch etwas langweilig oder können damit noch nicht viel anfangen. In deinem Alter kann man es dafür

anders üben. Zum Beispiel, indem man sich für immer mehr Dinge interessiert..." Baumann zwinkerte mit den Augen. „Oder indem man sich vornimmt: Heute wasche ich mal für meine Schwester ab..."

„Nö! Das mache ich nicht!", sagte Marcel. „Außerdem ist Sylvia auch noch nicht erwachsen!"

„Ja, aber fast", sagte Baumann. „Auch das Erwachsenwerden kann man üben. Deswegen darf sie schon dabei sein..." Er lächelte zu dem Mädchen hinüber.

„Das ist trotzdem blöd!", sagte der Junge.

„Ja, das verstehe ich", sagte Baumann. „Aber hast du in den letzten zwei Wochen vielleicht auch einen kleinen Unterschied an deiner Schwester bemerkt?"

„Ja, schon", gestand Marcel ein.

„Welchen denn?"

„Sie war irgendwie netter als sonst."

Baumann lachte verschmitzt.

„Hmm ... willst du uns nun hinauflassen, oder willst du, dass deine Schwester wieder so wird wie vorher?"

„Na gut", maulte der Junge. „Dann soll sie halt mitkommen..."

„Und was wirst du solange machen?"

„Weiß nicht. Was lesen."

„Was liest du denn gerade?"

„Robin Hood."

„Wirklich?"

„Ja."

„Na, Robin Hood war doch auch ein guter Mensch, oder nicht?"

„Na ja, aber das kann man ja heute schlecht üben."

„Ja, aber man kann immer auf seine eigene Weise üben, die Gerechtigkeit zu lieben und die Ungerechtigkeit zu verhindern oder zu verändern."

„Es ist aber auch ungerecht, dass ich immer allein bleiben muss."

„Es ist dann aber auch ungerecht, dass du als Einziger noch so jung sein darfst, während wir alle schon so alt sind!"

Der Junge lachte.

„Nein, umgekehrt!"

„Du kannst ja mal mit mir tauschen!", schlug sein Vater vor.

„Nö, lieber nicht."

Nun lachten alle.

„Okay, wir gehen", sagte Grunert.

„Gut, viel Spaß", sagte der Junge.

„Dir auch!", sagte Sylvia.

*

Als sich die drei Erwachsenen und das fast erwachsene Mädchen wieder in dem kleinen Arbeitszimmer eingefunden hatten, stellte sich bereits wieder eine andere Atmosphäre ein, doch auch die Ausgelassenheit des Gespräches von eben war noch immer leise mit anwesend.

„Gut", sagte Baumann. „Besinnen wir uns wieder auf den Ernst desjenigen Strebens, das wir in den kommenden ein, zwei Stunden wahrmachen wollen. Ich beginne damit, die Worte zu sprechen, mit denen ich immer den Anfang machen möchte."

Er schloss die Augen.

„Gottes, schützender segnender Strahl..."

Als Baumann und die anderen drei Menschen ihre Augen wieder öffneten, war die Atmosphäre ganz in den Ernst ihrer Seelen getaucht.

„Es ist gut, wenn wir nicht immer einfach weitergehen, sondern wirklich dasjenige lebendig halten, was wir bereits einmal empfunden hatten. Der Übungsweg besteht eigentlich aus einem fortwährenden Üben. Nicht nur hier sollten wir dies tun, sondern jeden Tag in einem bestimmten Moment und dann auch während des Tages. Das Üben ist heute nicht sehr willkommen. Der Mensch will immer weitergehen, ohne Mühe. Aber *alle* innere Entwicklung beruht auf der Wiederholung. Und es ist eine Illusion, zu glauben, dass wahre Wiederholung die Wiederkehr des Gleichen, des Bekannten wäre. Wahre Wiederholung ist gerade Vertiefung! Dafür muss sie aber mit dem vollen Einsatz des Willens getan und eben auch gewollt werden. Nicht das einmalige Üben bringt eine entscheidende Entwicklung – sondern gerade derjenige Willenseinsatz, der bereit dazu ist, das beim ersten Mal Neue und Wunderbare und Angenehme zu üben ... und beim zweiten, dritten, vierten Mal nicht in die Oberflächlichkeit zu geraten, sondern das beim ersten Mal Erlebte in eine noch größere Tiefe zu führen, immer stärker...

Ihr seht, darin liegt gerade eine Herausforderung. Denn unsere Erfahrung ist, dass die Dinge dann meist gerade ihre Kraft verlieren, weil sie nicht mehr so interessant sind, weil der Zauber des Anfangs ausbleibt, weil sich die ‚Mühen der Ebene' einstellen und so weiter. Doch keine Entwicklung ohne diese Mühen. An ihnen wird der Mensch, wird die Seele gerade geprüft. Hat sie den wirklichen Willen zu einer inneren Entwicklung, oder hat sie ihn nicht? Hat sie nur Lust auf ein Nippen, ein Kosten, ein Naschen an dem, was eigentlich heilig sein sollte und was gerade deshalb den festen Entschluss zur Übung geben kann?

Übung ist immer auch Entsagung, Askese. Wir entsagen dem Zauber des Neuen, den wir beim zweiten, dritten, vierten Mal nicht mehr haben können, und wir ringen weiter. Hier beginnt das wirkliche Ringen! Wir ringen weiter, um mit unserer Seele weiter in die Tiefen zu dringen – und dort einen ganz neuen Zauber zu finden: den Zauber der *Früchte* unseres Übens, die wir finden werden, wenn wir nur stark genug den Willen haben, uns zu entwickeln. Dieser Wille muss da sein! Dann werden wir auch immer mehr eine wirkliche Liebe zum

Üben finden. Und diese Liebe und das damit verbundene Vertrauen werden so groß sein, dass uns Misserfolge und zeitweilige scheinbare Stagnationen nichts ausmachen werden; dass wir daran nicht die ‚Lust' verlieren werden, denn um die Frage von Lust und Unlust geht es gar nicht. Der wirkliche Entwicklungswille muss über diese Frage völlig erhaben sein. – Ich vertraue also darauf, dass es uns im Gegenteil immer mehr mit einer wirklichen *Freude* erfüllen wird, wenn wir auch dasselbe immer wieder üben werden, nicht nur, natürlich."

Baumann sah die Zustimmung in den Augen der Anderen.

„So lasst uns also am Anfang die Frucht des letzten Males wieder lebendig machen. Lasst uns in einer längeren Besinnung, vielleicht für fünf Minuten, nacheinander die drei Formen der Ehrfurcht in voller Stärke in unserer Seele erwecken."

Die vier Menschen schlossen die Augen...

*

„Heute möchte ich über die beiden Elemente sprechen, durch die uns alles Erkennen möglich ist: das Denken und das Wahrnehmen. Gerade hier, in dem, was zu einem Erkennen, einem höheren Erkennen führen kann, müssen wir das lebendige Wesen der Anthroposophie suchen. Das heißt aber, wir müssen das Denken und das Wahrnehmen selbst in eine Verwandlung, in ein neues Leben hineinführen..."

Baumann bemerkte die fragenden Augen von Sylvia und ermutigte sie durch sein Innehalten, zu sprechen.

„Darf ich? ... Sie hatten doch das letzte Mal gesagt, dass auch das Fühlen erkennt, manchmal sogar besser als das Denken..."

„Ja", sagte Baumann. „Das ist eine wichtige Frage. Es wäre aber auch gleich klarer geworden –"

„Oh, tut mir leid."

„Nein, nein, das macht gar nichts – ich war es ja, der inne-gehalten hat. Du solltest ja fragen. Ich wollte nur sagen, ge-nau darüber hätte ich gleich gesprochen. Aber die Frage ist wichtig. Denn die Beziehung zwischen dem Denken und dem Fühlen und dem Wollen muss verstanden werden.

Ich sagte, das Denken muss verwandelt werden. Schon letztes Mal wies ich darauf hin, dass das abstrakte Denken gar keine Verbindung mit der Wirklichkeit hat – und genau das hast du eben gemeint. Denn das Fühlen hat diese Verbindung noch. Aber nun haben wir eben wiederum die Ehrfurcht geübt. Ist dies ein Denken oder Fühlen oder Wollen?"

„Ein Fühlen – und vielleicht ein Wollen", sagte das Mädchen.

„Ja", sagte Baumann, „es ist eine Seelenstimmung, eine tiefe Empfindung, die wirklich ganz gewollt sein kann. Wir sehen, dass es gerade der Wille ist, der die Empfindung hervorruft und ihr Tiefe zu geben vermag, je stärker er wirken kann. Nicht wahr?"

„Ja."

„Aber andererseits kann, und auch das haben wir gesehen, die Ehrfurcht eigentlich nur in dem Maße da sein, in dem wir uns zuvor vertiefende, erweiternde Gedanken über dasjenige ge-macht haben, dem wir uns dann in Ehrfurcht zuwenden kön-nen."

„Ja."

„Aber diese Gedanken waren so, dass sie die Ehrfurcht auch wirklich erwecken konnten. Es waren nicht solche Gedanken, die innerlich kalt ließen, sondern solche, denen der Wille wirklich leicht und freudig entgegen kam, um die Ehrfurcht in die Seele einziehen zu lassen, nicht wahr?"

„Ja."

„So durchdringen sich also Denken, Fühlen und Wollen sehr lebendig, wenn man einen Weg geht, der sie gemeinsam wie-der zum Leben erwecken will. Wir können gewissermaßen heilige Gedanken haben, denen heilige Gefühle entgegenströ-men, die ihnen ein heiliger Wille entgegen trägt. Da ist dann das Denken nicht mehr abstrakt und tot, da ist der Wille nicht mehr faul und ziellos, da ist das Fühlen nicht mehr selbstbezogen und eigensüchtig. Was wir suchen, ist eine Verbindung des Denkens, Fühlens und Wollens, in dessen Vereinigung die Liebe lebt, das Gute – das dann wiederum im Willen lebend in der äußeren Welt Wirklichkeit werden muss. Aber möglich ist dies nur, wenn wir zuerst den inneren Willen darauf richten, unsere Seele zu heiligen, also dieses innere Denken, Fühlen und Wollen. Davon geht dann erst die Kraft aus, die die heilig errungene Liebe bis in die äußere Welt zu tragen vermag..."

„Aber es gibt doch gute Menschen. Es üben doch nicht alle so?"

„Ja, jeder Mensch hat eine gewisse innere Entwicklung und damit eine gewisse Liebe zum Guten ja auch mitgebracht, als er auf die Erde kam. Das ist dann eine innere Entwicklung, die schon in früheren Leben errungen wurde. Aber oft geht diese nur bis zu einem gewissen Punkt – und dann werden auch diese ‚guten Menschen' solche, die mit der Liebe an eine Grenze kommen, die unduldsam werden, ärgerlich werden, Streit anfangen, abstrakt diskutieren oder etwas anderes. Ich will damit sagen, dass die Erweiterung und Verwandlung desjenigen, was man schon mitgebracht hat, nur in dieser inneren Arbeit möglich ist – und nur dann in der Welt etwas erscheinen kann, was vorher nicht da war. Wenn ein solcher Mensch, wie du ihn jetzt vor Augen hast, innerlich arbeiten würde, so würde seine Liebe zum Guten und auch seine Fähigkeit, diese Liebe in der Welt zu offenbaren, *noch* stärker und tiefer werden."

„Ja, das verstehe ich", sagte das Mädchen.

„Gut. Also das Denken muss sehr wohl durch ein Fühlen und Wollen vertieft werden – aber zugleich oder sogar zuvor muss das Denken selbst das Fühlen und das Wollen vertiefen. Überlege einmal, wie du den Wunsch gefasst hast, diesen

Weg mit uns gehen zu wollen. Das war ein Wille, du hast ihn empfunden und dann geäußert, doch woher kam dieser Wille?"

Das Mädchen überlegte. Dann sagte es ganz plötzlich:

„Durch Ihre Gedanken! Was Sie gesagt haben, das war es, was mich dann so sehr beschäftigt hat. Ihre Worte von dem Menschenbruder – und auch all die anderen!"

Baumann lächelte.

„Siehst du? Zuerst muss das Denken den Willen erwecken. Der Wille erwacht, wenn er auf bestimmte Gedanken stößt, die ihn an etwas erinnern, was bisher in ihm geschlafen hat, zwar da war, aber ganz unbewusst.

Das Erste aber, was der Wille tun kann, ist nun seinerseits, das Denken immer stärker zu machen, indem sich der Wille mit dem Denken verbindet. Was bedeutet das? Das bedeutet, dass der Mensch immer bewusster, immer willensstärker denkt. Dass das, was zuvor wie von selbst gedacht wurde, ganz blass, ganz abstrakt, nun auf einmal mit einem immer stärkeren Willenseinsatz gedacht wird. So dass die Seele und der Mensch immer mehr wirklich *dabei* ist, wenn er denkt. Dass es immer mehr *seine* Gedanken sind – also immer mehr der Wille zu spüren ist, mit dem gedacht wird.

Dann kann ich gar nicht mehr drauflosdenken, denn auf einmal muss oder will ich mich ja für jeden Gedanken verantworten! Wenn der Wille mitdenkt, dann muss der Wille auch jedes einzelne Urteil, jede einzelne Begriffsverknüpfung mitwollen. Es ist also ein viel stärkeres Bewusstsein über das, was ich denke, vorhanden. Die Verantwortung wird größer, das ganze Empfinden wird stärker. Das Denken wird wirklich etwas Konkretes, etwas real Erlebtes. *Ich* denke – eigentlich denke jetzt erst wirklich *ich*. Vorher ging es automatisch, ich war kaum dabei, denn mein ganzer Wille zum Beispiel war gar nicht wirklich dabei.

Und wenn wir nun noch einmal zur Ehrfurcht zurückkehren, so ist auch sie nicht nur Gefühl und Wille. Denn um überhaupt Ehrfurcht empfinden zu können, muss ich mir doch auch von der Ehrfurcht selbst erst einen Begriff gemacht haben. Ich muss wissen, was Ehrfurcht überhaupt ist! Ich muss sie also auch denken können. Wieviele Vorurteile haften heute an diesem Wort! Die meisten Menschen haben also überhaupt keinen Begriff von der Ehrfurcht – was sie dann denken, ist nicht der Begriff der Ehrfurcht, sondern etwas höchst Einseitiges, was die Seele ganz in die Irre führt.

Das rechte Denken muss also von Anfang an dafür sorgen, dass die Seele überhaupt das Richtige auch fühlen kann – denn wenn schon das Denken versagt, wird auch das Gefühl ebenso irregehen. So sehen wir wiederum, wie sich alles lebendig durchdringt. Das Denken aber hat entscheidende Bedeutung, denn nur durch das Denken kann der Mensch *bewusst* erkennen. Auch all das, was das Fühlen fühlend erkennt, wird erst da wirklich bewusst, wo das Denken es ergreifen kann. Und das wirkliche, das willensstark gemachte Denken vermag dies!

Das wirkliche Denken tötet das Fühlen also nicht ab oder bleibt für immer durch einen Abgrund von ihm getrennt, sondern es kann das Fühlen in sich aufnehmen, es ist selbst auch fühlend. Dem wirklichen Denken ist nichts fremd, denn es *ist* gerade dasjenige, was erkennt! Wie könnte es etwas erkennen, was ihm fremd bleibt?

Ist das bisher für euch deutlich?"

„Ja, mehr oder weniger", sagte Leonie.

Grunert nickte.

„Ja, mehr oder weniger", wiederholte das Mädchen.

„Gut. Also der Mensch kann im Denken auch all das ins Bewusstsein heben, was im Fühlen zunächst traumhaft blieb oder sogar im Willen ganz schläft. So ist das Denken das eigentlich erkennende Seelenglied. Das Fühlen fühlt traumhaft, es lebt mit der Wirklichkeit mit, aber klares Erkennen wird das Gefühlte nur, wenn es ins bewusste Denken aufsteigen darf – um dort erkannt zu werden in dem, was es umfasst.

Aber das Fühlen hat auch eine höchst subjektive Seite – eine, die nun überhaupt nicht erkennt, sondern die alles von der Außenwelt Wahrgenommene ganz nach eigenem Geschmack bewertet, beurteilt und sortiert. Hier wirkt dann nicht die Frage nach der Wahrheit, sondern hier wirken ureigene Lust und Unlust, die ganz persönliche Sympathie und Antipathie, Vorlieben und Abneigungen. Das ist die andere Seite des Fühlens, und meistens überwiegt diese völlig.

Indem wir unser Fühlen rein machen wollen, wollen wir es gerade von diesem bloß Persönlichen befreien, damit es immer mehr ein Wahrnehmungsorgan für die Wirklichkeit werden kann – ein fühlendes Wahrnehmungsorgan, ohne dass es von *uns* getrübt wird.

Wir fühlen uns selbst, leiblich unseren Körper, aber auch unser seelisch-geistiges Tätigsein spiegelt sich wieder in einem Gefühl des Selbstseins. Das Fühlen hat so mit der Mitte unserer Seele zu tun – das Denken mehr mit dem oberen Pol, Richtung Kopf, das Wollen mehr mit dem unteren Pol, Richtung Gliedmaßen, die dann auch äußerlich in der Welt wirken. – Also wir haben dieses Selbstgefühl, das uns zu einem Selbst macht, welches wir nicht nur haben, sondern auch fühlen. Aber dann fühlen wir auch alles andere, was uns in der Welt umgibt und uns von ihr entgegenkommt. Dieses beziehen wir mit unserem Fühlen auch auf uns. Und hier kommen dann die Färbungen hinein: Das gefällt mir, das nicht... Durch *dieses* Fühlen erkennen wir die Dinge nicht, wie sie sind, sondern wie sie uns gefallen oder missfallen. Denn dieses Fühlen setzt sich natürlich in das Denken fort, wo wir eben dann denken: Das gefällt mir, das nicht...

Das heißt aber, die *Wirklichkeit* der Dinge werden wir erst fühlen, wenn wir von unserem eigenen Fühlen ihnen gegenüber ganz absehen können, weil wir unsere Seele so weit geläutert haben, dass dieses eigene, beurteilende Fühlen ganz schweigt – und nur noch jenes Fühlen spricht, das selbstlos auf die Dinge antwortet. Dieses Fühlen spiegelt dann nicht unsere eigene Lust und Unlust, sondern das wirkliche Wesen der Dinge... – Und ihr könnt euch sicher vorstellen, dass dies ein langer, langer Weg der Selbsterziehung der Seele ist."

Vorsichtig fragte das Mädchen nach einem längeren Moment des Schweigens:
„Und ... erkennt das Fühlen dann *doch* dieses wirkliche Wesen der Dinge?"
„Nun, es wirkt mit dem Denken innig zusammen. Wenn das Fühlen und das Denken beide geläutert wurden, dann fühlt das Fühlen das Wesen der Dinge, und das Denken erkennt, was das Fühlen fühlt und was es ihm dadurch über das Wesen der Dinge sagen kann."
„Ah ja, dann verstehe ich es..."

„Aber der gewöhnliche Zustand ist eben die völlige Subjektivität des Gefühls. Und diese ist es, die dann auch das Denken angesteckt hat. Denn falsche Urteile, Vorurteile und so etwas, all dies beruht auf einem bereits subjektiven, nicht reinen Fühlen. Und diese Subjektivität setzt sich dann ohne Hindernis bis in das Denken hinein fort. Denn dort ist es ja genauso angenehm, seine Lieblingsmeinungen zu haben, seine Lieblingsvorurteile zu pflegen, statt sich auf den steinigen Weg der Wahrheit zu begeben, die gar nicht immer angenehm ist. Vor allem mag es der Mensch absolut nicht, seine Meinung ändern zu müssen. Denn dies ist immer ein Eingeständnis dessen, dass er die Wahrheit bisher nicht erkannt hat – und das verletzt das Selbstgefühl unendlich. Der Mensch will gar nicht die Wahrheit wissen – er will einfach glauben dürfen, dass er *Recht* hat."
„Aber das ist doch Unsinn, so etwas zu wollen?"
Wieder war es das Mädchen, dass diesen Gedanken aussprach.

„Ja – und zwar im buchstäblichen Sinne. Die Wahrheit wird geleugnet, und an der Unwahrheit wird festgehalten. Der Sinn wird gerade abgewehrt, die Unlogik regiert. Und doch tun die Menschen das, weil es ihnen um die Wahrheit gar nicht geht, sondern um das Aufrechterhalten ihres eigenen Selbstgefühls – das zusammenbricht, wenn es sich eingestehen muss, bisher an der Unwahrheit festgehalten zu haben."
„Aber das ist doch nicht schlimm?"
„Eigentlich nicht, aber je mehr man diese mit voller Selbstverständlichkeit geglaubt und vertreten und gelebt hat, desto mehr muss man ja auch sein ganzes bisheriges Denken und Handeln verleugnen – und dies fällt jenen Menschen, die sich selbst so viel mehr lieben als die Wahrheit, unendlich schwer. Und natürlich – wie kann es leicht sein, die Haltlosigkeit des bisherigen Denkens und Handelns einzugestehen? Es ist, als ob man sein eigenes Ich verleugnen müsste. Und wenn man nichts anderes hat als seine bisherigen Gedanken und Handlungen, dann ist es vielleicht auch so.
Nur der, der die Wahrheit liebt, hat dann, wenn er alles bisher Gedachte und Getane aufgeben muss, noch etwas übrig: Seine Wahrheitsliebe, sein Streben – darin kann er sein Ich-Gefühl bewahren. Er weiß: Selbst wenn ich alles aufgeben muss, was ich bisher gedacht habe, ich bin noch immer der Wahrheit treu ergeben – und in dieser Liebe kann er auch sich selbst niemals verlieren. Die Menschen, die einfach nur Recht haben wollen, weil sie sonst alles Ich-Gefühl verlieren, ja, die haben dann, wenn sie einen Irrtum erkennen *müssen*, wirklich nichts mehr..."
Das Mädchen verstand.

„Die Wahrheit fordert von denen, die ihr folgen wollen, also ein hohes Opfer. Die Liebe zur Wahrheit bedeutet, dass die Wahrheit einem wirklich teurer sein muss als alles, was man bisher geglaubt hat. Möge dies Wahrheit sein, aber wenn ich erkenne, dass ich im Irrtum war, muss ich sofort bereit sein, diesen fallen zu lassen, und mich der Wahrheit zuwenden. Ihr muss mein Streben gelten, nicht meinem Selbstgefühl, mit dem ich mich bequem und hochmütig im Besitz der Wahrheit wähne. Diese Art von Selbstgefühl und Stolz muss man sich ganz und gar aberziehen – nur dann kann man ein treuer Diener und Gefährte der Wahrheit werden.

Aber dann braucht die Wahrheitsliebe noch mehr. Wir wollen unser Denken und Fühlen ja nicht nur rein machen, wir wollen es auch tief machen. Was nützt die Reinheit, wenn uns die volle Wahrheit dennoch verborgen bliebe? Die Seele muss also nicht nur rein werden, sondern auch tief und lebendig. Insbesondere das Denken muss dies werden, denn gerade das Denken ist heute abstrakt, tot und oberflächlich.

Indem wir aber solche Empfindungen und Stimmungen wie die Ehrfurcht üben, tun wir eigentlich zweierlei gleichzeitig. Wir läutern unser Fühlen und Denken, denn die Ehrfurcht macht demütig, sie geht mit der Demut Hand in Hand. Wir neigen unser Haupt, und das können wir nur, wenn wir von unserem stolzen Selbst absehen. Nur den anderen Teil der Seele lassen wir gelten – jenen Teil, der diese Läuterung sucht, der sich heiligen *will*. Jede Art von wahrer Ehrfurcht läutert das Fühlen. Und die Ehrfurcht vor der Wahrheit läutert das Denken.

Zugleich aber vertiefen wir Denken und Fühlen durch die Ehrfurcht auch immer mehr. Vor allem das Fühlen wird vertieft, denn die Ehrfurcht musste wie gesagt durch heilige, wahre, tiefe Gedanken überhaupt erst entzündet und ihrerseits vertieft werden. Dann konnte sie, indem sie das Fühlen erfüllte, dieses in ungeahnter Weise vertiefen. Aber auch auf das Denken wirkt sie unmittelbar zurück. Denn so heilig die Gedanken auch waren, die die Ehrfurcht entzünden konnten – indem die Ehrfurcht dann da ist, wird auch das Denken wiederum um ein Vielfaches heiliger, tiefer.

So wirken also immer wieder Denken, Fühlen und der unbedingt notwendige Wille fortwährend aufeinander und ineinander, und so läutern diese heiligen Stimmungen wirklich umfassend die Seele, sie reinigend und sie vertiefend."

Ein langes Schweigen folgte diesen Worten, in dem jeder über alles zuvor Gesagte nachsann.

Schließlich fuhr Baumann fort.
„Wir müssen nun noch genauer auf das Denken eingehen. Was ist überhaupt Denken? Bei Rudolf Steiner finden wir genauestens den Unterschied beschrieben zwischen Denken und Vorstellen, aber auch zwischen Denken und bloß Gedankenhaben. Der Unterschied des Letzteren liegt gerade in dem aktiven Willen, den man in das Denken hineinbringen kann, wodurch es aufhört, bloß ‚Gedankenhaben' zu sein. Aber was ist nun Denken?
Können wir zum Beispiel einen Tisch denken? Nein, das können wir nicht –"
„Warum nicht?", fragte Sylvia völlig überrascht.
Baumann lächelte.
„Weil wir, als reines Denken, nur *den* Tisch denken können. *Ein* Tisch wäre schon eine Vorstellung. Und der Unterschied liegt darin, dass das wirkliche, das reine Denken sich in Begriffen bewegt. Der Begriff des Tisches ist aber einer – für alle Tische, die es gibt oder auch noch nicht gibt. Es gibt den Begriff des Tisches, und das ist eine Realität, eine rein geistige Realität. Dieser Begriff des Tisches umfasst wirklich alle nur möglichen Tische. Er umfasst das *Wesen* dessen, was ein Tisch ist. Das Tisch-Wesen, alles, was einen Tisch ausmacht, lebt sozusagen in dem Begriff des Tisches. Es geht nicht um die verschiedenen möglichen Gestalten, sondern darum, was ein Tisch *ist*. Und das wissen wir, bis ins Innerste, weil wir den *Begriff* des Tisches haben. Das ist Denken – das Denken bewegt sich in den Begriffen, die aber zugleich das Wesen der Dinge umfassen und sind.

Ohne den Begriff des Tisches könnte ein Mensch keinen einzigen Tisch herstellen. *Mit* dem Begriff kann er jeden beliebigen Tisch herstellen. Der Begriff ist also nichts, was man vor sich sehen kann – denn all das wäre schon eine konkrete Vorstellung, eine Gestalt, die der Begriff annimmt, wenn er sich in die Vorstellung verwandelt, die schon nicht mehr das Umfassende ist, sondern das konkrete Beispiel. So ist der Begriff also zugleich mehr als jeder einzelne Tisch und zugleich weniger, denn ihm fehlt das Konkrete des Einzelfalles, er ist wirklich das Allgemeine. Er ist das rein geistige Wesen aller Tische, eben das Wesen *des* Tisches."

Baumann sah die drei anderen Menschen an.

„Versuchen wir einmal, den reinen Begriff des Tisches zu denken – ohne Vorstellung."

„Wie soll ich das denn machen?", fragte Leonie.

„Eine Hilfe ist, sich darauf zu besinnen, dass man *weiß*, was ein Tisch ist, was einen Tisch ausmacht, egal, wie er aussieht. Man weiß, was ein Tisch ist. Und dieses Wissen gerade ist der Begriff. Es ist ein Wissen, das bereits da ist, bevor irgendeine Vorstellung konkret werden kann, denn alle beliebigen Vorstellungen gehen aus diesem Begriff hervor. Er lebt in unserem Denken – und aus ihm wird jede nur vorstellbare Vorstellung eines Tisches herausgeboren. Wenn das Denken wirklich lebendig wird, vom Willen geführt wird, kann es diesen Begriff denken, bevor Vorstellungen entstehen – diese können völlig zurückgehalten werden. Das, was ursprünglich im Denken lebt, ist der Begriff – und dieser ist das, wodurch wir *wissen*, was ein Tisch ist.

Wir können das auch noch ein wenig mit Hilfe von Vorstellungen üben. Was gehört zu einem Tisch und was nicht? Muss er zum Beispiel vier Beine haben?"

„Nein", sagte Sylvia, „es gibt dreibeinige Tische."

„Gut. Gibt es auch zweibeinige Tische?"

„Es gibt sogar einbeinige Stehtische", sagte Grunert.

„Gibt es auch Hängetische?", fragte Baumann.

Das Mädchen lachte.

„Vielleicht?"

„Nein, ich glaube nicht", sagte Leonie. „Das würde ich nicht mehr Tisch nennen."

„Vielleicht doch", sagte Grunert. „Worum geht es eigentlich bei einem Tisch?"

„Dass was draufliegt, dass man daran sitzen oder vielleicht auch stehen kann", sagte das Mädchen.

„Dass etwas daraufgelegt werden *kann*", korrigierte Grunert.

„Und bei manchen oft zuviel!", sagte Leonie.

„Bitte nicht abgleiten...", sagte Baumann.

„Ja, bitte entschuldigt."

„Ein Tisch ist also etwas, das etwas trägt?", fragte Baumann.

„Ja."

„Für wen? Für Menschen?"

„Es können auch Zwerge sein, oder Riesen", sagte Sylvia.

„Muss es einen bestimmten Maßstab haben, oder können die Beine auch riesenlang und die Platte sehr klein sein?"

„Das geht, solange es nicht zu einem bloßen Podest oder so etwas wird", meinte Grunert.

„Kann die Platte auch schräg sein?"

„Ja, es gibt angewinkelte Arbeitstische", sagte Leonie.

„Braucht es eine Platte?"

„Ja!", sagten alle fast gleichzeitig.

„Aus welchem Stoff muss der Tisch sein?"

„Egal", sagte das Mädchen.

„Gibt es Stofftische?", fragte Grunert.

„Warum nicht? Sonst kann man sie erfinden", sagte Leonie.

Das Mädchen lachte.

„Entschuldigung..."

„Das ist nicht schlimm", sagte Baumann. „Manchmal ist die Wirklichkeit einfach lustig – wir bewegen uns gerade in der Wirklichkeit der Gedanken, und wir versuchen, herauszufinden, was ein Tisch ist. Es gibt also vielleicht angewinkelte, hängende Riesenfilztische, die aber groß genug sein müssen, um kein bloßes Podest zu sein."

Das Mädchen konnte sich nicht mehr halten vor Lachen. Baumann lächelte. Die anderen fielen in das Lachen ein. Schließlich sagte Sylvia, noch immer lachend: *„Schräge* Filztische können doch niemals ein Podest sein!" Nun lachte auch Baumann herzlich.

„Richtig. Ich habe einfach nur alles zusammengenommen, und mir war es in dem Moment egal, ob das auch wirklichkeitsgemäß überhaupt möglich ist oder nicht."

Während sie wieder zu einem wirklichen Ernst zurückkehrten, sagte Baumann:

„Was hieran deutlich wird, ist, dass das wirkliche Wesen einer Sache etwas sehr Lebendiges ist und nicht einfach mit der Normvariante erfasst wird. Dennoch ist das, was wir normalerweise als Tisch kennen, eine Art Urbild für alle Tische überhaupt. Aber es ist nicht der Begriff, denn dieser ist viel weiter. Er kann sich von dem Typus, dem typischen Tisch, sehr weit wegbewegen und doch immer noch Tisch bleiben. Es kann vieles wegfallen, ohne dass der Tisch aufhört, Tisch zu sein. Es kann sogar vieles hinzukommen. Man könnte sich fragen, ob ein Tisch mit einer spitzig-stacheligen Oberfläche nicht auch möglich ist – man kann dann nicht mehr alles Mögliche darauf ablegen, aber zum Beispiel Bücher schon. Man könnte sich vorstellen, dass es in der Öffentlichkeit solche ,Tische' gibt, die sogar von oben bis unten durchlässig sind und nur aus Nägeln bestehen, wo man aber dennoch etwas ablegen kann, wo sich aber zum Beispiel keine Tauben niederlassen können...

Immer deutlicher wird dann, dass es nicht um das Aussehen geht, sondern um die Funktion, die das Wesen des Tisches ausmacht. Solange etwas die Funktion eines Tisches hat, ist es ein Tisch. Natürlich nicht, wenn es etwas anderes ist und nur kurz als Ablage verwendet wird. Aber selbst dann kann man sagen: In dem Moment ist es *auch* – Tisch. Was also hier deutlich wird, ist, dass das Denken etwas sehr Bewegliches ist – und das die Begriffe selbst etwas sehr Bewegliches, Umfassendes sind, denn sie *sind* das Allgemeine. Und um sie wirklich denken zu können, muss das Denken zunächst beweglich werden und dann in der Lage sein, wirklich das Allgemeine, also das ‚Alles' zu umfassen.

Machen wir jetzt also einmal den Versuch, den Begriff des Tisches zu denken, also *den* Tisch an sich, rein geistig das Wesen des Tisches – eben der Begriff. Und denken wir daran: Dieser Begriff ist gerade in dem unmittelbaren Wissen da, was ein Tisch ist, also in dem Moment ganz zu Beginn, wenn das Denken einsetzen will, noch bevor irgendeine Vorstellung überhaupt kommen kann. Wenn wir dieses Wissen versuchen, zu ergreifen und dann darin innezuhalten, weben und sind wir in demselben Moment in dem Begriff."

Baumann schloss die Augen, und die Anderen taten es ihm nach.

Schließlich beendete er die Übung und fragte nach den Erfahrungen.

„Es ist schwierig", sagte Leonie, „etwas zu denken, wenn man gleichzeitig nichts denken soll. Man weiß nie, ob man es überhaupt richtig gemacht hat; ob man also nun wirklich etwas gedacht hat oder nicht."

„Ja, das ging mir ähnlich", bestätigte Grunert.

„Ich glaube, mir auch", sagte Sylvia. „Obwohl bei mir dann doch wieder bestimmte Vorstellungen kamen, ich konnte sie einfach nicht abhalten."

„Ja", sagte Baumann, „das sind die ganzen Hindernisse. Aber zumindest haben wir jetzt zum ersten Mal ein Erleben von dem gehabt, in welche Richtung das reine Denken, das wirkliche Denken von Begriffen geht.

Wir streben ja nach einer Vertiefung der Erkenntnis und des Wirklichkeits-Erlebens. Dafür ist das Denken von zentraler

Bedeutung. Weil nun aber alles gewöhnliche Denken zunächst nichts anderes ist als ‚Vorstellungen haben‘, liegt vor allem höheren Erkennen zunächst ein Abgrund. Denn in der geistigen Welt kommt man mit bloßen Vorstellungen überhaupt nicht mehr weiter – sie sind nur noch ein Hindernis. Das haben wir bei dem Bemühen, uns dem Christus-Wesen zu nähern, auch schon erlebt. Alte Vorstellungen waren hier das größte Hindernis, auch nur einen Schritt weiter zu kommen. Aber auch schon in der gewöhnlichen Welt ist es so, dass das ‚Vorstellungen haben‘ bloß dazu führt, dass man dann entsprechende ‚Standpunkte‘ hat, ohne zu sehen, dass die Wirklichkeit einer Sache viel umfassender ist als die individuell gefärbte und eingeschränkte Vorstellung, die man selbst davon hat. Nicht selten können verschiedenste Menschen Recht haben, die alle ein anderes Bild von derselben Sache haben. Ihr kennt sicher die Geschichte von den Blinden und dem Elefanten.“

„Nein, ich nicht“, sagte das Mädchen.

„Nun, da stehen einige Blinde um einen Elefanten, und der eine fasst den Rüssel und sagt: ‚Es ist dick und rund‘, der andere hat den Schwanz und sagt: ‚Nein, dünn und rund‘. Der andere hat ein Bein und sagt: ‚Nein, unglaublich dick und rund‘, der andere steht am Körper und sagt: ‚Nein, überhaupt nicht rund‘. So ungefähr. Hier hängt die Vorstellung ganz objektiv von dem Standpunkt ab. Sie kann aber auch noch durch weitere subjektive Elemente weiter vereinzelt werden, so dass sie sich noch mehr voneinander unterscheidet. In jedem Fall ist die jeweilige Vorstellung und auch die jeweilige Wahrnehmung von einem einzelnen Standpunkt aus niemals die ganze Wahrheit.

Deswegen ist es so wichtig, sich darüber Rechenschaft abzulegen, was man gerade tut: Bewegt man sich in Vorstellungen und könnte die ganze Wahrheit noch ganz anders sein? Oder bewegt man sich wirklich in reinen Begriffen – und sind es dann richtig und umfassend erfasste Begriffe? Sind es die richtigen Begriffe? Werden sie dann auch in die richtige Verbindung gebracht? Oder sind vielleicht die Begriffe richtig, aber die Verbindung zwischen ihnen ist falsch?"

„Wie kann das sein?", fragte das Mädchen.

„Nun, zum Beispiel so: Zwei mal zwei ist vier, drei mal drei ist neun, also ist zwei mal drei sechsunddreißig."

„Was!?"

„Überleg einmal und versuche, die Logik darin herauszufinden."

Sie überlegte. Schließlich sagte sie:

„Na gut, aber das ist doch völliger Unsinn!"

„Ja, es ist ein übertriebenes Beispiel, aber etwas weniger übertrieben machen Kinder solche Fehler oft. Und nicht im Rechnen, sondern im übrigen Denken machen auch Erwachsene solche Fehler oft."

„Wie das?"

„Zum Beispiel mit Urteilen wie: Er hatte bisher immer Recht, also hat er auch diesmal Recht."

Das Mädchen musste lachen.

„Na ja, wenn jemand wirklich bisher immer Recht hatte, dann ist das zumindest nicht unwahrscheinlich!"

„Siehst du?", sagte Baumann, „das wäre viel exakter gedacht."

„Was?"

„Das, was du gesagt hast: Wenn jemand wirklich bisher immer Recht hatte – allein schon das muss vielleicht nochmals überprüft werden, zumal ich ganz sicher nicht sämtliche Urteile kenne, die er jemals gefällt hat –, dann ist es zumindest nicht unwahrscheinlich. Genau darum geht es. Es lässt alle Möglichkeiten offen. Wirklich alle. Aber die meisten Menschen urteilen wesentlich unvorsichtiger als du eben."

„Ja, aber ich hätte dem Menschen doch sicher auch vertraut."

„Das ist möglich, aber selbst in diesem ‚doch sicher' liegt wieder die Möglichkeit, dass du *selbst* nachdenkst, ob er wohl auch diesmal mit seinem Urteil Recht hat oder nicht. Vielleicht sagt er ja etwas, wo dein eigenes Wahrheitsempfinden leise oder deutlichere Zweifel anmeldet? Das Problem ist einfach, dass Menschen solche Urteile fällen und dann ihr weiteres Denken einfach abschalten. ‚Er wird schon auch diesmal Recht haben.' Verstehst du? Das ist etwas anderes als Vertrauen, das sich auf ganz andere Dinge gründet, nämlich darauf, dass ich den ganzen Menschen wirklich gut kenne. Aber einfach zu sagen: ‚Er wird schon auch diesmal Recht haben', das ist *blindes* Vertrauen. Das ist Abschalten des eigenen Denkens."

„Ja", sagte das Mädchen, „ich verstehe, was Sie meinen."

Baumann fuhr mit ernstem Ausdruck fort: „Wir versuchen hier, uns in die Bedeutung des Denkens zu vertiefen. Und wir sind uns der Natur der Begriffe bewusst geworden. Das ganze gewöhnliche Denken verläuft nicht in Begriffen, und wenn es dies tut, werden sie sehr ungenau verwendet und mindestens ebenso ungenau miteinander verknüpft. Und bei alledem ist das Denken nicht sorgfältig, vollkommen wach und willensstark dabei, sondern eben ungenau, wie automatisch und kaum anwesend. Dennoch gründet sich auf all diese Gedanken und Urteile das Selbstgefühl des einzelnen Menschen. Die Sorgfalt entscheidet überhaupt nicht – sondern ob es *meine* Meinung ist oder nicht.
Was ich damit deutlich machen will, ist, dass wir, wenn wir zu einem wirklichen Denken kommen wollen, das sich mit Ernst und Ehrfurcht der Wahrheit nähern will, wir viel, viel sorgfältiger und wacher denken lernen müssen. Wir müssen lernen, wirkliche Begriffe zu haben. Wir müssen lernen, diese Begriffe in voller Wahrhaftigkeit behutsam miteinander zu verknüpfen, um zu richtigen Urteilen zu kommen. Wir müssen alle Vorliebe gegenüber diesem oder jenem Urteil, jenem Ergebnis, schweigen lassen, um die Begriffe *so* verknüpfen

zu können, wie sie es selbst fordern, ihrem Wesen und der Wahrheit nach.

Jetzt ist ein guter Moment, dies auch wiederum in unser ganzes Fühlen und Wollen aufzunehmen – dasjenige, was wir jetzt vor allem in unserem Denken verstanden haben. Üben wir also jetzt einmal von neuem die Ehrfurcht vor der Wahrheit, mit all dem Hintergrund, den wir uns nun erworben haben. Besinnen wir uns auf die Sorgfalt, die notwendig ist, und auf die Intensität, die diese Sorgfalt haben muss, um nicht auf Irrwege zu geraten. Ein einziges Fehlurteil kann so viele andere Fehlurteile nach sich ziehen! Machen wir uns bewusst, wie groß unsere Verantwortung für jedes einzelne Urteil in unserem Denken ist, wenn wir treue Gefährten der Wahrheit sein wollen!"

Die vier Menschen vertieften sich in die Ehrfurcht vor der Wahrheit...

*

„Gut ... dann wollen wir uns auch der Wahrnehmung zuwenden. Aus Denken und Wahrnehmen des Menschen wird das menschliche Erkennen geboren! Doch was ist die Wahrnehmung? Wenn wir einen Tisch wahrnehmen, nehmen wir ihn bereits nicht nur wahr, sondern wir haben zugleich den Begriff dabei – das heißt, das Denken ist immer schon mit anwesend, und nur dadurch nehmen wir überhaupt den Tisch wahr! Das ist bereits die erste erschütternde Wahrheit, die unsere ganze Anschauung und unser In-der-Welt-Stehen völlig verwandeln kann. Denn wenn wir *nur* wahrnehmen würden, ohne Denken, würden wir gar nichts Zusammenhängendes sehen, nur Einzelheiten, die wir überhaupt nicht sinnvoll unterscheiden könnten; wir würden nicht einmal wissen, dass wir sehen, denn selbst dafür müssten wir wiederum denken.

Wir nehmen also nicht nur die Dinge und Wesen in der Welt wahr, sondern wir erkennen nur dadurch, dass wir zugleich denken – aber im Denken erfassen wir gerade das *Wesen* der Dinge. Das Wesen des Tisches ist nichts anderes als der Begriff, den ich als Mensch im Denken fassen kann. In der sinnlichen Welt finde ich den konkreten Tisch, aber ich erkenne ihn nur, weil der konkreten Wahrnehmung der innerlich von mir gefasste, gedachte Begriff entgegenkommt und beides dann zusammen den individualisierten Begriff gibt.

Das bedeutet, mit seinem Denken ist der Mensch innerlich immer innigst dabei. Das Erkennen der Welt ist nicht einfach nur ein Abbilden der äußeren Wahrnehmung nach innen, sondern es ist ein Zusammenströmen dessen, was ich wahrnehme und was dem Wahrgenommenen von innen als Begriff entgegenströmt. Dabei bilden die Begriffe, die die Welt des Denkens sind, ein zusammenhängendes Ganzes. Jeder Begriff steht mit anderen in Beziehung.

Wenn ich zum Beispiel ein Tier sehe, das ich nicht kenne – vielleicht kenne ich den Namen, aber bringe ihn nicht mit dem Tier in Zusammenhang, das ich zum ersten Mal sehe, auch an Fotos kann ich mich nicht mehr erinnern, oder ich bin mir nicht sicher, ich zweifle zwischen verschiedenen Möglichkeiten –, so erkenne ich sein Fell, aber nur durch den in meinem Denken lebenden Begriff des Fells; ich erkenne die Schnauzenform; ich erkenne, dass das Tier Hörner hat, weil ich den Begriff des Horns fassen kann; ich erkenne die Form der Hörner, weil ich Begriffe dafür habe, und so weiter. Ja, ich erkenne sogar das Tier als Tier, weil ich den Begriff des Tieres habe. Ich würde sogar ein gleiches Exemplar derselben Art wiedererkennen, weil ich nun eine Vorstellung von dieser Tierart habe, ja sogar einen Begriff, selbst wenn mir vieles von diesem noch fehlt – etwa die ganze Lebensweise des Tieres und so weiter. Und mir fehlt der Name, wodurch ich im Lexikon nachschlagen könnte. Wenn ich diesen dann aber weiß und meinem Wissen auch noch die Lebensweise des Tieres hinzufügen kann, wovon ich dann ebenfalls einen Begriff habe, dann gewinne ich immer umfassender den Begriff dieses Tieres, dieser Tierart.

Hätte ich nicht fortwährend gedacht und denkend meine Wahrnehmungen durchdrungen und so fortwährend erkannt, wäre ich zu gar nichts gekommen – ich hätte kein Fell erkannt, keine Schnauze, kein Horn, kein Tier... Das Denken lebt also mit den Dingen mit, mit allem, was ich wahrnehme. Bewusst wahrnehmen kann ich nur, was ich auch mit Begriffen durchdringe, erst dann erkenne ich."

Baumann machte eine Pause.
„Habe ich soweit alles verständlich ausdrücken können?"
„Ja", sagte Leonie.
Die anderen beiden nickten.
„Gut. Das heißt, natürlich kann ich auch bewusst wahrnehmen, wenn ich für etwas keinen Begriff habe, das haben wir eben gesehen. Aber dann bleibt genau da etwas, was ich noch nicht erkenne. Man kann sich vorstellen, dass man eines Morgens aufwacht und vor sich nur etwas Grünes sieht. Man ist völlig verwirrt, allmählich kommt man zumindest zu sich selbst und zu einem klaren Erkennen dieses Grün. Und erst allmählich erkennt man, dass man unter – einer Zeltplane liegt! – An solchen Situationen kann man nachempfinden, wie Denken und Wahrnehmen ineinanderströmen und wie die Wahrnehmung allein nicht das Erkennen gibt, sondern wie der Mensch fortwährend mit seinem Denken innig in die Wahrnehmung hineingeht. Er ist sich seiner eigenen Denktätigkeit überhaupt nicht bewusst. Doch ohne diese würde er wirklich überhaupt nichts erkennen."
„Ist das so bei Blinden, die blind geboren wurden und dann operiert werden? Man sagt doch, dass diese zunächst überhaupt nichts erkennen können?", fragte Leonie.
„Ja, in gewisser Weise ist das da so", sagte Baumann. „Sie haben natürlich für die Gegenstände sehr wohl genaue, si-

chere Begriffe. Aber diese verbinden sich unmittelbar nur mit ihren Tast-Wahrnehmungen. Für die ganz neuen Wahrnehmungen der Farben und unbekannten Formen fehlt dieses wunderbare Ineinandergreifen von Wahrnehmung und Begriff zunächst, hier sind sie, obwohl sie sehen, zunächst ganz hilflos – und sehen noch immer nichts. Denn zuerst müssen sie ja überhaupt lernen, wirkliche und richtige Begriffe für das zu fassen, was sie nun zum ersten Mal wahrnehmen: Farben und Helligkeit, viele, völlige neue Formen! Erst ganz allmählich werden sie sich an diese Welt neuer Wahrnehmungen gewöhnen und immer sicherer auch diese mit Begriffen, die sie innerlich im Denken fassen, zusammenbringen können.

Nach einer kurzen Stille sprach Baumann weiter.
„Aber nun schauen wir auf das Wunder der Wahrnehmung. Obwohl ich ohne Begriff kein Erkennen hätte, würde die Wahrnehmung auch ohne Begriff auf die Seele wirken. Verschiedene Formen sprechen uns unterschiedlich an. Verschiedene Farben auch – verschiedene Klänge... Jede Sinneswahrnehmung hat ihre einzigartigen Qualitäten. Bei den Farben hat es Goethe zu beschreiben versucht. Wie kann man Farben überhaupt beschreiben? Wie kann man ein Gelb, ein Weiß beschreiben? Das scheint unmöglich zu sein. Und doch hat jede Farbe eine ganz bestimmte Qualität – und diese kann man beschreiben, auch wenn es schwer ist.
Wir bräuchten jetzt eigentlich verschiedene Tücher, um gute Wahrnehmungen von Farben zu haben. Aber ich versuche, es jetzt einfach so zu beschreiben. Das Weiß ist als Farbe die absolute Reinheit. Das empfindet man unmittelbar, und empfindet es auch in der Natur so. Wenn die Kirschen und Schlehen im Frühjahr blühen. Wenn im Winter der Schnee alles zudeckt, jungfräulich erscheint da die Welt! Und welch ein Empfinden, dann in unberührtem Schnee zu gehen...

Das Gelb ist eine warme Farbe. Das sagt man so, aber das ist auch eine Realität. Wenn sich die Seele in das Gelb vertieft, so steigt in ihr eine Freude auf. Das sonnenwarme lichte Gelb macht die Seele leise freudig. Es gibt heute auch die Farbentherapie, und in manchen Einrichtungen versucht man bei der Gestaltung der Wände auf diese seelischen Wirkungen der Farben Rücksicht zu nehmen.

Das Blau ist eine kühle Farbe. Es kommt dem Menschen nicht wie das Gelb warm näher, sondern es bleibt mehr für sich, ja, zieht den Blick sogar zu sich hin, in die Ferne. Man denke auch an den weiten Himmel – er drängt sich nicht auf, er zieht zu sich in die Weite. So wird Blau eine Farbe der Sehnsucht. Man denke auch an blaue Augen, in denen man sich verlieren kann... Grün dagegen zieht auch nicht in die Weite. Es ist eigentlich eine sehr, sehr ausgeglichene Farbe. Sie kommt nicht näher, sie zieht sich nicht zurück. Wir können das frische Grün anschauen, ohne einen anderen Eindruck zu haben als nur das reine, harmonische Leben, in völligem Gleichgewicht.

Das Violett ist eine sehr besondere Farbe. Weder ist es das so sehr lebendige und auf einen zukommende Rot, noch ist es das zurückweichende Blau. Es ist eine geheimnisvolle, beruhigende Farbe. Es ist die Farbe der Andacht. Still und andächtig kann die Seele werden, wenn sie das Violett auf sich wirken lässt. Es führt in gewisser Weise in den Nachtbereich, zum Schwarz hin, das nicht nur die Farbe des Todes, sondern auch des Geistes ist.

Diese verschiedenen Wirkungen der Farben muss man selbst immer wieder versuchen zu erleben – dann wird man sie auch immer stärker wirklich selbst empfinden."

„Ich kann das sofort miterleben", sagte Sylvia.

„Ja, im Grunde schon", meinte auch Leonie.

„Aber worauf es ankommt", fuhr Baumann fort, „ist, sich dessen auch wirklich bewusst zu werden. Dann nämlich erst wird das Wahrnehmen ein bewusstes – das dann auch seinerseits immer mehr von einem Fühlen, von dem Willen und von einem Denken durchdrungen wird. Dann wird alles lebendig, dann habe ich an jedem einzelnen Sinneseindruck immer intensivere Empfindungen, nehme immer bewusster wahr, was von mir eigentlich alles mitempfunden wird, wenn ich eine bestimmte Farbe, eine bestimmte Form sehe, einen bestimmten Zusammenklang von Farben, von Formen, von Tönen... Die Vertiefung der Wahrnehmung und des Erlebens ihrer Qualitäten ist unbegrenzt...

Dieses sich vertiefende Erleben geht immer weiter. Es bleibt nicht auf Farben und Formen beschränkt. Es erweitert sich auf Gesten, auf die Art, wie gesprochen wird, und immer weiter. Man kann dann zum Beispiel ein tiefes Empfinden bei dem Umhang der Maria haben: Innen Rot, außen Blau. Man erlebt dann innen die reine Liebe, außen die bescheidene Demut... Oder die Neigung des Kopfes in der Demut des Gebetes, oder das Niederknien – das alles sind dann nicht mehr nur äußere Bewegungen, die man eben kennt, nein, das alles spricht auf einmal eine unendlich berührende Sprache!

Lasst uns einmal innerlich empfinden, wie die Stimmung der Demut und der Andacht zusammenklingen mit dem Niederknien, dem leichten Senken des Kopfes, dem Falten der Hände. Tauchen wir einmal ein in die Stimmung *und* in die damit verbundenen Gesten!"

Sie schlossen die Augen...

*

Als sie aus ihrem Erleben zurückkehrten, fragte Baumann mit seinen Augen nach ihren Erlebnissen.

Grunert nickte. Leonie tat es ihm gleich, und Sylvia folgte.

Baumann bat das Mädchen:

„Sag du doch bitte zumindest einige Worte, was du erleben konntest."

Das Mädchen überlegte.

„Ich kann es nicht beschreiben. Es ist noch schwerer als bei den Farben. Man erlebt nur, dass es alles zusammenpasst. Dass sozusagen der Kopf und der ganze Körper mitbeten, mit demütig sind. Es ist kein Unterschied zwischen Seele und Körper."

„Das ist doch wunderbar ausgedrückt!", sagte Baumann.

„Genau darum geht es, um dieses Erleben. Und das kann immer und immer tiefer werden – bis es einen wirklich innerlich erschüttern kann. Nicht nur die innerlich immer mehr vertieften seelischen Stimmungen können so stark werden, sondern auch die seelischen Eindrücke, die mit unseren Wahrnehmungen einhergehen. – Und dann *sieht* man zum Beispiel erst, was tiefste, unschuldigste Andacht ist, wenn ein kleines Kind mit vollem Ernst hinkniet und betet. Oder wenn es ein alter Mensch tut. Es ist, wie wenn man überhaupt ganz neu sehen lernen würde. Man sieht zum ersten Mal wirklich das Innere der Seele – man *sieht* Andacht, man sieht Demut, man sieht Mut, man sieht auch die das ganz kleine Kind umschwebenden Kräfte, auch wenn sie nicht sinnlich sind.

Vorher hat man immer nur die Äußerungen dessen gesehen, jetzt sieht man die Stimmungen selbst, denn man fühlt sie mit, man lebt mit ihnen mit, sie sprechen unmittelbar zur eigenen Seele – die Seele ist Wahrnehmungsorgan geworden! Das, was die Seele selbst kennt und innerlich zu einer Realität gemacht hat, das kann sie nun auch in der Außenwelt wiederfinden und unmittelbar miterleben. Und sogar das, was sie noch nicht kennt. Sie wird einfach immer empfindsamer.

Und wenn man selbst bis zur Erschütterung Ehrfurcht in seiner Seele zu erwecken vermag, so kann einen auch die Wahrnehmung eines mit tiefem Ernst betenden Kindes bis zur tiefen Erschütterung berühren. Versteht ihr? Das, was wir innerlich tun, das wird zugleich zum Wahrnehmungsorgan für die Außenwelt, die wir in demselben Maße ebenfalls immer tiefer wahrnehmen.

Es ist wahrhaftig eine erste Auferstehung des Menschen. Vorher wusste er überhaupt nicht, was *Fühlen* wirklich ist. Jetzt taucht er ein in einen Reichtum der Gefühle, der wiederum die tiefste Liebe aus sich gebiert. Denn mit allem kann man nun mitfühlen, immer tiefer, immer berührter...

Die Begriffe werden immer heiliger, die Wahrnehmung wird immer heiliger, das ist Anthroposophie... Immer mehr geht die Seele dem entgegen, was das Geistige in der Welt ist."

Ein heiliges Schweigen durchzog den Raum...

Dann fuhr Baumann fort:

„Das ist zunächst das Seelisch-Geistige in der auch sinnlich sichtbaren Welt – noch nicht dasjenige, was man schließlich auch in einer rein geistigen Welt wahrnehmen können wird. Dafür gibt es Übungswege, denen wir uns erst in einiger Zeit gemeinsam zu nähern versuchen werden.

Aber ich möchte noch einmal in anderer Weise dasjenige berühren, was wir jetzt schon üben können. Auch in der Natur können wir gewissermaßen Gesten wahrnehmen, etwas wahrnehmen, was dem Seelischen gleichkommt und dieses berühren kann. Von den Farben hatten wir schon gesprochen. Von der Wirkung einer von Schnee ganz bedeckten Landschaft. Aber nun kann die ganze Natur in gewisser Weise sprechend werden. Denn der starke Eichenbaum kann wirklich ein Bild für die innere Standhaftigkeit werden. Das wilde Meer kann wirklich ein Bild für die Kräfte werden, die die Seele im Guten wie auch im prüfenden Sinne erschüttern können. Berge werden ein Bild für den Weg der Seele.

Das sind dann nicht abstrakt gefundene Bilder und Gleichnisse, sondern man *erlebt* diese auf einmal. Die Natur spricht wirklich auf einmal zur Seele. Sie ist der Seele nichts Fremdes mehr, sondern das, was die Seele innerlich erlebt und kennt, das erlebt sie auf einmal auch draußen in der Natur. Sprechende, reale Bilder empfindet sie...

Überall findet und empfindet man dies auf einmal. Der dem Blick sich entziehende Berggipfel beim Aufstieg gemahnt einen daran, dass man sehr wohl im Aufstieg sein kann, auch wenn man das Gefühl hat, man kommt nicht nur nicht weiter, sondern man verliert das Ziel wiederum. So geht es auf dem inneren Weg oft – doch untergründig in der Seele geht die Entwicklung sehr wohl immer weiter, wenn nur das Streben lebendig bleibt. Oder nehmen wir den Bergsee, der den Himmel spiegelt. Was für ein wunderbares Bild! So will die Seele ein reiner Spiegel der Wahrheit sein, so will sie sich dem Geist gleich machen, damit dieser sie ganz durchdringt.

Innig und immer inniger lebt die Seele auch mit der Natur mit, es ist, als ob sie sich über alles ausbreitet, was sie wahrnimmt, und wiederum alles dankbar in sich aufnimmt..."

„Und wenn wir so in der Natur immer mehr reale Wahrbilder für das sehen, was zugleich in der Seele eine Wirklichkeit werden kann, werden wir auch die Märchen immer mehr verstehen können, die nämlich auch überall Seelenbilder geben. Die zwölf Schwäne oder zwölf Raben sind dann ein reales Bild für die zwölf Sinne des Menschen, die in die Verzauberung geraten sind und das Geistige nicht mehr wahrnehmen können. Die Schwester der Brüder aber ist die Seele – sie allein kann die Brüder erlösen, wenn sie den Weg der Heiligung geht. Dafür muss sie Proben bestehen, muss sie eine lange Zeit schweigen. Und das ist immer ein Bild für die Verwandlung der Seele. Nur im Schweigen, in der inneren Kontemplation und Meditation verwandelt sich die Seele und erlöst ihre Brüder, die Sinne, aus dem Bann der Widersacher. Dann dürfen sie wieder ihre wahre Gestalt annehmen, und dann schauen sie nicht nur das Sinnliche, sondern die Seele schaut mit ihrer Hilfe auch das Seelische und das Geistige.

In *allen* wahren Märchen geht es um die Verwandlung der Seele. Wir erzählen sie den Kindern und für sie sind es großartige Bilder, die sie aufnehmen und tief innerlich im Grunde auch verstehen, aber eigentlich sollten wir selbst auch sehr, sehr tief in diese Bilder eintauchen..."

„Mein Lieblingsmärchen als ganz kleines Kind war immer Sterntaler", sagte das Mädchen.

„Ja, das *ist* auch ein wunderschönes Märchen. Und dieses Märchen offenbart seinen tiefen Sinn fast ganz offen. Natürlich wird immer das Gute belohnt. Aber worum geht es? Die Reinheit des Herzens ist selbst der Lohn. Indem das Mädchen alles weggibt, beweist es, wie tief die Liebe in seinem Herzen ist. Und diese Liebe gewinnt den ganzen Himmel – egal, wie arm sie auf Erden sein mag. Nichts kann den Menschen so reich machen wie die Liebe. Ja, nichts *anderes* kann ihn reich machen. Hat er die Liebe nicht, ist er in seiner ganzen Seele arm und elend. Niemand ist reicher als das Sterntaler-Mädchen...

Und wenn wir alles zuvor Gesagte dazunehmen, müssen wir sagen: die Reinheit des Herzens vermag auch das Denken und die Wahrnehmung zu heiligen – und auch hier wird der Mensch dann unendlichfach beschenkt, mehr, als er sich je zuvor hätte vorstellen können. Denn einen Begriff von dem Reichtum des Herzens und des Lebens und der ganzen Welt kann der Mensch erst fassen, wenn er den Weg zu gehen beginnt, der zu diesem Reichtum führt. So ist die Liebe der Urquell für jeglichen Reichtum jenseits der Materie...

Lasst und einmal in dieser Weise in das Sterntaler-Märchen eintauchen und seinen tiefen, tiefen Sinn erleben...“

*

Als sie aus der inneren Einkehr wieder zurückkehrten, sagte Sylvia:

„Wie sind solche Märchen einfach wunderschön! Und ich habe das so lange vergessen! In dieser Liebe zum Guten schließt sich doch alles zusammen. Ist es nicht so, dass gerade dieses kleine Mädchen all seine Mitmenschen noch als

Brüder und Schwestern betrachten kann? Und dass sie nicht gerade deshalb unendlich reich ist? So reich, dass das Herz überfließt?"

„Ja", sagte Baumann, „so ist es."

Grunert und seine Frau nickten in stillem Einverständnis.

Baumann sah die drei anderen Menschen eine kleine Weile feierlich an.

„Dies war unser zweiter Abend. Wie erlebt ihr diese Arbeit inzwischen?"

Wieder bat er Leonie als Erste, etwas zu sagen.

„Für mich ist diese Arbeit tief bereichernd. Es ist, als ob ich das Leben neu entdecke, eine völlig neue Sicht auf das Leben gewinne. Ich hätte nie gedacht, dass das Anthroposophie ist – dass es so ins Konkrete und auch in die Tiefe geht!"

Baumann lächelte. Dann sah er seinen Freund an.

Grunert sagte nun:

„Du weißt, Michael, dass ich dir immer wieder unglaublich dankbar bin, mit dir befreundet zu sein und mit dir sprechen zu können. Dass wir nun auch noch gemeinsam üben können, alle gemeinsam – das ist wirklich etwas Wunderbares. Ja, auch ich erlebe diese Arbeit als so überaus fruchtbar! Freude und Dankbarkeit, das sind im Moment gerade meine Gefühle..."

Dankbar und bescheiden gab Baumann lächelnd seine eigene Freude an den Freund zurück... Dann blickte er das Mädchen an. Und sie sagte:

„Ich bin noch immer so dankbar und froh, dass ich mit hier sein darf. Ich hätte erst recht nicht gedacht, dass Anthroposophie dies ist, aber durch Sie habe ich allmählich immer mehr erlebt, dass ich mich geirrt habe. Sehen Sie? Ein falsches Urteil! Für mich ist dies alles noch etwas, was ich kaum beschreiben kann. Ich fühle mich so übervoll, in einer seltsam glücklichen Weise. Ich weiß nicht, was ich sonst sagen soll..."

„Du brauchst nicht mehr zu sagen, Sylvia", sagte Baumann. „Unser Glück über dein Hiersein ist kein Geringeres, wie du weißt. Und ich kann nur sagen, dass du diese Arbeit wirklich unglaublich bereicherst. Vielleicht müssen wir beim nächsten Mal auch einmal über die Jugendkräfte sprechen. Auch dies gehört zur Vertiefung, gerade auch der Wahrnehmung..."

Baumann machte eine kleine Pause. Dann fuhr er fort:
„Ich selbst kann sagen, dass ich genau wie ihr diese Arbeit mit größtem Glück erlebe. Lasst mich zum Abschied, zum Ende des heutigen Abends noch das Folgende sagen. Beim nächsten Mal möchte ich beginnen, auch Rudolf Steiner selbst mit hinzuzunehmen. Wir werden uns dann also auch in die Art vertiefen, wie *er* über all diese Dinge gesprochen hat. Dies wird uns weitere Gelegenheit zur Vertiefung geben. An allem, was wir an diesen letzten beiden Abenden berührt haben, kann man jeweils wiederum stehenbleiben und es weiter vertiefen, weiter erweitern. Und wir werden sehen, wie es überall weiter in die Tiefe und in die Weite führen wird!
Es wird ganz sicher auch Abende geben, die nicht so offensichtlich wie diese ersten beiden von dem reinen, frohen, auch wiederum jugendfrischen Enthusiasmus des Anfangs erfüllt sind. Und ich betone noch einmal: Das kann auch gar nicht anders sein. Aber wenn wir wissen, warum wir dies tun, was unsere tiefste Sehnsucht ist; wenn wir uns immer wieder innerlich vergewissern, was eigentlich das hohe Ziel all dieser Arbeit ist – dann werden wir nicht betrübt sein, wenn wir erleben, dass der unmittelbar gefühlte Enthusiasmus vielleicht nicht immer der gleiche sein wird. Denn dann wird es gar nichts ausmachen, dass wir nicht immer von Gipfel zu Gipfel eilen und fliegen können – dann werden wir mit der gleichen tiefen Liebe auch am Boden Schritt für Schritt setzen und alle Mühe auf uns nehmen, Schritt für Schritt vorwärts zu kommen. Die kleinen Schritte werden uns nicht weniger wert sein – denn wir werden auch die Demut kennen.

Und was ist das Ziel all dieser Arbeit? Weshalb hat sich in uns der Wille zu dieser Arbeit entzündet? Weil wir gewusst und gespürt haben, dass uns diese Arbeit immer mehr fähig macht, die *Liebe* in uns lebendig zu machen – die Liebe zum Mitmenschen, die Liebe zur Welt. Sie macht uns fähig, den Mitmenschen als Mitbruder und Mitschwester zu erkennen; sie macht uns fähig, immer tiefer mit der mit uns lebenden Kreatur mitzuempfinden, mitzuleben mit Stein, Pflanze und Tier. Wir erleben, wie wir durch diese Arbeit immer mehr erst wahrhaft *Mensch* werden. Wir erleben, dass das Werden des Menschseins überhaupt kein Ende hat, dass es keine Grenze hat, dass die Vertiefung des Empfindens, des Mitlebens, der Liebe, nie zu Ende ist. Und wir erleben, wie wir hier eigentlich erst ganz am Anfang stehen und wie in uns eine tiefe Sehnsucht ruft: diesen Weg zu gehen, weil in ihm der Sinn der Erde liegt.

Wir gehen mit diesem Weg der geistigen Welt entgegen, wir gehen dem Wesen der Liebe entgegen, das den Menschen so nahe ist und zugleich so sehr darauf wartet, dass Menschen sich auf den Weg machen! Es ist ein Weg, auf dem allein die Rettung der Welt zu finden ist, die Verwandlung der ganzen Erde, bis ins Innerste. Die Welt *braucht* die Liebe, die Menschen in sich erwecken können. Sie leidet so sehr unter dem Mangel an Liebe! Erinnert euch – die ganze Welt wartet auf die Offenbarung der Kinder Gottes. Das sind jene Menschen, die ihre Seele so sehr heiligen, dass die tiefste Liebe in ihnen wohnen kann und dass sich durch sie wahrhaft menschliche Taten offenbaren. Taten, bei denen den Menschen die geistige Welt selbst beisteht, im Großen wie im Kleinen...

Auch von dieser geistigen Welt werden wir noch viel, viel umfassendere Begriffe und Empfindungen gewinnen, je mehr wir diesen Weg der Vertiefung gehen werden. Und immer großartiger wird vor unserem inneren Auge auch das immerfort wachsende Erleben stehen, *was eigentlich der Mensch* ist. Das Wunder der ewigen Individualität, als die wir selbst uns immer mehr und mehr erkennen werden...“

Feierlich und voller Liebe blickte Baumann seinen Freund, dessen Frau und deren Tochter an. Dann sagte er: „Lasst uns heute mit den Worten, mit denen wir beginnen, auch enden.“ Erfüllt waren die Herzen von vier Menschen, als Baumann jene Worte sprach, die sie noch lange auf einem wunderbaren Weg begleiten sollten:

Gottes schützender segnender Strahl
erfülle meine wachsende Seele,
dass sie ergreifen kann
stärkende Kräfte allüberall.
Geloben will sie sich,
der Liebe Macht in sich
lebensvoll zu erwecken,
und sehen so Gottes Kraft
auf ihrem Lebenspfade
und wirken in Gottes Sinn
mit allem, was sie hat.

Golgatha

Die neunte Stunde hatte geschlagen.
Die Erde bebte, atemberaubt.
Da neigte der Gott, der das Kreuz getragen,
Sein dornengekröntes Haupt.
Aus Seiner Liebe Opferschale,
blutete Sein Erlöserblut.

Wiedergeweiht im heiligen Grale
war alle Schöpfung, die in Ihm ruht.
Wiedergekürt und wiedererkoren
war, was aus tausend toten Toren
dem Tod in die tausend Augen sah.
Die Sonne ward in die Erde geboren
im Mysterium von Golgatha.

Manfred Kyber